theme study

# 일본어中級점프
## Listening

著者　荒井礼子・太田純子・亀田美保・木川和子
　　　桑原直子・長田龍典・松田浩志

시사일본어사

# 머리말

『일본어 中級 점프』가 『일본어 中級 점프 Reading 개정신판』으로 출간된 데 이어 『일본어 中級 점프 Listening』도 출간하게 되었다. 본 교재는 크게 「청해Ⅰ」·「청해Ⅱ」 두 개의 부분으로 구성되어 있으며, 『일본어 中級 점프 Reading 개정신판』의 테마에 따라 만들어져 있어, 내용에 대해 보다 잘 이해할 수 있도록 하였으며 더불어 듣기, 말하기, 읽기, 쓰기의 4기능을 무리없이 즐겁게 향상시킬 수 있도록 하는 것을 목표로 했다.

각 과의 「청해」에는 『일본어 中級 점프 Reading 개정신판』의 텍스트 본문에서 나왔던 것 이외에는 일체의 신출어휘나 문법 항목은 없으며, 학습자 스스로 실력 향상을 체크할 수 있도록, 즉 외국어 학습에서 가장 필요하다고 생각되는 「성취감」를 느낄 수 있도록 기출어휘·문법항목을 익힐 수 있도록 하는 것을 본 교재의 가장 큰 목표로 하고 있다.

위에 서술한 『일본어 中級 점프 Listening』의 목적을 더욱 달성하기 쉽게 하기 위해 다음과 같은 사항에 중점을 두었다.

1. 『일본어 中級 점프 Reading 개정신판』의 테마와의 관련을 보다 명확하게 했다.
2. 「청해Ⅰ」은 회화 장면으로, 「청해Ⅱ」는 그 외의 듣기 장면으로 구성했다.
   「청해Ⅰ」은 회화에서 사용된 표현을 소개하였고, 「청해Ⅱ」는 약간 길이가 길고 내용이 있는 것을 천천히 듣는 연습을 할 수 있는 있도록 하는 구성을 더욱 명확하게 했다.
3. 위의 구성에 따라 「청해Ⅰ」에는 「会話でよく使われる言い方に慣れましょう」라는 항목을 만들어 학습자가 회화 표현을 익히는 것을 목표로 하였고, 「청해Ⅱ」는 종래의 받아쓰기를 생략하고 노트테이킹(note taking), 정리 연습을 추가해 『일본어 上級 점프』로 가는 다리역할을 하도록 했다.
4. 「청해」의 녹음은 일본인의 일반적인 대화 속도에 가깝게, 일상적이고 자연스러운 대화 상황을 제시하기 위해 노력했다.

본 교재의 사용법은 다음과 같다.
회화 형식의 「청해Ⅰ」과 강연회, 인터뷰의 형식의 「청해Ⅱ」로 나누어 청해력을 키우는 것을 목적으로 하였고, 특히 독해 부분에서 미흡했던 구어체 표현도 접할 수 있도록 했다. 문제의 형식은 일단 한 번 들은 후, 준비된 선택지 문제로 대략적인 내용을 파악했는가를 확인하고 그 후 전체 혹은 일부분을 노트테이킹하는 형식으로 이해도를 높이도록 구성하였다. 그러나 실제 교육 현장에서는 본 교재를 사용하고 계신 선생님이 가르치는 학습자에 따라 적절한 보충 및 수정이 필요한 것은 말할 것도 없다.

일본어로 자신의 생각을 마음껏 말할 수 있는 학습자가 늘어나기를 저자 일동은 진심으로 바이다.

저자일동

Theme study

# 일본어中級점프
## Listening
### ··· 聴解

제1과

| | |
|---|---|
| **토픽·어휘** | 「여자 마음과 가을 하늘」이라는 말을 둘러싼 남매의 대화 |
| **학습 내용** | ① 평소와 다른 모습인 동생에게 누나가 말을 거는데, 여자친구와 싸워서 기분이 나쁜 동생은 좀처럼 말하려고 하지 않는다. 별로 말하고 싶어하지 않는 동생과 그런 동생과 이야기하는 누나의 기분을 이해한다. |
| | ② 〈문법·문형〉<br>(1) ～んじゃない？<br>(2) ～なんか |
| **학습 요령** | ① 누나와 남동생의 대화라는 점을 파악하고, 누나의 질문 내용과 동생의 대답에서 동생의 상황을 이해한다. |
| | ② 동생는 지금 어떤 생각을 하고 있고, 누나는 동생의 태도를 보고 어떤 상상을 하면서 이야기하는가를 놓치지 않도록 한다. |

## 제1과

**토픽·어휘**  외국의 사고방식, 모국의 사고방식

**학습 내용**  일본에서 일하고 있는 이 외국인은 모국과는 다른 사고방식을 가진 일본 회사의 방식에 처음에는 당황했지만, 외국에 오면 그 나라의 방식에 따름으로써, 그 때까지 몰랐던 새로운 사고방식을 배울 수 있다고 생각하게 되었다. 외국에서 일할 때에는 자신이 지금까지 몰랐던 생각이나 방식을 배우는 것이 중요하다는 것이 포인트이다.

**학습 요령**  ① 외국에 와서 사장님으로부터 무슨 이야기를 들었으며, 그것을 이해할 수 있었는가, 또 어째서 어렵다고 생각한 것인가를 파악한다.
② 선배가 무엇을 가르쳐주고, 그것에 대해서 어떻게 생각했는가, 또 사장님이 가르쳐 주신 것은 결국 어떤 것이라고 말하고 있는지 파악한다.

# 聴解 I

**A** CDを聞いて、答えてください。 CD 1-01

① (　　　　　)　② (　　　　　)　③ (　　　　　)　④ (　　　　　)

⑤ (　　　　　)　⑥ (　　　　　)　⑦ (　　　　　)　⑧ (　　　　　)

**B** もう一度聞いて、書いてください。

A: あら、早いじゃない。＿＿＿＿＿＿＿＿＿。＿＿＿＿＿＿＿＿＿。

B: え、いや。

A: ＿＿＿＿＿＿＿＿＿。かぜ。ねつでもあるんじゃない。

B: ＿＿＿＿＿＿＿＿＿＿＿＿＿。いいから、あっちへ行ってくれよ。

A: ははあん。分かった。＿＿＿＿＿＿＿＿＿＿＿＿＿＿＿＿＿＿＿。

ちがう。ねえ、そうなんでしょ。

B: ＿＿＿＿＿＿＿＿＿、もう。＿＿＿＿＿＿＿＿＿と思っているのに。

A: どうしたの。＿＿＿＿＿＿＿＿＿＿＿＿＿＿＿＿＿＿＿＿＿＿＿。

B: ちがうよ。＿＿＿＿＿＿＿＿＿＿＿。

A: じゃ、どうしたの。＿＿＿＿＿＿＿＿＿。聞かせてよ。

B: 知らないよ。あ～あ、＿＿＿＿＿＿＿＿＿って本当だったんだな。姉さんも

そうなんだろう。

A: あら、失礼ね。＿＿＿＿＿＿＿＿＿＿＿。

## C 会話でよく使われる言い方を練習しましょう。

❶ [ねつでもある]んじゃない？

    A： あれ、あんな所に人がたくさん集まってる。どうしたんだろ。

    B： ＿＿＿＿＿＿＿＿＿＿＿＿＿＿＿＿＿＿＿＿＿？

    A： そうかな、ちょっと見に行ってみようよ。

❷ [どこも悪く]なんか[ないよ。]

1) A： 一人で生活するのはさびしいでしょ？

    B： ＿＿＿＿＿＿＿＿＿＿＿＿＿＿＿。一人の方が楽でいいよ。

2) A： この間一緒に歩いてた女の子、こいびと？

    B： ちがうよ。＿＿＿＿＿＿＿＿＿＿＿＿＿＿＿。友だちだよ、友だち。

# 聴解 Ⅱ

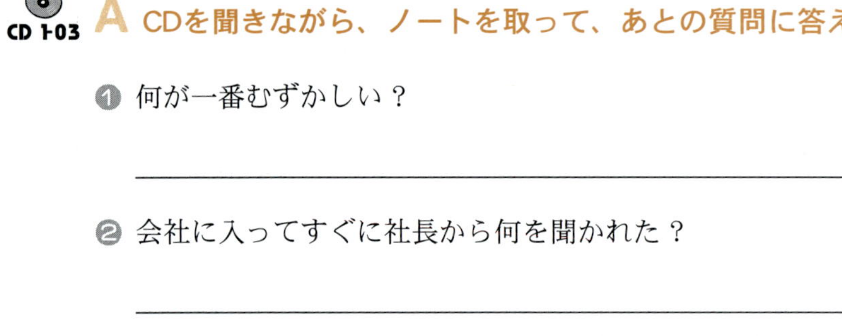

**CD 1-03** **A** CDを聞きながら、ノートを取って、あとの質問に答えてください。

**❶** 何が一番むずかしい？

______________________________________________

**❷** 会社に入ってすぐに社長から何を聞かれた？

______________________________________________

**❸** その一週間あとにどんなことを言われた？

______________________________________________

**❹** その意味が分かった？　　はい / いいえ

**❺** 何をせんぱいに聞いた？

______________________________________________

**❻** せんぱいの答えは？

______________________________________________

**❼** 社長の教え方をどう思った？

______________________________________________

**❽** 社長から教えられたことは？

______________________________________________

**B** もう一度聞いて、正しい答えを選んでください。

[ a. b. c. d.]

**C** 上で取ったノートを見ながら、この話をまとめて友だちに伝えてみましょう。

　　日本で五年近く仕事をしているロンさんは、一番むずかしいことは＿＿＿＿＿＿

＿＿＿＿＿＿＿＿＿＿＿＿＿と言っている。会社に入ってすぐのとき、社長から

＿＿＿＿＿＿＿＿＿＿＿＿＿＿＿＿＿＿＿＿＿＿＿＿とたずねられた。そのあと、

「＿＿＿＿＿＿＿＿＿＿＿＿＿＿＿＿ 」と言われたが、その意味が分からず、

＿＿＿＿＿＿＿＿＿＿＿＿＿＿＿＿＿。そして、「＿＿＿＿＿＿＿＿＿＿＿＿＿

＿＿＿＿＿＿＿＿＿＿＿＿＿＿＿＿＿＿＿＿＿＿＿＿＿＿＿＿＿＿＿＿＿＿＿

＿＿＿＿＿ 」と聞いてみた。せんぱいの答えは「＿＿＿＿＿＿＿＿＿＿＿

＿＿＿＿＿＿＿＿＿＿＿＿＿＿＿＿＿＿＿＿＿＿＿＿ 」という答

えだった。あとで、＿＿＿＿＿＿＿＿＿＿＿＿＿＿＿＿が役に立つことが分かった。

そして、＿＿＿＿＿＿＿＿＿＿＿＿＿＿＿＿＿＿＿＿＿＿＿＿＿＿＿＿＿＿＿

＿＿＿＿＿＿＿＿＿＿＿＿＿＿＿＿＿＿＿＿＿＿＿ということも分かった。

**청해1**

**제2과**

**토픽·어휘**   헷갈리는 이름

**학습 내용**   ① 딸의 회사에서 온 전화를 받은 어머니는 전화를 건 사람의 이름을 정확하게 기억하지 못한다. 비슷한 이름을 계속 생각해 내면서 딸에게 물어보다가 드디어 정확한 이름을 기억해 낸다. 헷갈리기 쉬운 이름을 어떻게 하면 잊어버리지 않을까를 생각하는 내용이다.

② 〈문법·문형〉
(1) ～だったかしら／だったかなあ
(2) ～ておいてくれればいいのに。

**학습 요령**   ① 처음에 주고받는 대화에서 어디에서 누구와 대화하고 있는지를 파악하고, 어디에서 온 전화이고, 어떤 점이 분명하지 않았는지를 이해한다.
② 여러 개의 헷갈리는 이름의 차이를 이해하고, 전화한 사람의 정확한 이름과 날짜를 놓치지 않도록 한다.

제2과

**토픽·어휘**  다른 문화와의 교류

**학습 내용**  여자가 한국에 처음 여행왔을 때 머물렀던 집에서 말이 전혀 통하지 않아 답답했지만, 그 가족들이 보여준 말 이상의 친절함에 고마움을 느껴 그에 대한 보답으로 종이꽃을 만들어 놓고 귀국했다. 그때 만들었던 종이꽃은 지금도 한국의 시댁에 소중하게 있다고 하는 내용이다.

**학습 요령**  ① 여자는 언제, 어디에서 무엇을 이야기하고 있는가? 또 그 때 한국의 가족은 어떠했다고 말하고 있는가를 듣는다.
② 그 당시 여자의 기분은 어땠으며, 당시 영만 씨는 무엇을 해 주었는가, 돌아가서는 어떤 일이 있고, 지금은 어떠한 관계가 되어 있는가를 파악한다.

**A** CDを聞いて、答えてください。

CD 1-05

❶（　　　　　）　❷（　　　　　）　❸（　　　　　）　❹（　　　　　）

❺（　　　　　）　❻（　　　　　）　❼（　　　　　）　❽（　　　　　）

**B** もう一度聞いて、書いてください。

A: ＿＿＿＿＿＿＿。

B: ああ、＿＿＿＿＿＿＿＿＿。さっきね、ええっと、あの、＿＿＿＿＿＿＿＿＿

　　＿＿＿＿＿＿＿＿＿＿＿＿＿。

A: ＿＿＿＿＿＿＿＿＿って、だれ。どこの人。

B: ＿＿＿＿＿＿＿って言ってたけど、ええっとね、＿＿＿＿＿＿＿＿＿＿＿＿＿

かしら。

A: そんな人いないわよ、＿＿＿＿＿＿＿＿。

B: ええ、ちょっと待って。ねえ、だれか、＿＿＿＿＿＿＿＿＿＿＿＿＿＿いない。

A: 男の人、女の人。

B: ＿＿＿＿＿＿＿。

A: わかい人。

B: ＿＿＿＿＿＿＿＿＿＿＿＿＿＿＿＿＿＿＿＿＿＿＿けど。

A: まつもと、まつうら、あっ、まつだいらさん。

B: ＿＿＿＿＿＿＿＿＿＿＿＿＿＿＿＿＿＿＿＿＿＿と思うけど。

A: ええっと、＿＿＿＿＿＿＿＿＿。

B: そうそう、それよ、それ。＿＿＿＿＿＿＿。

A: ほんとに。＿＿＿＿＿＿＿＿＿＿＿＿＿＿＿＿＿＿＿＿、お母さん。




**C** 会話でよく使われる言い方を練習しましょう。

❶ [松田さん]だったかしら / だったかなあ。

  A: 工場見学の日はいつ？

  B: ＿＿＿＿＿＿＿＿＿＿＿＿＿＿＿＿＿＿＿？

    もう一度先生に聞いてみて。

❷ [書い]ておいてくれればいいのに。

  A: あれ？ゴミ、すててないの？今日はゴミの日だったのに。

  B: ごめん、朝急いでたから、わすれてた。

  A: ＿＿＿＿＿＿＿＿＿＿＿＿＿＿＿＿＿＿＿。

    ほかのことは何もしないんだから。

**A** CDを聞きながら、ノートを取って、あとの質問に答えてください。

❶ いつ、どこへ行った？

________________________________________

❷ そのとき、何をした？

________________________________________

❸ そのとき、どんな気持ちだった？

________________________________________

❹ それはどうして？

________________________________________

❺ この家族はどうだった？

________________________________________

❻ どんな話をしてくれた？

________________________________________

❼ 大学生の栄満（ヨンマン）さんは何をした？

________________________________________

❽ 帰る日にこの人は何をした？

________________________________________

❾ それはどうして？

________________________________________

❿ 帰ってから何をもらった？

________________________________________

⓫ そのあと、何をした？

_________________________________________________

⓬ 栄満さんは今この人とどんな関係？

_________________________________________________

**B** もう一度聞いて、正しい答えを選んでください。

[ a. b. c. d. ]

**C** 上で取ったノートを見ながら、この話をまとめて友だちに伝えてみましょう。

　十九さいで初めて韓国へ行ったとき、＿＿＿＿＿＿＿＿＿＿＿＿＿。しか

し、そのときは、＿＿＿＿＿＿＿＿＿＿＿＿＿ので、＿＿＿＿＿＿＿＿＿

＿＿＿とばかり思っていたが、この家族は＿＿＿＿＿＿＿＿＿で、おとうさんは

＿＿＿＿＿＿＿＿＿＿などの話をしてくれた。それを、大学生の栄満さんが＿

＿＿＿＿＿＿＿＿＿＿が、この話をしている人は何も言わずに聞いている

だけだった。ホテルに帰る日、親切にしてもらったのに、＿＿＿＿＿＿＿＿

＿＿＿＿＿＿＿＿＿＿＿＿＿＿＿＿＿＿＿と思って、＿＿＿＿＿＿＿＿

＿＿＿＿＿＿＿＿＿＿＿＿＿＿＿。

　日本に帰ってから、写真の入った手紙をもらった。そこには＿＿＿＿＿＿

＿＿＿＿＿＿＿＿＿＿＿＿＿＿＿＿が写っていた。それがと

てもうれしくて、この人は＿＿＿＿＿＿＿＿＿＿＿＿＿＿＿＿＿＿。

そして、栄満さんは今はこの人の＿＿＿＿＿＿＿＿＿。

**토픽·어휘**  어머니와 아들의 취직관의 차이

**학습 내용**  대학을 졸업하고도 좀처럼 정식으로 취직하지 않는 아들이 불안한 어머니와 일을 하면서 평생을 보낼 바에야 정말로 하고 싶은 일을 찾을 때까지 정식으로 취직하지 않는 것이 낫다고 생각하는 아들은 서로 의견이 맞지 않는다. 대화를 통해 알 수 있는 젊은이들의 취직관과 세대차에서 오는 의견 차이에 대한 내용을 파악한다.

② 〈문법·문형〉
  (1) ～ったら….。
  (2) ～っていうのに….。

**학습 요령**  ① 어디에서 누가 대화하고 있는가를 파악하고, 太郎의 어떤 상황이 문제가 되고 있는지를 이해한다.
② 太郎가 직업에 대해서 어떠한 생각을 갖고 있는지를 듣고, 그것에 대해 어머니는 어떻게 하기를 바라고 있는지 이해한다.

제3과

**토픽·어휘**　일본의 가족관

**학습 내용**　옛날 어린이들은 부모의 모습을 보며 자랐지만, 지금의 어린이들은 부모를
보고 어떻게 생각하고 있는가에 대한 인터뷰. 최근 아버지의 일하는 모습을
아이가 볼 기회가 줄어 들었기 때문에 부모와 아이가 대화할 시간을 만들지
않으면 안 된다는 것이 포인트.

**학습 요령**　① 木下 씨에게 어떤 질문을 했으며, 木下 씨가 어린 시절에는 어떻게 자랐
다고 말하고 있는가를 파악한다.
② 옛날 어머니는 아이에게 아버지의 모습에서 무엇을 보게 하려고 했는가,
최근 부모와 아이의 관계는 어떻게 되었는가, 또 지금의 부모는 무엇을
하지 않으면 안 된다고 말하고 있는가를 이해한다.

**CD 1-09**

**A** CDを聞いて、答えてください。

❶（　　　　　）　❷（　　　　　）　❸（　　　　　）　❹（　　　　　）

❺（　　　　　）　❻（　　　　　）　❼（　　　　　）　❽（　　　　　）

**B** もう一度聞いて、書いてください。

A:　あら、今日、＿＿＿＿＿＿＿＿＿＿＿＿＿＿＿＿。

B:　うん。

C:　「うん」じゃないでしょう。ねえ、ちょっと聞いてよ、おねえさん。太郎ったら

　　ね、＿＿＿＿＿＿＿＿＿＿＿っていうのに、＿＿＿＿＿＿＿＿＿＿。

B:　＿＿＿＿＿＿＿＿＿＿、毎日。

A:　何をしてるの。

B:　アルバイト。＿＿＿＿＿＿＿＿＿＿＿行けばいいんだ。

A:　へえ、＿＿＿＿＿＿＿＿＿っていいわね。

B:　＿＿＿＿＿＿＿＿＿＿。でも、僕は、＿＿＿＿＿＿＿＿＿＿から、＿＿＿

　　＿＿＿＿＿＿＿＿＿。本当は、＿＿＿＿＿＿＿＿んだけどね。

C:　あまいのよ、考え方が。＿＿＿＿＿＿＿＿＿＿＿＿＿＿＿＿＿＿＿＿＿＿

　　＿＿＿＿＿＿。何、考えてんだか、この子ったら。

B:　仕事より＿＿＿＿＿＿＿＿＿＿＿＿＿＿＿＿＿＿＿＿だよ。

C: またそれ。今はいいわよ。でも、これから、＿＿＿＿＿＿＿＿＿＿＿＿＿＿＿

＿＿＿＿＿＿＿＿＿＿＿＿＿＿＿＿＿＿＿＿＿＿＿＿って言うの。

B: あとにしようよ、この話、＿＿＿＿＿＿＿＿＿＿＿＿＿＿＿＿＿＿＿。

＿＿＿＿＿＿＿＿＿＿＿＿＿＿＿＿けど、＿＿＿＿＿＿＿＿＿＿＿＿＿、

お母さん。

C: もう、これだから。

## C 会話でよく使われる言い方に慣れましょう。

CD 1-10

❶ [太郎 / この子]ったら ...。
（たろう）

1) A: お母さん、明日の朝も六時にお願い。たのんだよ。

   B: 自分で起きられないの？＿＿＿＿＿＿＿＿＿＿＿＿＿＿＿＿。

2) A: お母さん、よしおに五千円ほど貸したよ。

   B: ええっ。昨日の朝も五千円貸しましたよ。

   A: そうか。昼御飯食べるお金ないから貸してくれって言ってた。

   B: ＿＿＿＿＿＿＿＿＿ ...。

❷ [大学卒業した]っていうのに ...。

   A: まあ、何してるの、パソコンゲームなんかやめなさい。＿＿＿＿＿＿

   ＿＿＿＿＿＿＿＿＿＿＿＿＿＿＿＿＿ ...。

   B: 分かってるよ。でも、もう少し ...。

   A: いけません！

 CD H1

**A** CDを聞きながら、ノートを取って、あとの質問に答えてください。

❶ <ruby>木下<rt>きのした</rt></ruby>さんにどんな質問をした？

___________________________________________

❷ 木下さんの子ども時代は何年前？

___________________________________________

❸ 子どもはどうやって育つと言われた？

___________________________________________

❹ その意味は？

___________________________________________

❺ 母おやはどうした？

___________________________________________

___________________________________________

❻ 最近は？

___________________________________________

❼ 今の父おやは何をしなければならない？

___________________________________________

**B** もう一度聞いて、正しい答えを選んでください。

[ a.　b.　c.　d. ]


**C** 上で取ったノートを見ながら、この話をまとめて友だちに伝えてみましょう。

　　日本の家族の問題を研究している木下さんに、＿＿＿＿＿＿＿＿＿＿＿＿＿＿

＿＿＿＿＿＿＿＿＿＿＿＿＿＿＿＿という質問をしてみた。木下さんが子ども

だった＿＿＿＿＿＿＿＿＿は「＿＿＿＿＿＿＿＿＿＿＿＿＿＿＿＿＿＿＿

＿＿＿」ということがよく言われたそうだ。子どもは＿＿＿＿＿＿＿＿＿＿＿

＿＿＿＿＿＿＿＿＿＿＿＿＿＿という意味だ。そして、昔の母おやは、「＿＿

＿＿＿＿＿＿＿＿＿＿＿＿＿＿＿＿＿＿＿＿＿＿＿＿＿＿＿＿＿＿＿＿＿」

と言って子どもに勉強をさせたが、最近は＿＿＿＿＿＿＿＿＿＿＿＿＿＿＿＿

＿＿＿＿＿＿が少なくなった。それで、木下さんは＿＿＿＿＿＿＿＿＿＿＿＿

＿＿＿＿＿＿＿＿＿＿＿＿＿＿＿＿＿＿＿＿＿＿＿＿と言っている。

**토픽·어휘**   외국인이 본 일본과 외국에 와서 보이는 모국

**학습 내용**   ① 일본에 와서 다양한 문화 충격을 받은 ジャン 씨는 시간이 지남에 따라 자신의 나라에 대해서 되돌아보게 된다. 외국에서 본 일본에 대한 감상과 외국에 와서 보이는 모국에 대한 이야기를 이해한다.

② 〈문법·문형〉
(1) 〜(た)っけ？
(2) 〜だったなあ。／だったわ。

**학습요령**   ① 일본에 온 지 얼마 안 된 ジャン 씨가 누구에게 무슨 이야기를 하고 있는 가를 듣고, 일본에서 받은 문화 충격이 구체적으로 어떤 것인가를 파악한다.

② 시간이 지남에 따라 ジャン 씨의 생각이 어떻게 변화하고, 지금은 무엇을 생각하고 있는가를 파악한다.

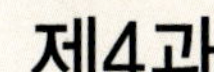

**토픽·어휘** 문화 충격

**학습 내용** 네팔에서 온 ブバーン 씨가 일본에 와서 가장 놀랐던 것은 해가 지든 말든 그것을 모르고 생활하고 있는 사람이 많다는 것이다. 네팔에서는 일출과 함께 일을 하고, 일몰과 함께 일을 마치기 때문에 그러한 것은 생각할 수도 없다. 실제로 인터뷰하고 있는 일본 기자 역시 일출, 일몰을 모르고 일하고 있다는 내용이다.

**학습 요령** ① ブバーン 씨가 일본에 와서 가장 놀랐던 것은 누구의 어떤 생활 이야기인가를 파악한다.
② 네팔에서는 언제 일하는가, 또 질문하고 있는 사람은 무엇을 모르고 지내고 있는가를 파악한다.

## 聴解 Ⅰ

**A** CDを聞いて、答えてください。

**CD 1-13**

① (　　　　) ② (　　　　) ③ (　　　　) ④ (　　　　)

⑤ (　　　　) ⑥ (　　　　) ⑦ (　　　　) ⑧ (　　　　)

**B** もう一度聞いて、書いてください。

A: ジャンさんは、＿＿＿＿＿＿＿＿＿＿＿＿＿＿＿＿？

B: ええっと、＿＿＿＿＿＿＿＿＿＿＿＿＿＿＿＿＿、もう十二年ですよ。

A: 十二年か。早いわね。＿＿＿＿＿＿＿＿＿＿＿＿＿＿＿＿＿＿＿、

おぼえてる? ＿＿＿＿＿＿＿＿＿＿＿＿＿＿＿＿＿。

B: 本当にそうでした。＿＿＿＿＿＿＿＿＿＿＿＿＿＿＿＿＿＿。

A: いいえ。あのころ、＿＿＿＿＿＿＿＿＿＿＿＿＿＿＿＿＿＿

＿＿＿＿＿＿＿＿＿＿＿＿。まだおぼえてますよ。＿＿＿＿＿＿＿＿

＿＿＿＿＿＿＿＿＿＿＿＿＿＿＿＿＿＿＿＿＿＿＿。

B: ＿＿＿＿＿＿＿＿＿＿＿＿＿＿＿＿＿＿＿＿＿＿＿＿＿＿？

私は、忘れてしまいました。

A: おはようございます。ええっと、＿＿＿＿＿＿＿＿＿＿＿＿＿

＿＿＿＿＿＿＿＿＿＿＿＿。そうそう、＿＿＿＿＿＿＿＿＿

＿＿＿＿＿＿＿＿＿＿＿＿＿＿＿。ジャンさんは、＿＿＿＿＿

＿＿＿＿＿＿＿＿＿。

B: そうだったなあ。でも、＿＿＿＿＿＿＿＿＿＿＿＿＿＿＿＿＿＿＿

______________。 ________________________。

A: そうねえ、時代が違うのね。

B: じゅぎょうは大丈夫ですか？

A: 大丈夫。__________________。

B: 良かった。今はね、____________________。しばらく帰

らないと、________________。

A: 日本に慣れたと思ったら、________________。

B: ええ。国へ帰るときは、________________

________________。

 **C** 会話でよく使われる言い方に慣れましょう。

❶ [どんなことを言ってました]っけ？

A: ________________________？

B: 時計をもらったんじゃなかった？

A: ____________。じゃあ、時計じゃない方がいいよね...。

❷ [そう]だったなあ / だったわ。

A: 便利な時代になったね。今思うと、________________

________________。

B: 本当にそうでしたね。自分で書かなければならない物ばかりでしたからね。

A: そうそう。でも、________________。

**A** CDを聞きながら、ノートを取って、あとの質問に答えてください。

❶ ブバーンさんは日本へ来て、どのくらい？

_______________________________________

❷ 一番驚いたことは？

_______________________________________

❸ それはだれのこと？

_______________________________________

❹ その人の生活は？

_______________________________________

❺ 一日中日を見ないのは　　夏 / 冬

❻ ネパールではいつ働く？

_______________________________________

❼ 質問している人は何を知らないで過ごす？

　a)_____________________________________

　b)_____________________________________

**B** もう一度聞いて、正しい答えを選んでください。

[ a. b. c. d. ]

**C** 上で取ったノートを見ながら、この話をまとめて友だちに伝えてみましょう。

　　ブバーンさんはネパールから日本へ来て＿＿＿＿＿＿＿＿＿になる。日本へ来て一番驚いたのは、＿＿＿＿＿＿＿＿＿＿＿＿＿＿＿＿＿＿＿＿＿＿＿＿＿＿＿＿＿＿＿＿＿＿＿＿ことだ。ブバーンさんがアルバイトをしている＿＿＿＿＿＿＿＿＿＿＿＿＿＿は、＿＿＿＿＿＿＿＿＿＿＿＿＿＿＿＿＿＿＿＿＿＿＿＿＿＿＿＿＿＿＿＿＿＿ので、冬は、一日中日を見ることがないそうだ。ブバーンさんは、ネパールでは、＿＿＿＿＿＿＿＿＿＿＿＿＿＿＿＿＿＿＿＿＿ので、こんな生活は考えられないと言っている。

　　質問をしている人も一日中テレビの仕事で、＿＿＿＿＿＿＿＿＿＿＿＿＿＿＿か、＿＿＿＿＿＿＿＿＿＿＿＿＿＿のか知らないで過ごすことがあると言っている。

**토픽·어휘**  식품을 고르는 어머니와 딸

**학습 내용**  ① 슈퍼에서 식품을 고르는 어머니는 가족의 건강을 위해서 가능한 한 신선하고 몸에 좋은 것을 고르려고 하고, 식품의 안전성에도 신경을 쓰고 있다. 세상에는 음식을 배불리 먹지 못하는 나라도 있는데, 식품의 안전성에 너무 신경을 쓰는 건 아닌가 하는 딸과 역시 가족의 건강을 지키는 것이 제일이라고 생각하는 어머니의 대화에 주목한다.

          ② 〈문법·문형〉
          ⑴ ～なきゃ。
          ⑵ だって～。

**학습 요령**  ① 누구와 누구의 대화로, 무엇을 계기로 대화가 시작되고 있는가, 또 식품을 고를 때에 무엇이 가장 중요하다고 말하고 있는가를 이해한다.
          ② 어머니와 딸은 각각 식품에 관해서 어떠한 의견을 가지고 있고, 또 먹는다는 것은 어떠한 것이라고 말하고 있는가를 파악한다.

**토픽·어휘**  중국 요리와의 만남과 그 후의 인생

**학습 내용**  여자는 친구를 중국 요리점에 안내하기로 했다. 그 중국 요리점의 주인은 예전에 일 관계로 중국에 갈 때마다 맛있어서 자주 갔던 단골 가게가 있었는데, 일본에도 이 맛을 전하고 싶다고 생각했다고 한다. 그래서 직접 요리를 배워 지금의 가게를 시작하게 되었다는 내용이다.

**학습 요령**  ① 여자는 어떤 요리의 가게에 대해서 이야기하고 있는가, 그 가게의 사람은 옛날에 무엇을 했고, 또 일을 통해서 어디서 무엇을 했는지를 파악한다.
② 그 후 가게의 사람은 어떻게 하려고 했는가, 어떻게 만드는 방법을 배워, 어떻게 해서 언제 지금의 가게를 시작했는가를 확실히 파악한다.

**A** CDを聞いて、答えてください。

① (　　　　　　)　② (　　　　　　)　③ (　　　　　　)　④ (　　　　　　)

⑤ (　　　　　　)　⑥ (　　　　　　)　⑦ (　　　　　　)　⑧ (　　　　　　)

**B** もう一度聞いて、書いてください。

A: あら、これはだめ。＿＿＿＿＿＿＿＿＿＿＿＿＿＿＿。

B: そう？まだ大丈夫じゃない。

A: だめよ。＿＿＿＿＿＿＿＿＿＿＿＿＿＿＿＿＿＿＿＿。

B: お母さん心配しすぎよ。＿＿＿＿＿＿＿＿＿＿＿＿＿＿＿＿。

A: ねだんよりも体でしょ。＿＿＿＿＿＿＿＿＿＿＿＿＿＿＿＿＿＿＿。

B: ＿＿＿＿＿＿＿＿＿＿＿＿＿＿＿＿＿＿＿＿＿＿＿＿、何も食べられなく

なるわよ。それに、＿＿＿＿＿＿＿＿＿＿＿＿＿＿＿＿＿＿＿＿＿。

＿＿＿＿＿＿＿＿＿＿＿＿＿＿＿＿＿＿＿＿ . . . 。

A: ＿＿＿＿＿＿＿＿＿＿＿＿＿＿＿、自分の体。こここ、こういう所に何が書いて

あるかよく見て、＿＿＿＿＿＿＿＿＿＿＿＿＿＿＿＿＿＿＿＿＿。

B: はいはい。でも、＿＿＿＿＿＿＿＿＿＿＿＿＿＿＿＿＿＿＿＿。

A: うん、分からないけど、＿＿＿＿＿＿＿＿＿＿＿＿＿＿＿＿＿＿＿。

B: いくら注意しても、もう遅いと思うなあ . . . 。

A: 何が？

B: だって、＿＿＿＿＿＿＿＿＿＿＿＿＿＿＿＿＿＿＿＿＿＿＿＿＿＿

＿＿＿＿＿＿＿＿＿＿＿＿＿＿＿？＿＿＿＿＿＿＿＿＿＿＿＿＿＿＿

_______________________。

A: そうかもしれないけどね。_______________________

_______________________。家族みんなが元気でいられるように、

_______________________。

B: _______________________。どうもありがとうございます。

A: そうよ、食べることは一番大切なこと。_______________________

_______________________！

B: _______________________、お母さん。




## C　会話でよく使われる言い方に慣れましょう。

❶　[調べ]なきゃ。

　　A: いくら練習しても、英語はだめ。頭が悪いのかな。

　　B: どんな勉強してるの？

　　A: 英語の映画、一生懸命見てる。

　　B: それじゃ無理。_______________________。

❷　だって、[私たちの体にはもうずっと前から悪い物が入ってて、それが残ってるん

　　じゃない?]

　　A: ねえ、まどをしめてくれない？

　　B: どうして？暑いのに。

　　A: _______________________。

 **A** CDを聞きながら、ノートを取って、あとの質問に答えてください。

① 食事はいつ？

_______________________________________________

② どんな料理の店？

_______________________________________________

③ 店の人は昔何をしてた？

_______________________________________________

④ 仕事でどこへ行った？

_______________________________________________

⑤ 初めて行ったとき、何をした？

_______________________________________________

⑥ そのときの料理の味は？

_______________________________________________

⑦ それからどうした？

_______________________________________________

⑧ どうやって作り方を習った？

_______________________________________________

⑨ どうして店を始めた？

_______________________________________________

⑩ いつ店を始めた？

_______________________________________________

**B** もう一度聞いて、正しい答えを選んでください。

[ a.　b.　c.　d. ]

**C** 上で取ったノートを見ながら、この話をまとめて友だちに伝えてみましょう。

　　＿＿＿＿＿＿＿＿＿に、この女の人は＿＿＿＿＿＿＿＿＿へ友達を案内することにした。その店の人は、昔＿＿＿＿＿＿＿＿＿＿＿＿＿＿、仕事でよく中国へ行ったそうだ。初めて行ったとき、＿＿＿＿＿＿＿＿＿＿＿＿って、その店の料理を食べて、＿＿＿＿＿＿＿＿＿＿＿＿＿＿＿＿＿＿＿＿＿＿＿＿＿＿と思ったそうだ。それで、＿＿＿＿＿＿＿＿＿＿＿＿と思い、何回も＿＿＿＿＿＿＿＿＿＿て、店の人と友達になり、＿＿＿＿＿＿＿＿＿＿＿＿＿＿＿＿＿＿＿＿＿。

　　初めは自分が食べるだけだったのが、＿＿＿＿＿＿＿＿＿＿＿＿＿＿＿＿＿＿＿＿＿＿＿＿＿＿＿＿＿＿＿＿＿、三年前に＿＿＿＿＿＿＿＿＿＿そうだ。

**토픽·어휘**  좋아하는 일을 하는 행복

**학습 내용**  ① 로봇을 진심으로 사랑하는 사람들이 열심히 만든 로봇을 본 여자는 즐겁
게 일을 하는 사람들을 보고 자신마저도 로봇이 사랑스럽게 보인다. 결국
좋아하는 일이라면 힘들어도 열심히 할 수 있다는 내용이다.

② 〈문법·문형〉
(1) 〜ったって、
(2) どういうこと？

**학습요령**  ① 누가 무엇을 계기로 대화를 시작하고 있는가, 또 거기에서 여자는 무엇이
대단하다고 생각하고, 무엇을 느꼈는지 파악한다.
② 그것에 대해서 남자는 어떻게 생각하고, 또 여자의 모습을 보고 뭐라고
말했는가를 파악한다.

**토픽·어휘**  당신이 「놀고 있는」 때는 언제?

**학습 내용**  한 인터뷰에서 「언제 자신이 놀고 있다고 생각하는가」라는 질문에 대해, 이 사람은 텔레비전이나 신문의 광고를 보면서 자신의 머리 속에서 이상적인 집을 생각할 때 등이라고 대답한다. 결과적으로 완성된 집은 상상했던 것과는 다른 것이었지만, 그 사람에게 있어서 놀이란, 불가능한 것을 알면서도 머리 속에서 여러가지 생각하는 것 자체라고 말한다.

**학습 요령**  ① 이 사람은 언제 무엇을 하고 있을 때 「놀고 있다」고 생각했는가, 그 후 무엇을 생각하고, 무엇을 상상하고, 현실에서 이루어진 것과 어떻게 다른가를 파악한다.
② 완성된 집과 상상했던 집이 왜 틀린가, 또 어떤 때에 여러 가지를 생각하는가, 그리고 이 사람에게 있어서 「놀이」는 결국 무엇이라고 말하고 있는가를 파악한다.

**A** CDを聞いて、答えてください。

CD 1-21

❶（　　　　　）　❷（　　　　　）　❸（　　　　　）　❹（　　　　　）

❺（　　　　　）　❻（　　　　　）　❼（　　　　　）　❽（　　　　　）

**B** もう一度聞いて、書いてください。

A: この間ね、＿＿＿＿＿＿＿＿＿＿＿＿＿＿＿＿＿＿＿＿＿。

B: 福岡？九州の？いいねえ、＿＿＿＿＿＿＿＿＿＿＿＿＿。

A: ロボットのサッカー大会があってね、＿＿＿＿＿＿＿＿＿＿＿＿＿

＿＿＿＿＿＿＿＿＿＿＿＿＿。

B: ロボット？＿＿＿＿＿＿＿＿＿＿＿＿＿＿＿＿＿＿？

A: そうよ、ほんとにすごかったんだから。＿＿＿＿＿＿＿＿＿＿＿＿＿。

B: へえ。

A: ロボットもすごかったけど、それを作っている人たちがもっとすごいの。＿＿＿＿

＿＿＿＿＿＿＿＿＿＿＿＿＿＿＿＿＿＿＿＿＿＿＿＿＿＿＿＿＿＿＿

＿＿＿＿＿＿＿＿＿＿＿＿＿。

B: 何がそんなにいいのかね。＿＿＿＿＿＿＿＿＿＿＿＿＿＿＿＿＿

＿＿＿＿＿＿＿＿＿＿＿。

A: その人たち、いろんなことを教えてくれて、＿＿＿＿＿＿＿＿＿＿＿＿＿

＿＿＿＿＿＿＿＿＿＿＿＿＿。

B: ロボットがかわいい。へえっ。＿＿＿＿＿＿＿＿＿＿＿＿＿＿＿＿＿

＿＿＿＿＿＿＿＿＿＿＿。

A: そうなのよ。ロボットが心から好きな人たちだった。＿＿＿＿＿＿＿＿＿＿

＿＿＿＿＿＿＿＿＿＿。ロボット作るのは、＿＿＿＿＿＿＿＿＿＿＿＿＿＿＿＿

＿＿＿＿＿＿＿＿＿＿＿＿＿＿＿＿＿＿＿＿＿＿＿＿＿＿＿＿＿＿＿。

B：へえ、そりゃ、楽しくていいな。＿＿＿＿＿＿＿＿＿＿＿＿＿＿＿＿＿

＿＿＿＿＿＿＿＿＿＿＿＿＿＿＿＿＿。

A：どういうこと？

B：君も、＿＿＿＿＿＿＿＿＿＿＿＿＿＿＿＿＿＿＿＿＿＿＿＿＿＿＿＿＿

＿＿＿＿＿＿＿＿＿＿＿。さっきから、本当に楽しそうに話してるね。

A：そんなことないわ。＿＿＿＿＿＿＿＿＿＿＿＿＿＿＿＿＿。

**C　会話でよく使われる言い方に慣れましょう。**

❶　[「すごいロボット」]ったって、[機械は機械だろ。]

　　A：来月仕事でオーストリアに行くことになったよ。

　　B：オーストリアって、あのヨーロッパの？

　　A：＿＿＿＿＿＿＿＿＿＿＿＿＿＿＿＿＿＿＿＿＿＿＿＿＿。

❷　どういうこと？

　　A：今日ね、会社やめてきた。

　　B：＿＿＿＿＿＿＿＿＿＿＿＿＿＿＿＿＿？

　　A：社長とけんかして。

　　B：私のことは考えてくれなかったの。いつもそうね。もう、このゆびわ、お返

　　　しするわ。

　　A：＿＿＿＿＿＿＿＿＿＿＿＿＿＿＿？

# 聴 解 Ⅱ

**CD 1-23** **A** CDを聞きながら、ノートを取って、あとの質問に答えてください。

**❶** この人はいつ「遊んでいると」思った？

_______________________________________________

**❷** 初めは、何をしていた？

_______________________________________________

**❸** それから、どうした？

_______________________________________________

**❹** どんなへやを考えた？

_______________________________________________

**❺** そこには、どんな物が置いてある？

_______________________________________________

**❻** できた家は、どんな家？

_______________________________________________

**❼** それはどうして？

_______________________________________________

**❽** どんなときに、いろいろ考える？

a)_______________________________________________

b)_______________________________________________

**❾** 何が遊びだと言っている？

_______________________________________________

CD 1-24

**B** もう一度聞いて、正しい答えを選んでください。

[　a.　b.　c.　d.　]

**C** 上で取ったノートを見ながら、この話をまとめて友だちに伝えてみましょう。

　　この人は、＿＿＿＿＿＿＿＿＿＿＿＿＿＿＿＿＿とき、遊んでいると思った。初めは、＿＿＿＿＿＿＿＿＿＿＿＿＿＿＿＿が、＿＿＿＿＿＿＿＿＿＿＿＿＿＿＿＿＿＿＿＿＿＿＿＿＿＿＿＿ようになった。好きなときに＿＿＿＿＿＿＿＿＿＿＿＿＿＿ように、CDを集めたへやを作って、そこに＿＿＿＿＿＿＿＿＿＿＿＿などを置いてみた。しかし、できた家は＿＿＿＿＿＿＿だった。それは＿＿＿＿＿＿＿＿＿からだ。

　　この人は、＿＿＿＿＿＿＿＿＿＿や＿＿＿＿＿＿にも、同じように考える。そして、本当は＿＿＿＿ても、＿＿＿＿＿＿＿＿＿＿＿＿＿＿＿＿のが自分の遊びだと言っている。

청해1

제7과

**토픽·어휘**  마음에 전해지는 말의 사용법

**학습 내용**  ① 지나치게 생각이 많아서 좀처럼 빨리 일을 하지 못하는 山田 군을 답답하게 생각하고 있는 明子와 단점도 장점으로 보면서 좋게 말하는 것이 좋다는 洋子. 두 사람의 의견을 비교하면서 마음에 전해지는 말의 사용법이란 무엇인가, 또 사람의 단점을 어떻게 하면 장점으로 볼 수 있는가에 대한 내용이다.

② 〈문법·문형〉
(1) ～だけ(よ)。
(2) ～ものじゃない(わ)。

**학습 요령**  ① 두 사람은 무엇에 대해서 이야기하고 있고, 각각 어떻게 생각하고 있는가를 파악한다.
② 사람을 대하는 방법에 대하여 어떤 대화를 하고, 또 친절한 마음으로 사람을 대하려면 어떻게 하는 것이 좋다고 말하고 있는가를 파악한다.

**토픽·어휘**  사라져 가는 일본어

**학습 내용**  요즘 사용되는 말은 너무 직접적이어서 일본어의 장점인 말하지 않아도 전
해지는 점이 사라지고 있다. 직접 말하는 것은 알기 쉽지만, 전부 말하지 않
고 상대에게도 조금 생각할 수 있게 하는 일본어다운 표현이 사라지고 있는
듯해서 쓸쓸하다고 이 사람은 말하고 있다.

**학습요령**  ① 일본어가 다른 언어와는 다른 점, 일본어의 장점은 무엇이라고 말하고 있
는가, 또 남자는 여자에게 결혼하고 싶다고 말할 때, 옛날과 지금의 차이
는 무엇이라고 말하고 있는가를 파악한다.
② 말하는 사람의 아는 사람은 연인에게 무엇이라고 말하고, 그 연인은 어떻
게 대답해 결국 두 사람은 어떻게 되었는가, 또 이 사람은 무엇을 쓸쓸해
하고 있는가를 파악한다.

# 聴 解 I

**A** CDを聞いて、答えてください。

CD 1-25

① (　　　　　)　② (　　　　　)　③ (　　　　　)　④ (　　　　　)

⑤ (　　　　　)　⑥ (　　　　　)　⑦ (　　　　　)　⑧ (　　　　　)

**B** もう一度聞いて、書いてください。

A: 本当に、あの子ったら . . .。

B: あの子って？

A: 山田君。ほんと、頭にくる . . .。＿＿＿＿＿＿＿＿＿＿＿＿＿＿＿

＿＿＿＿＿＿＿＿＿＿＿＿＿＿＿＿＿＿。

B: ＿＿＿＿＿＿＿＿＿＿＿＿＿＿＿＿＿＿＿＿＿＿＿＿？

A: 気にかかることがあると、＿＿＿＿＿＿＿＿＿＿＿＿＿＿＿＿＿

＿＿＿＿＿＿＿＿＿ . . .。

B: ええ、そう。時間がかかっても、間違いがなければいいじゃない？

A: ＿＿＿＿＿＿＿＿＿＿＿＿＿＿＿＿＿＿＿＿＿＿＿＿＿ . . .。

B: 熱心じゃない。＿＿＿＿＿＿＿＿＿＿＿＿＿＿＿＿＿＿＿＿。

A: 洋子、どうして山田君には優しいの？

B: 山田君だけじゃないわ。＿＿＿＿＿＿＿＿＿＿＿＿＿＿＿＿＿

＿＿＿＿＿＿＿＿＿＿。

A: でも、あの人が仕事が遅いのは本当よ。私は本当のことを言ってるだけなのよ。

B: それはそうだけど . . .。＿＿＿＿＿＿＿＿＿＿＿＿＿＿＿＿＿

＿＿＿＿＿＿＿＿＿＿＿＿＿＿＿＿＿＿＿＿＿。

A: そうかしら。でも、私はあなたほど優しくないから。

B: 少しぐらい嫌な所があっても、＿＿＿＿＿＿＿＿＿＿＿＿＿＿＿＿＿＿＿

＿＿＿＿＿＿＿＿＿＿＿＿＿＿＿＿＿＿＿＿＿＿＿＿＿＿＿＿＿＿＿、だ

んだんいい所が見えてくるわよ。言葉って不思議よ。

A: そう。ありがとう。洋子、私は洋子のようにはできないな。＿＿＿＿＿＿

＿＿＿＿＿＿＿＿＿＿＿＿＿＿＿＿＿＿＿＿＿＿。

B: そんなことないわよ。そう言いながら、＿＿＿＿＿＿＿＿＿＿＿＿＿＿

＿＿＿＿＿＿＿＿＿＿。

A: それはそうだけど。

B: 自分のこともそう悪く考えるものじゃないわ。＿＿＿＿＿＿＿＿＿＿＿＿

＿＿＿＿＿＿＿＿＿＿＿＿。＿＿＿＿＿＿＿＿＿＿＿＿＿＿＿＿＿

＿＿＿＿＿＿＿＿＿＿＿＿＿＿＿＿＿＿、元気が出てくるわよ。

A: そういうもんかな。じゃ、私も、がんばってみようか。



**C** 会話でよく使われる言い方に慣れましょう。

❶ [私は本当のことを言っている]だけ[よ]。

A: 田中君、今となりの人の答えを見たでしょ。

B: 見てませんよ、先生。＿＿＿＿＿＿＿＿＿＿＿＿＿＿＿＿＿＿＿。

❷ [自分のこともそう悪く考える]ものじゃない[わ]。

A: あら、何、せんたくしてるの？＿＿＿＿＿＿＿＿＿＿＿＿＿＿＿＿＿

＿＿＿＿＿＿＿＿＿＿。

B: だって、朝は時間がないのよ。

A: もう少し早く起きればいいでしょ。

# 聴 解 Ⅱ

**CD 1-27** **A** CDを聞きながら、ノートを取って、あとの質問に答えてください。

❶ 最近の言葉の使われ方は？

_______________________________________

❷ 日本語がほかの言葉と違うのは？

_______________________________________

❸ 日本語の良さは？

_______________________________________

❹ 昔は結婚してほしいとき「結婚してください」と言った？　　はい / いいえ

❺ 知り合いはこいびとに何と言った？

_______________________________________

❻ こいびとはどう答えた？

_______________________________________

❼ 結局この二人は？

_______________________________________

❽ 今の若い人はどう言う？

_______________________________________

❾ この人はどうして寂しがっている？

_______________________________________

CD 1-28

**B** もう一度聞いて、正しい答えを選んでください。

[ a.　b.　c.　d. ]

**C** 上で取ったノートを見ながら、この話をまとめて友だちに伝えてみましょう。

　　最近の言葉の使われ方は＿＿＿＿＿＿＿＿＿＿＿＿＿＿＿＿＿＿感じがする。日本語は

＿＿＿＿＿＿＿＿＿＿＿＿＿＿＿＿＿＿＿＿＿＿＿＿＿＿＿＿＿＿＿ができるし、

＿＿＿＿＿＿＿＿＿＿＿＿＿＿＿＿＿＿＿＿＿という良さもある。昔ある知り合いがこ

いびとと結婚したいと思い、「＿＿＿＿＿＿＿＿＿＿＿＿＿＿＿＿＿＿」と言った

ら、そのこいびとは「＿＿＿＿＿＿」と答えたそうだ。結局二人は＿＿＿＿＿＿＿

＿＿＿が、この話を聞くと、今はだれもが＿＿＿＿＿＿＿＿＿＿＿＿＿＿＿＿＿＿＿＿＿

＿＿＿＿＿＿＿＿＿＿＿＿＿＿＿＿＿＿＿だろう。確かにこのような言い方は分か

りやすいが、＿＿＿＿＿＿＿＿＿＿＿＿＿＿＿＿＿＿＿＿＿＿＿＿＿＿、寂しい。

# 제8과

**토픽·어휘**  아무것도 없기 때문에 할 수 있는 것

**학습 내용**  ① 책을 쓴 선생님에게 인터뷰를 하러 간 기자들은 여느 작가들의 책에 파묻힌 방과는 다르게 아무것도 없는 방에 곤혹스러워 한다. 아무것도 없는 곳에서 작품을 잘 쓸 수 있다고 말하는 선생님과 그 말을 들은 기자들의 반응을 파악한다.

② 〈문법·문형〉
   (1) (いや、ええ) まあ、(その… そうなんです。)
   (2) とおしゃいますと／と言いますと…。

**학습요령**  ① 어떤 상황에서 무엇을 하려고 하는가, 또 방의 모습이나 사람들이 찾아온 이유를 파악한다.
② 선생님의 방법은 어떤 것인가, 또 찾아온 사람들은 처음의 기대와 무엇이 달랐기 때문에 곤혹스러워 했는가를 이해한다.

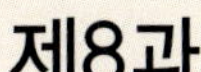

**토픽·어휘**   올바른 「꾸미는 법」

**학습 내용**   젊은 사람 앞에서 말할 기회가 생긴 이 사람은 요즘 사람들은 「꾸미는」 것으로 진정한 자신을 보이지 않고 있다고 이야기한다. 말을 할 때도 꾸미는 것이 중요한 것이 아니라, 어떠한 이야기를 하는가가 중요하듯이, 화장이나 복장도 상대에게 자신의 기억을 남기도록 하는 것이 가장 중요하다는 내용이다.

**학습요령**   ① 이 사람은 어떤 기회가 많으며, 어떤 이야기를 하는가, 또 말을 꾸민다는 것은 언제, 어떤 것을 생각하는가, 또 그것에 따라 어떻게 되는가를 파악한다.
② 말할 때는 무엇에 신경을 쓰고, 무엇이 중요한가, 또 화장이나 복장에서 중요한 것은 무엇이라고 말하고 있는가를 정확하게 이해한다.

# 聴解 I

**CD 2-01**

**A** CDを聞いて、答えてください。

❶(　　　　　　)　❷(　　　　　　)　❸(　　　　　　)　❹(　　　　　　)

❺(　　　　　　)　❻(　　　　　　)　❼(　　　　　　)　❽(　　　　　　)

**B** もう一度聞いて、書いてください。

B: 先生、お仕事はすべてこちらでしてらっしゃるんですね。

A: そう。

B: あの＿＿＿＿＿＿＿＿＿＿＿＿＿＿＿＿＿＿＿＿＿＿＿＿＿＿＿＿＿。

A: そう。毎晩、＿＿＿＿＿＿＿＿＿＿＿＿＿＿＿＿＿＿＿＿＿。

A: あっ、＿＿＿＿＿＿＿＿＿＿＿＿＿＿＿＿＿＿＿＿＿＿＿＿＿。
おいしいコーヒーがあるから。

B: いえいえ、先生、けっこうですから。

C: あのう、＿＿＿＿＿＿＿＿＿＿＿＿＿＿＿＿＿＿＿＿＿＿＿＿＿。

A: ＿＿＿＿＿＿＿＿＿＿＿＿＿＿＿＿＿＿＿＿＿。ちょっと失礼。い
い写真とれた？＿＿＿＿＿＿＿＿＿＿＿＿＿＿＿＿＿＿＿＿＿。ここ
に来る人は、＿＿＿＿＿＿＿＿＿＿＿＿＿＿＿＿＿、何もないからねえ。

C: いや、ええ、まあ、その...そうなんです。＿＿＿＿＿＿＿＿＿＿＿
＿＿＿＿＿＿＿＿＿＿＿＿＿＿＿＿＿＿＿＿＿＿＿＿＿＿＿＿＿＿＿
＿＿＿＿＿＿＿＿＿＿＿＿＿、時々、つくえがどこにあるか分からなかったり、
＿＿＿＿＿＿＿＿＿＿＿＿＿＿＿＿＿...ええっ。

B:　絵や写真、＿＿＿＿＿＿＿＿＿＿＿＿＿＿＿＿＿＿＿＿＿。＿＿＿＿＿＿＿

＿＿＿＿＿＿＿＿＿＿＿＿＿＿＿。

A:　僕はね、＿＿＿＿＿＿＿＿＿＿＿＿＿＿＿＿＿＿＿＿＿＿＿。

B:　＿＿＿＿＿＿＿＿＿＿＿＿＿＿＿＿＿ ...。

A:　何かがあると、＿＿＿＿＿＿＿＿＿＿＿＿＿＿＿＿＿＿、自由に

考えられないんだ。だから、＿＿＿＿＿＿＿。＿＿＿＿＿＿＿＿。

B:　＿＿＿＿＿＿＿＿＿＿＿＿＿＿。ほかの先生とは、ずいぶん違うんです

ね。じゃ、＿＿＿＿＿＿＿＿＿＿＿＿＿＿＿＿＿＿＿＿＿＿＿

＿＿＿＿＿＿＿＿＿＿、ね、斉藤<ruby>斉藤<rt>さいとう</rt></ruby>さん。

C:　ええっ！＿＿＿＿＿＿＿＿＿＿＿＿＿。写真は、何かないと ...。

##  C　会話でよく使われる言い方に慣れましょう。

❶　[いや、ええ、]まあ、[その ... そうなんです。]

1)　A:　田中<ruby>田中<rt>た なか</rt></ruby>くんには、やっぱりこの仕事は無理だね？

　　B:　社長、そうおっしゃらないで。＿＿＿＿＿＿＿＿＿＿＿＿＿＿＿＿＿。

2)　A:　明日の会議、用意できてる。

　　B:　はい。ああっ。もう一日あればな ... ＿＿＿＿＿＿＿＿＿＿＿＿＿。

❷　とおっしゃいますと / と言いますと ...。

　　A:　このさくらともしばらくお別れですよ。

　　B:　＿＿＿＿＿＿＿＿＿＿ ...。

　　A:　来月国に帰ることになったんです。しばらくは日本には来られないでしょうね。

 **A** CDを聞きながら、ノートを取って、あとの質問に答えてください。

❶ どんな機会がよくある？

____________________

❷ そのときどんな話をする？

____________________

❸ 「言葉を飾る」のはどんなとき？

____________________

❹ 「言葉を飾る」の意味は？

____________________

❺ 「言葉を飾る」ときどんなことを考える？

____________________

❻ それで、どうなる？

____________________

❼ 話すときは何に気を付ける？

____________________

❽ 話すとき大切なことは？

____________________

❾ お化粧や服装で大切なことは？

____________________

**B** もう一度聞いて、正しい答えを選んでください。

[ a. b. c. d. ]

**C** 上で取ったノートを見ながら、この話をまとめて友だちに伝えてみましょう。

　　この人は＿＿＿＿＿＿＿＿＿＿＿＿＿＿＿＿＿＿＿＿＿がよくある。そのときいつも今

の人たちは＿＿＿＿＿＿＿＿＿＿＿＿＿＿＿＿＿＿＿＿＿＿＿＿＿＿＿＿＿＿＿

という話をする。

　　「言葉を飾る」とよく言うが、それは＿＿＿＿＿＿＿＿＿＿＿＿＿＿＿＿＿＿＿

＿＿＿＿＿＿＿＿＿＿＿＿＿＿＿＿＿＿＿＿＿＿＿＿＿＿＿＿＿＿＿＿＿＿＿＿＿

ことだ。そんなときは、＿＿＿＿＿＿＿＿＿＿＿＿＿＿＿＿＿＿＿＿＿＿＿＿

＿＿＿＿＿＿＿＿＿＿＿＿＿＿＿＿＿と考えて頭の中が一杯になり、＿＿＿＿＿

＿＿＿＿＿＿＿＿＿＿＿＿＿＿＿＿＿＿＿＿＿＿てしまう。もちろん、

＿＿＿＿＿＿＿＿＿＿＿＿＿＿＿＿＿＿＿＿＿＿＿＿＿＿ように

気を付けなければならないが、大切なことは、＿＿＿＿＿＿＿＿＿＿である。

　　お化粧や服装もそれと同じで、相手におぼえてもらうために、＿＿＿＿＿＿

＿＿＿＿＿＿＿＿＿＿ようにすることが大切なのである。

**토픽·어휘**  색깔이 나타내는 인간의 심리

**학습 내용**  ① 자신의 아이가 그린 그림에 사용한 색깔을 계기로, 색과 인간의 심리에
대해서 알게 된 ゆみ는 각각의 색깔에 따른 심리 상태를 설명하면서, 색
깔이 나타내는 사람의 마음에 대해서 이야기하고 있다.

② 〈문법·문형〉
(1) ～て。
(2) ふうん、それで？

**학습 요령**  ① 대화하고 있는 사람은 누구인가, 또 구체적으로 어떤 색깔이 어떠한 심리
를 나타낸다고 하고 있는가를 듣는다.
② 색깔에 대해서 잘 알게 된 계기가 된 아이의 그림은 어떠한 것으로, 그 색
깔은 아이의 어떤 심리를 나타내고 있는가, 또 어머니는 그것을 보고 어
떻게 생각했는가를 파악한다.

**토픽·어휘**  색깔과 문화

**학습 내 용**  색깔을 나타내는 말은 반드시 그 색 하나만을 의미하는 것이 아니라, 다른 색도 포함하거나 혹은 다른 의미로 사용되기도 한다. 색깔은 문화를 나타낸 다는 사람도 있는데, 교실에서는 이후에 자신의 나라에서 색깔을 사용한 말 을 발표하면서 색과 문화의 관계에 대해서 공부한다.

**학습 요 령**  ① 「파랑」이라는 단어는 무엇을 나타내고, 그것에 따라서 일본어 학습자가 곤란해 하는 것은 무엇인가, 「청년」이라는 예에서 알 수 있는 것은 무엇 인가를 듣는다.
② 색깔은 무엇을 나타낸다고 하며, 이 교실에서는 이후 무엇을 위해서 무엇 을 한다고 말하고 있는가를 파악한다.

# 聴解 I

**CD 2-05** **A** CDを聞いて、答えてください。

❶（　　　　　　）　❷（　　　　　　）　❸（　　　　　　）　❹（　　　　　　）

❺（　　　　　　）　❻（　　　　　　）　❼（　　　　　　）　❽（　　　　　　）

**B** もう一度聞いて、書いてください。

A： よし子、そのセーター、きれいな色ねえ。＿＿＿＿＿＿＿＿＿＿。

B： そう、ありがとう。

C： でもね、＿＿＿＿＿＿＿＿＿＿＿＿＿＿＿＿＿＿＿＿＿＿

　　＿＿＿＿＿＿＿＿＿＿＿＿＿＿＿＿＿＿＿。

B： ふうん、そうなの。知らなかったわ。

C： 元気になりたいっていうときに、＿＿＿＿＿＿＿＿＿＿＿＿＿＿。

A： ねえねえ、ゆみ、私はどう。＿＿＿＿＿＿＿＿。

C： ＿＿＿＿＿＿＿＿＿＿＿＿＿＿＿＿。ひろえ、＿＿＿＿＿＿＿＿＿＿＿

　　＿＿＿＿＿＿＿。

A： そうならいいけどね。

C： ひろえ、＿＿＿＿＿＿＿＿＿＿＿＿＿＿。

A： うん、分かってるんだけど。

B： ゆみ。＿＿＿＿＿＿＿＿＿＿＿＿＿＿＿＿＿＿＿＿＿＿＿＿＿。

C： うん、息子がちょっとね。

A： たかし君のこと。

C： そう。小学校に入る前のことなんだけど、＿＿＿＿＿＿＿＿＿＿＿

_______________。

B: どんな絵？

C: ________________________________。 それで、_______________

________________________________。

B: ふうん、それで . . .。

C: ________________________________、 忙しくてたかしと

一緒に遊んでやれなくてね。

B: じゃ、たかし君、寂しかったんでしょうね。

C: 先生の話じゃ、________________________________

_______________。

B: なるほどね。________________________________。

 **C** 会話でよく使われる言い方に慣れましょう。

❶ [体や心のどこかが疲れているときなんだ]って。

A: ねえねえ、________________________________。 知ってた？

B: ええっ、うそ！

❷ ふうん、それで？

A: 昨日友達とデパートへ行って、一階でくつを見てたらね、小林先生に会ったの。

B: _______________ ？

A: 一緒にきっさてんへ行って、お茶とケーキをごちそうになって . . .。

B: ええっ、ほんと？いいなあ . . .。

# 聴 解 Ⅱ

 **CD 2-07**

**A** CDを聞きながら、ノートを取って、あとの質問に答えてください。

❶ 「青い」というのは？

___________________________________________

❷ 学生からよく聞かれて困ることは何？

___________________________________________

❸ 日本語の「青い」という言葉から感じるのは？

___________________________________________

❹ 「青年」という例から分かることは？

___________________________________________

❺ 色は何を表すと言われている？

___________________________________________

❻ 次は何をする？

___________________________________________

❼ それは、何のため？

___________________________________________

**CD 2-08**

**B** もう一度聞いて、正しい答えを選んでください。

[　a.　b.　c.　d.　]

**C** 上で取ったノートを見ながら、この話をまとめて友だちに伝えてみましょう。

　「青い」というのは＿＿＿＿＿＿＿＿＿＿＿だ。しかし、この言葉は「みどり」を意味することもある。日本語の勉強を始めたばかりの学生から＿＿＿＿＿＿＿＿＿＿＿＿＿＿＿＿＿＿＿＿＿＿＿＿＿＿＿＿＿＿＿＿＿＿＿＿＿と聞かれて困ることがあるが、日本語では、＿＿＿＿＿＿＿＿＿＿＿＿＿＿＿＿＿＿＿＿＿＿＿＿＿＿＿＿＿＿＿＿＿＿＿＿のだ。また、「青い」という言葉には、＿＿＿＿＿＿＿＿＿＿＿＿＿＿＿＿＿＿＿＿＿＿＿＿＿＿＿という意味もある。

　色は文化を表すという人もいる。教室ではこのあと＿＿＿＿＿＿＿＿＿＿＿＿＿＿＿＿＿＿＿＿＿＿＿＿＿＿して、一緒に＿＿＿＿＿＿＿＿＿について勉強する。

# 제10과

**토픽·어휘**  삶의 보람에 대해서

**학습 내용**  ① 앙케트의 질문을 통해서 돈, 건강, 시간 중에서 무엇이 가장 중요한가가
화제인 대화. 여러가지 선택지 중에서 각각 무엇이 삶의 보람이라고 말하
고 있는가를 이해한다.

        ② 〈문법·문형〉
         (1) 何だ、〜じゃない(か)
         (2) そんなことより

**학습요령**  ① 어떠한 상황에서 여자는 무엇을 왜 쓰고 있는가를 파악한다.
        ② 여자는 지금 생활을 어떻게 생각하고, 또 남자와 여자가 각각 생각하고
있는 삶의 보람과 그 이유를 듣는다.

# 제10과

**토픽·어휘**   부모님에 대한 감사와 삶의 보람

**학습 내용**   결혼식을 맞이한 딸이 어렸을 때부터 몸이 약했던 자신에게 매일 몸에 좋은 도시락을 만들어 주었던 어머니와, 언제나 딸을 응원해 주었던 아버지에게 24년간 키워주셔서 감사하다고 인사를 드리는 내용. 새롭게 결혼생활을 시작하려고 하는 딸에게 아버지는 열심히 건강하게 사는 것을 삶의 보람으로 여기라고 당부하고 딸은 열심히 살 것을 약속하며 감사의 인사를 마친다.

**학습 요령**   ① 딸의 어머니는 매일 무엇을 해 주었는가. 왜 그렇게 해 주었는가, 또 이 사람이 어렸을 때는 어떠한 상태로 아버지는 무엇을 해 주었는가를 듣는다.
② 아버지의 어떤 농담을 듣고 이 사람은 무엇을 생각했는가, 또 무엇을 사는 보람으로 하고 싶다고 생각하고, 그것에 대해서 아버지는 무엇을 사는 보람으로 하라고 말했는가를 파악한다.

**A**　CDを聞いて、答えてください。　CD 2-09

❶（　　　　　）　❷（　　　　　）　❸（　　　　　）　❹（　　　　　）

❺（　　　　　）　❻（　　　　　）　❼（　　　　　）　❽（　　　　　）

**B**　もう一度聞いて、書いてください。

A:　何、それ。

B:　アンケート。_______________________________________________

________________。

A:　_____________________、ちょっと見せて。_____________________________。

B:　だけじゃなくて、三人も行けるのよ。

A:　無理、無理。

B:　いいの。_______________________________________。ええと、一番。

_______________________________________。満足しています。

A:　へえ、お母さん、_______________________________________。

B:　そりゃあ、いろいろあるけど、_______________________________

________________。

A:　_______________________________________。

B:　そう、そう。次はっと、_______________________________

________________。けいじ、テレビ見ないなら消しなさい。

A:　_______________________________。

B:　「お金と健康と時間」う～ん、_______________________________。

A: お金だよ、お金。＿＿＿＿＿＿＿＿＿＿＿＿＿＿＿＿＿＿＿＿

　　＿＿＿＿＿＿＿＿＿＿。そうすれば、＿＿＿＿＿＿＿＿＿＿＿＿＿＿＿＿＿。

B: けいじの考えそうなことね。

A: ＿＿＿＿＿＿＿＿＿＿＿＿＿＿＿＿＿＿＿＿＿＿。

B: 三番は、『生きがいは何ですか』。＿＿＿＿＿＿＿＿＿＿＿＿＿＿。そうねえ、

　　やっぱり家庭かな。

A: お母さん、＿＿＿＿＿＿＿＿＿＿＿＿＿＿＿＿＿＿＿＿＿＿＿。

B: あ〜あ。けいじには、＿＿＿＿＿＿＿＿＿＿＿＿＿＿＿＿＿＿＿。

A: そう。＿＿＿＿＿＿＿＿＿＿＿＿＿＿＿＿＿＿。

**C** 会話でよく使われる言い方に慣れましょう。

CD 2-10

① 何だ[三人だけ]じゃない[か]。

1) A: あら、だれか来たようね。おきゃくさんかしら？

　　B: ただいま。

　　A: ＿＿＿＿＿＿＿＿＿＿＿＿＿＿＿＿＿＿＿＿。早かったのね。

2) B: 九州の友達から送ってきた。開けてみて。

　　A: 何かおいしい物かな。＿＿＿＿＿＿＿＿＿＿＿＿。

　　B: 何だはないだろう、せっかく送ってくれたのに。

② そんなことより[何か食べる物ない？]

　　A: ねえ、れいぞうこに入れておいた私のチョコレート知らない？

　　B: 知らないよ、そんな物。＿＿＿＿＿＿＿＿＿＿＿＿＿＿＿＿＿＿＿＿＿

　　　　＿＿＿＿＿＿＿＿＿＿＿＿＿＿？

# 聴 解 Ⅱ

**CD 2-1** **A** CDを聞きながら、ノートを取って、あとの質問に答えてください。

**①** この人は何歳？

_________________________________________________

**②** お母さんは毎日何をしてくれた？

_________________________________________________

**③** それはどうして？

_________________________________________________

**④** 今まで言えなかったことは？

_________________________________________________

**⑤** この人は生まれたときどうだった？

_________________________________________________

**⑥** それでどうなった？

_________________________________________________

**⑦** お父さんはそのとき何をした？

_________________________________________________

**⑧** お父さんはどんな冗談を言う？

_________________________________________________

**⑨** この人はお父さんの言葉を聞いて、どう思った？

_________________________________________________

**⑩** この人は何を生きがいにしたいと思った？

_________________________________________________

⓫ お父さんは何を生きがいにしろと言った？

_______________________________________________

 **B** もう一度聞いて、正しい答えを選んでください。

[　a.　b.　c.　d.　]

**C** 上で取ったノートを見ながら、この話をまとめて友だちに伝えてみましょう。

　この人は結婚式で____________________________にお礼を言っている。

お母さんはこの人が小さいときから、__________________と言って、

________________________________。この人は今日まで、

____________と言えなかった。

　この人は生まれたとき__________________ので、__________________

____________。お父さんはそのとき、__________________________

__________________________________と思ってくれていた。

　お父さんは「__________________」と冗談のように言うが、__________

___。__________________________と思った。「これからは__________________

____________生きていく」と言ったとき、お父さんは、「______________

__________________________________________」と言っ

てくれた。この人は両親に心からお礼を言って、おっとと二人で一生懸命に生き

て幸せになると約束した。

**토픽·어휘**　개인 정보의 관리

**학습 내용**　① 정보 통신화가 진행되고 있는 현대 사회에서 개인 정보를 어떻게 지켜야
하는가에 대해서 이야기하고 있다. 항상 개인 정보 관리가 필요한 미국,
유럽적인 사고와, 마을 전체가 공동체를 이루며 살아 온 역사때문에 특별
히 개인 정보의 관리를 따로 할 필요가 없다는 아시아적인 사고에 대해서
도 언급하고 있다.

② 〈문법·문형〉
(1) ああ、あの(話(ね))。
(2) (一体、)どう〜んだ(よ)。

**학습요령**　① 선생님의 어떤 이야기를 듣고 대학생들은 어떻게 느꼈는가, 또 도시와 시
골에서는 인간관계에 어떠한 차이가 있다고 말하고 있는가를 파악한다.
② 아시아와 유럽의 개인 정보 관리는 무엇이 어떻게 다르다고 말하고 있는
가를 파악한다.

**토픽·어휘**  모르는 사람과의 따뜻한 대화

**학습 내용**  여자는 대학 동창회를 알리기 위해 친구에게 전화를 걸었는데, 번호가 바뀌어서 모르는 사람과 이야기를 하게 되었다. 잘못 걸려 온 전화에도 친절하게 이야기하는 상대방에게 감동하며, 자신이라면 이런 식으로 말하지 않는다고 생각한다. 모르는 사람과 따뜻한 대화를 나눌 수 있는 것의 중요함을 생각하는 내용을 듣는다.

**학습 요령**  ① 여자는 무슨 모임을 개최하려고 했으며, 전화를 받은 사람은 누구였는가, 또 전화를 받은 사람은 뭐라고 하고, 자신이라면 그 상황에서 어떻게 했을 것이라고 생각했는가를 파악한다.
② 결국 이 사람들은 어떻게 하게 되었는가, 또 여자는 무엇이 좋다고 말하고 있는가를 파악한다.

## 聴解 I

**A** CDを聞いて、答えてください。

CD 2-13

① (　　　　　)　② (　　　　　)　③ (　　　　　)　④ (　　　　　)

⑤ (　　　　　)　⑥ (　　　　　)　⑦ (　　　　　)　⑧ (　　　　　)

**B** もう一度聞いて、書いてください。

A: さっきじゅぎょうで先生が「＿＿＿＿＿＿＿＿＿＿＿＿＿＿＿＿＿」って
言ってただろ？

B: ああ、あの話ね。＿＿＿＿＿＿＿＿＿＿＿＿＿＿とか、父親が＿＿＿＿
＿＿＿＿＿＿＿＿＿＿＿＿＿＿＿＿＿＿＿とか、　それを知
られて、＿＿＿＿＿＿＿＿＿＿＿＿＿＿＿＿＿。

A: ええ？困るさ、それは、いろいろと . . . 。でも、＿＿＿＿＿＿＿＿＿＿
＿＿＿＿＿のは、＿＿＿＿＿＿＿＿＿＿＿＿＿＿＿＿＿＿
＿＿＿＿＿＿＿＿＿＿＿＿ってことさ。

B: ＿＿＿＿＿＿＿＿＿＿＿＿＿＿＿＿＿＿＿＿？

A: 僕は＿＿＿＿＿＿＿＿＿＿＿＿＿＿＿＿、何だかいなかとは違うんだよ。

B: そうそう、うちの両親のいなかでも、＿＿＿＿＿＿＿＿＿＿＿＿＿＿＿＿、
毎朝家をたずね合って＿＿＿＿＿＿＿＿＿＿＿＿＿＿＿＿＿＿＿＿＿
って。今でもそうらしいよ。＿＿＿＿＿＿＿＿＿＿＿＿＿＿＿＿＿＿＿、
あんまり関係ないよな

A: うん、それは無理だね。僕は、＿＿＿＿＿＿＿＿＿＿＿＿＿＿＿＿＿＿
＿＿＿＿＿＿＿＿＿＿だけど、都会は都会で、＿＿＿＿＿＿＿＿＿＿＿
＿＿＿＿＿＿＿＿＿＿ . . . 。

B: そうやって、＿＿＿＿＿＿＿＿＿＿＿＿＿＿＿＿＿＿＿＿＿＿＿＿＿＿、
都会の人間は。＿＿＿＿＿＿＿＿＿＿＿＿＿＿＿＿＿。

A: でも、＿＿＿＿＿＿＿＿＿＿＿＿＿＿＿＿＿＿＿＿＿＿＿＿＿＿＿。

B: 僕にはないよ。____________________。

A: まじめに聞けよ。____________________、____________

____________________、____________________

____________________、アメリカやヨーロッパと。

B: また、____________________。どこが違うのさ?

A: つまりね、アジアでは、家族はもちろん、____________________

____________________から____________________

____________________、たぶん。

B: ____________________、____________

____________________。

A: ____________________、この間「アジア研究会」でさあ...。

B: ちょっと待った！____________________。____________

____________。じゅぎょう、じゅぎょう。

 C 会話でよく使われる言い方に慣れましょう。

❶ ああ、あの[話(ね)。]

A: どの先生のじゅぎょうをとってるの。

B: ええっと、文法は佐藤先生。ひげのある、背の高い...。

A: ____________________。

❷ (一体、)どう[困る]んだ(よ)。

A: ねえ、お母さん。このかばんとあのかばんと二つ買ってもいい？

B: どちらか一つでいいでしょ。大きさも同じだし...。

A: でも、持って行く場所が違うのよ。一つは学校とか、で、一つは友

達と出かけるときなんかに...。

B: ____________________、____________。一つにしなさい。

**A** CDを聞きながら、ノートを取って、あとの質問に答えてください。　CD 2-15

❶ この人は何の会を開きたいと思った？

______________________________________________

❷ ある友達の電話番号は？

______________________________________________

❸ その友達に電話をかけたとき、何があった？

______________________________________________

❹ その人はクラス会について　　知っていた / 知らなかった

❺ その人は、何と言った？

______________________________________________

❻ 間違い電話のときふつうはどうする？

______________________________________________

❼ この人ならどうすると言っている？

______________________________________________

❽ この人たちは結局どうなった？

______________________________________________

❾ そのときみんなで何をした？

______________________________________________

❿ 最近はどうだと言っている？

　　a)______________________________________________

　　b)______________________________________________

⑪ 何がいいことだと言っている？

_______________________________________________



**B** もう一度聞いて、正しい答えを選んでください。

[ a.  b.  c.  d. ]

**C** 上で取ったノートを見ながら、この話をまとめて友だちに伝えてみましょう。

　この女の人は_________________________と思い、電話でれんらくを取り合ったが、ある友達の電話番号が_______________。それを知らずに電話してみると、_____________________________。その女の人は、「_____________________________」と説明してくれた。間違い電話なら、ふつうは_________________のに親切に話してくれた。この女の人は、自分なら_____________________________だろうと思った。

　そのあと、_________________ことができたので、_________________
_____________________。

　最近は、_____________________________________
し、_____________________________________。
_____________________________________のはいいことだと言っている。

## 제12과

**토픽·어휘**  유학생과의 민간 교류

**학습 내용**  ① 모처럼 일본에 왔어도 좀처럼 친구가 생기지 않는 유학생을 위해, 민간 단체가 여러가지 이벤트를 통해서 일본에 살고 있는 외국인과 친구가 될 수 있는 기회를 만들고 있다. 진정한 친구가 되기 위해서는 함께 무엇을 하는가가 중요하다는 내용이다.

② 〈문법·문형〉
(1) ということで...
(2) 〜だけでは、〜ません。

**학습 요령**  ① 어떤 단체에 대한 소개인가, 그 단체는 언제 무엇을 목적으로 어떤 활동을 하고 있는가를 파악한다.
② 진정한 친구가 되기 위해서는 어떤 것이 중요한가, 또 앞으로 이 단체가 하려고 하는 것은 무엇인가를 파악한다.

# 제12과

**토픽·어휘**　오토바이로 만난 사람

**학습 내용**　휴가 때마다 오토바이로 여행을 하는 이 사람은 여행을 시작한 지난 6년 동안 전국에 많은 사람들을 알게 되었다. 나이도 직업도 다르지만 여행 도중에 도움을 받기도 하고, 사람들과 만나면서 자신이 모르던 세계에 대해 배우게 되면서 돌아와서도 연락을 주고받게 되었다. 멀리 떨어져 있음에도 불구하고 일년에 한 번은 홋카이도에서 만날 수 있다고 말하고 있다.

**학습요령**　① 이 사람은 휴가가 생기면 무엇을 하고, 지금까지 어떤 곳에서 어떤 사람들과 알게 되고, 무엇을 알게 되었고, 왜 그것이 재미있다고 말하고 있는가를 듣는다.
　② 돌아오고 나서 무엇을 하고, 또 모두가 모일 기회는 언제, 어디라고 말하고 있는가를 파악한다.

## 聴解 I

**CD 2-17** **A** CDを聞いて、答えてください。

① (　　　　　) ② (　　　　　) ③ (　　　　　) ④ (　　　　　)
⑤ (　　　　　) ⑥ (　　　　　) ⑦ (　　　　　) ⑧ (　　　　　)

**B** もう一度聞いて、書いてください。

A: 皆さん、おはようございます。＿＿＿＿＿＿＿＿＿＿＿＿＿＿＿＿。

B: 4月 15日金曜日。＿＿＿＿＿＿＿＿＿＿＿＿＿＿＿＿＿＿。

A: けさのおきゃく様は、＿＿＿＿＿＿＿＿＿＿＿＿＿＿＿＿＿＿

＿＿＿＿＿＿＿＿＿＿＿＿＿＿＿＿＿＿＿＿＿。松本さん、

どうぞ。

A,B: おはようございます。

C: おはようございます。よろしくお願いします。

A: 松本さん。この『あい』というグループですが、＿＿＿＿＿＿＿＿

＿＿＿＿＿＿＿＿＿＿＿＿＿。

C: 私たちのグループは、＿＿＿＿＿＿＿＿＿＿＿＿＿＿＿＿＿＿＿

＿＿＿＿＿＿＿＿＿＿＿＿＿。

A: と言いますと ...。

C: 一緒にパーティを開いたり、＿＿＿＿＿＿＿＿＿＿＿＿＿＿＿＿。

B: 楽しそうですね。＿＿＿＿＿＿＿＿＿＿＿＿＿＿＿＿＿＿＿＿＿。

C: ＿＿＿＿＿＿＿＿＿＿＿＿＿＿＿＿。大学のときの遊び友達が集まって。

B: 同じ会社に入ってですか。

C: いえいえ。卒業前に、＿＿＿＿＿＿＿＿＿＿＿＿＿＿＿＿＿＿＿

＿＿＿＿＿＿＿＿、毎月一回休みの日に集まることにしたんです。

A: ＿＿＿＿＿＿＿＿＿＿＿＿＿＿＿＿＿＿＿＿＿＿＿＿＿＿＿＿。

C: ええ、＿＿＿＿＿＿＿＿＿＿＿＿＿＿＿＿＿＿＿＿＿、それで呼ぶよう

になったんです。

B: 最近はそのころと違って、＿＿＿＿＿＿＿＿＿＿＿＿＿＿＿＿＿

＿＿＿＿＿＿＿＿＿＿＿＿＿＿＿＿＿ ・・・。

C: そうなんですけど、＿＿＿＿＿＿＿＿＿＿＿＿＿＿＿＿＿＿、

なかなか友達にはなれません。

A: そりゃ、そうですよね。

C: それで、うちのグループでは、＿＿＿＿＿＿＿＿＿＿＿＿＿

＿＿＿＿＿＿＿＿＿＿＿＿＿＿＿＿＿＿＿＿＿＿＿＿＿＿。

B: なるほどね。＿＿＿＿＿＿＿＿＿＿＿＿＿＿＿＿＿＿＿＿。

で、これからはどんなことを。

C: ええ、二つあって、一つは＿＿＿＿＿＿＿＿＿＿＿＿＿＿、

もう一つは＿＿＿＿＿＿＿＿＿＿＿＿＿＿＿＿＿。

A: そうですか。是非これからもがんばってください。グループ『あい』の松本さん

でした。＿＿＿＿＿＿＿＿＿＿＿＿＿＿＿＿＿＿。

**C 会話でよく使われる言い方に慣れましょう。**

❶ ［このまま会社に入ってしまうのは寂しい］ということで...

A: あのじしんを経験されたそうですが、大変だったようですね。

B: ええ、しばらくは家の中でじっとしてたのですが、＿＿＿＿＿＿＿

＿＿＿＿＿＿＿＿＿＿＿＿＿＿＿＿＿＿＿＿＿＿＿＿＿＿＿、

家族と一緒に近くの小学校へ行ったんです。

❷ ［飲んだり、食べたり］だけでは、［なかなか友達にはなれ］ません。

A: またしゅくだいしてないの？＿＿＿＿＿＿＿＿＿＿＿＿＿＿

＿＿＿＿＿＿＿＿＿＿＿＿＿＿＿。

B: すみません、先生。

**A** CDを聞きながら、ノートを取って、あとの質問に答えてください。

① 休みになると、何をする？

_______________________________________________

② 乗り始めて何年？

_______________________________________________

③ どんな所へ行った？

_______________________________________________

④ どんな人と知り合った？

a)_____________________________________________

b)_____________________________________________

c)_____________________________________________

⑤ どんなことがきっかけで知り合う？

a)_____________________________________________

b)_____________________________________________

⑥ どうしてその人たちの話が面白い？

_______________________________________________

⑦ 何を知ることができる？

_______________________________________________

⑧ オートバイの話を始めると、どうなる？

_______________________________________________

⑨ 帰ってから何をする？

_______________________________________________

⑩ みんなが集まる機会はいつ、どこで？

_______________________________________________

**B** もう一度聞いて、正しい答えを選んでください。

[ a.　b.　c.　d. ]

**C** 上で取ったノートを見ながら、この話をまとめて友だちに伝えてみましょう。

　　この人は休みになると、＿＿＿＿＿＿＿＿＿＿＿＿＿＿＿＿＿。乗り始めて
＿＿＿＿になる。＿＿＿＿＿＿＿＿＿＿＿＿＿＿＿＿＿＿までいろいろな所へ行き、
たくさんの人と知り合った。＿＿＿＿＿＿＿＿＿＿＿＿＿＿＿＿＿もいれば、
＿＿＿＿＿＿＿＿＿＿＿＿＿＿もいるし、＿＿＿＿＿＿＿＿＿＿＿＿＿＿＿
＿＿＿＿＿＿＿もおおぜいいる。＿＿＿＿＿＿＿＿＿＿＿＿＿＿＿＿＿＿
＿＿＿＿＿＿＿＿たり、＿＿＿＿＿＿＿＿＿＿＿＿＿＿＿＿＿＿＿＿＿
＿＿＿＿＿＿＿＿＿＿ことがきっかけで知り合った人たちはみんないい人ばか
りだ。＿＿＿＿＿＿＿＿＿＿ため、話も面白いし、＿＿＿＿＿＿＿＿＿＿＿
＿＿＿＿＿＿＿＿＿を知ることもできる。オートバイの話を始めると、＿＿＿＿
＿＿＿＿＿＿＿＿。帰ってからも、＿＿＿＿＿＿＿＿＿＿＿＿＿＿＿＿＿＿
＿＿＿＿＿＿＿＿が、皆、遠くに離れて住んでいるので、なかなか会えない。で
も、年に一度＿＿＿＿＿＿＿＿＿＿＿＿＿＿＿ことができる。この人は毎年そこ
へ出かける。

청해1

제13과

**토픽·어휘**　현대 사회에서 빠뜨릴 수 없는 휴대 전화

**학습 내용**　① 휴대 전화를 실수로 화장실에 떨어뜨려 당황하고 있는 ゆうこ는 휴대 전화 안에 있는 많은 정보가 지워져 버리는 것에 불안을 느낀다. 휴대 전화는 이미 일상생활에서 빠뜨릴 수 없는 것이라는 것을 상징하는 대화에 주목한다.

　② 〈문법·문형〉
　(1) なければいいんでけど…
　(2) ～ぐらいで何(だ)よ。

**학습 요령**　① 전반 부분에서 두 사람은 어디에서, 어떤 상황에 대해서 이야기하고 있는가를 듣는다.
　② 전화가 고장나면 무엇이 가장 곤란한가, 또 앞으로 두 사람은 어떻게 하려고 하는가를 파악한다.

**토픽·어휘**　로봇 시대

**학습 내용**　アキラ라는 로봇은 모양이나 크기, 움직임까지 인간과 똑같이 만들어져, 말은
물론 청소, 세탁, 요리 외에 자동차 운전이나 전화번호를 기억하는 것도 가
능하다. 또 기계이기 때문에 먹을 것이나 마실 것은 필요없고, 짜증을 내거
나 화를 내지도 않기 때문에 친구나 상담 상대로써 도움이 된다.

**학습 요령**　① 어떤 물건에 대한 이야기이며, 지금까지와 비교해서 어떠한가, 어떤 것이
　　　　가능하다고 말하고 있는가를 자세하고 정확하게 파악한다.
　　　② 버튼을 누르면 무엇이 가능하고, 어떤 요리가 가능하다고 말하고 있는가,
　　　　먹을 것이나 마실 것이 필요한가, 그 외에 어떤 일에 도움이 된다고 말하
　　　　고 있는가를 파악한다.

**A** CDを聞いて、答えてください。

CD 2-21

❶（　　　　　）　❷（　　　　　）　❸（　　　　　）　❹（　　　　　）

❺（　　　　　）　❻（　　　　　）　❼（　　　　　）　❽（　　　　　）

**B** もう一度聞いて、書いてください。

A: みき、大変、どうしよう！

B: どうしたの、ゆう子。

A: ＿＿＿＿＿＿＿＿＿＿＿＿＿＿＿＿＿＿＿＿＿ ・・・。

B: ええっ、トイレに。＿＿＿＿＿＿＿＿＿＿。

A: ＿＿＿＿＿＿＿＿＿＿＿＿＿＿＿＿＿＿＿＿＿＿＿＿＿＿＿。

B: ＿＿＿＿＿＿＿＿＿＿＿＿＿＿＿ ？

A: うん。みきは、じゅぎょう中だったから、よし子に。でも、＿＿＿＿＿＿＿＿

＿＿＿＿＿＿＿＿＿＿＿＿＿＿＿＿＿。

B: ＿＿＿＿＿＿＿＿＿＿＿＿＿＿＿。

A: ＿＿＿＿＿＿＿＿＿＿＿＿＿＿＿＿＿＿＿＿＿＿＿＿＿＿＿＿。

B: ＿＿＿＿＿＿＿＿＿＿＿＿＿＿＿＿＿＿。

A: そうよ、＿＿＿＿＿＿＿＿＿＿＿＿＿＿＿＿＿＿＿＿＿＿＿

＿＿＿＿＿＿＿＿＿＿。

B: ＿＿＿＿＿＿＿＿＿＿＿＿＿＿＿＿＿＿＿＿＿＿＿＿

＿＿＿＿＿＿＿＿＿＿。

A: ＿＿＿＿＿＿＿＿＿＿＿＿＿＿＿＿＿＿＿＿＿＿＿ . . . 。

B: そうね。まあ、＿＿＿＿＿＿＿＿＿＿＿＿＿＿＿。お店に行ってみよう。

＿＿＿＿＿＿＿＿＿＿＿＿。

A: みき、じゅぎょうは？

B: ＿＿＿＿＿＿＿＿＿＿、大丈夫。＿＿＿＿＿＿＿＿＿＿＿＿＿＿＿＿＿。

A: 直らなかったら、困るわ。＿＿＿＿＿＿＿＿＿＿＿＿＿＿＿！

B: そんな . . . 、＿＿＿＿＿＿＿＿＿＿＿。

A: 私、＿＿＿＿＿＿＿＿＿＿＿＿＿＿＿＿＿＿。

みきはそんなことない。

B: ＿＿＿＿＿＿＿＿＿＿＿＿＿。

 **C** 会話でよく使われる言い方に慣れましょう 。

❶ [情報が消えて]なければいいんだけど . . . 。

    A: お父さん、まだ？早く御飯食べようよ。

    B: そうね、せっかく太郎のおたんじょう日なのにね。

    ＿＿＿＿＿＿＿＿＿＿＿＿＿＿＿＿＿＿。

❷ [電話]ぐらいで何(だ)よ。

    A: あ〜あ、また負けたよ。もうだめだ、生きていられない . . . 。

    B: ＿＿＿＿＿＿＿＿＿＿＿＿＿＿＿＿。

    A: だって、あのゆみさんが見に来てたんだよ。

**A** CDを聞きながら、ノートを取って、あとの質問に答えてください。

① この品物は何？

_______________________________________________

② この品物は今までと　同じ / 違う

③ 大きさや形、手や足の動きは？

_______________________________________________

④ 言葉は？

_______________________________________________

⑤ ボタンを押せば何ができる？

_______________________________________________

⑥ どんな料理が作れる？

_______________________________________________

⑦ そのほかにできることは？

a)_____________________________________________

b)_____________________________________________

⑧ 食べ物や飲み物は　いる / いらない

⑨ ほかにはどのように役に立つ？

_______________________________________________

**CD 2-24**

**B** もう一度聞いて、正しい答えを選んでください。

[　a.　b.　c.　d. ]

**C** 上で取ったノートを見ながら、この話をまとめて友だちに伝えてみましょう。

　　　この品物は＿＿＿＿＿＿＿＿＿＿＿＿＿＿＿＿＿＿＿＿であり、今までと＿＿＿＿＿。

アキちゃんは＿＿＿＿＿＿＿＿、そして、＿＿＿＿＿＿＿＿＿も人間と同じよう

だ。人間の言葉も＿＿＿＿＿＿＿＿。ボタンを押せば、＿＿＿＿＿＿＿＿はもち

ろん、＿＿＿＿＿＿＿＿＿＿＿＿＿＿＿。＿＿＿＿＿＿＿＿＿＿＿＿＿＿＿＿＿

から＿＿＿＿＿＿＿＿＿＿＿＿＿＿＿＿＿＿＿＿＿＿まで、何でも作れ

る。そのほかに、＿＿＿＿＿＿＿＿＿し、＿＿＿＿＿＿＿＿＿＿＿＿＿＿＿

＿＿＿＿＿＿＿＿＿＿。しかし、アキちゃんは機械だから、＿＿＿＿＿＿＿＿＿

＿＿＿＿＿＿＿＿＿＿＿。もちろん、＿＿＿＿＿＿＿＿＿＿＿＿＿＿＿＿＿

ないので、友達やそうだん相手としても役に立つ。

**토픽·어휘**　인터넷 결혼

**학습 내용**　① 인터넷으로 알게 되어 결혼하게 된 선배의 이야기를 통해서 그 위험성과
　　　　　　　　함께, 실제로 해 보는 것까지 생각하는 현대 사회의 젊은이들의 현실을
　　　　　　　　생각한다.

　　　　　　　② 〈문법·문형〉
　　　　　　　　(1) **それって~**
　　　　　　　　(2) **何言ってるんですか、**

**학습 요령**　① 누가, 어떤 이야기를 하고 있는가, 또 그 화제에 등장하는 사람의 정보나
　　　　　　　　그 사람이 어떠한 계기로 만나서 결혼하게 되었는가를 파악한다.
　　　　　　　② 그것에 대해서 각각 어떻게 생각하고, 또 어째서 똑같이 해 보려고 하는
　　　　　　　　사람이 있는가를 생각한다.

**토픽·어휘**  다도의 세계

**학습 내용**  유학생이 체험하러 간 다도에는 하나하나의 동작에 정해진 약속이 있어서 어렵다고 말해지는데, 그것은 손님에게 맛있는 차를 대접하기 위해서라는 생각이 있기 때문이다. 손님 역시, 차를 끓여준 사람의 마음을 받아들이는 것에 의해 서로 한번 밖에 없는 만남의 시간이 된다는 포인트를 듣는다.

**학습요령**  ① 유학생은 다도에 대해서 공부한 적이 있는가, 무엇을 하러 갔는가, 다도에는 무엇을 할 때에 정해진 방식이 있는가, 그것은 무엇을 위해서라고 말하고 있는가를 파악한다.
② 다도에서 가장 중요한 생각은 무엇인가, 그것은 어떠한 기분을 나타내고 있는가, 손님과는 어떠한가, 그리고 그것은 어떻게 된다고 말하고 있는가를 이해한다.

**A**　CDを聞いて、答えてください。

CD 3-01

❶(　　　　　)　❷(　　　　　)　❸(　　　　　)　❹(　　　　　)

❺(　　　　　)　❻(　　　　　)　❼(　　　　　)　❽(　　　　　)

**B**　もう一度聞いて、書いてください。

A:　ねえねえ、＿＿＿＿＿＿＿＿＿＿＿＿＿＿＿＿＿＿。

B:　ええ、ほんとですか？いつなんですか？

A:　三月に会社をやめて、＿＿＿＿＿＿＿＿＿＿＿。

C:　＿＿＿＿＿＿＿？この会社の人なんですか？

A:　ううん、＿＿＿＿＿＿＿＿＿＿＿＿＿＿＿＿＿＿＿＿＿＿。

B:　へえ、＿＿＿＿＿＿＿＿＿＿＿＿＿＿＿＿＿＿＿＿。

A:　そう。＿＿＿＿＿＿＿＿＿＿＿＿＿＿＿。

C:　そうすると、相手は四十歳か。

A:　森田(もりた)先輩ね、その相手と＿＿＿＿＿＿＿＿＿＿＿＿＿＿＿＿

　　＿＿＿＿。

B:　コンピュータ結婚ですか。＿＿＿＿＿＿＿＿＿＿＿＿＿＿＿＿＿

　　＿＿＿＿＿＿＿＿。

A:　今多いらしいわよ。＿＿＿＿＿＿＿＿＿＿＿＿＿＿＿＿＿＿＿。

C:　でも、＿＿＿＿＿＿＿＿＿＿＿＿＿＿＿＿。相手がどんな人か分からない

　　でしょ。

A: うん、私は、________________________________。

C: そうですよね。相手がもし悪い人だったら、お金を取られたりとか、________
________________________________ . . .。

B: ________________________、インターネットで . . .。

A: そうそう、まずあなたやってみてよ。________________________
________________。

C: ________________________。まず、先輩からやってみてくださいよ。

B: 先輩、________________________________。

A: あら、もう時間よ。さあ、仕事、仕事。

## C 会話でよく使われる言い方に慣れましょう。

CD 3-02

❶ それって[怖いですよね]。

A: ねえ、明日から朝十分早く来るようにしようよ。

B: ________________________________。社長に言えって
言われたんですよね。

❷ 何言ってるんですか、[先輩]。

A: 先輩がいないと、楽だね。

B: ________________________________。

# 聴解 II



**A** CDを聞きながら、ノートを取って、あとの質問に答えてください。

❶ 留学生たちは茶道について勉強したことが　ある / ない

❷ 今日は何をする？

_________________________________________________

❸ 何をするときに、決まったやり方がある？

　　a)_______________________________________

　　b)_______________________________________

❹ それは何のため？

_________________________________________________

❺ それぞれの約束には意味が　ある / ない

❻ 茶道で一番大切にされている考え方は？

_________________________________________________

❼ それはどんな気持ちを表すことになる？

_________________________________________________

❽ きゃくになった人はどうする？

_________________________________________________

❾ そうすればどうなる？

_________________________________________________

**B** もう一度聞いて、正しい答えを選んでください。

[ a.　b.　c.　d. ]

**C** 上で取ったノートを見ながら、この話をまとめて友だちに伝えてみましょう。

　留学生が＿＿＿＿＿＿＿＿＿＿＿＿＿＿＿＿＿＿＿＿＿＿＿＿＿に来た。茶道は、

＿＿＿＿＿＿＿＿＿＿＿＿、＿＿＿＿＿＿＿＿＿＿＿＿＿＿＿＿＿＿ときに一つ

一つ決まった約束があって、大変だという人がいる。しかし、それは、＿＿＿＿＿＿

＿＿＿＿＿＿＿＿＿＿＿＿＿＿＿＿＿＿＿＿＿＿ためで、＿＿＿＿＿＿＿＿＿

＿＿＿＿ある。＿＿＿＿＿＿＿＿＿＿＿＿＿＿＿＿＿＿＿＿＿＿＿＿という

のは、茶道の中で一番大切にされている考え方だ。それは＿＿＿＿＿＿＿＿＿

＿＿＿＿＿＿＿＿＿＿＿＿＿＿＿＿＿という思いを表すことである。きゃく

になった人にも＿＿＿＿＿＿＿＿＿＿＿＿＿＿＿＿＿＿＿＿＿＿＿＿＿＿

＿＿＿＿＿＿＿＿もらえれば、＿＿＿＿＿＿＿＿＿＿＿＿＿＿＿＿＿＿

＿＿＿＿＿＿＿＿＿＿＿＿＿＿＿＿＿＿＿＿＿＿＿＿はずだと言っ

ている。

**청해1**

**제15과**

**토픽·어휘**　문화의 차이를 제대로 이해하는 것

**학습 내용**　① 자신과 겉모습이 닮은 상대와는 한눈에 간단히 서로를 이해할 수 있다고
생각하기 쉽다. 하지만, 겉모습이 닮았기 때문에 다 알 수 있다고 생각하
게 되면 서로를 잘못 이해할 우려가 있다는 내용이다.

② 〈문법·문형〉
(1) **簡単にいいますと、**
(2) **それは～と、そういうことなのでしょうか。**

**학습 요령**　① 누가 무엇에 대해서 이야기하고 있고, 또 선생님은 무엇을 위해서 어떤
사진을 보여주었는가를 파악한다.
② 선생님은 아시아에 대한 이해에 관해서, 닮았기 때문이야말로 무서운 것
은 무엇인가, 또 어떤 위험성이 있다고 말하고 있는가를 파악한다.

# 제15과

**토픽·어휘**　「안(우리)」와 「밖(남)」

**학습 내용**　「안(우리)」와 「밖(남)」이라는 말은 일본에만 있는 것이 아니다. 「외부 사람」이라는 말 역시 외국 영화에서도 자주 나오는 말이다. 또한 외부 세계에서 온 사람이 새로운 곳에서 생활하려고 하면, 꼭 심술궂은 사람이 아니라도 좀처럼 안으로 받아들여 주지 않으려는 것에서 '우리'와 '남'의 개념은 실제로는 세계 어디에나 있다는 것이 포인트이다.

**학습 요령**　① 외국 영화에서는 어떤 말이 자주 사용되고, 「외부」라는 것은 어떠한 의미가 있는가, 「외부 사람」이란 어떤 의미가 되는가를 파악한다.
　　　　　　② 마을이나 동네 사람들은 어떤 사람이며, 우리 사회에서는 어떻게 지내고 있는가, 「외부 사람」에게 친절하게 대하면 어떻게 되고 그것은 왜라고 말하고 있는가, 「우리와 남」의 사고 방식은 실제로 존재한다고 말하고 있는가, 없다고 말하고 있는가를 정확하게 파악한다.

# 聴 解 I

**A** CDを聞いて、答えてください。

CD 3-05

① (　　　　　)　② (　　　　　)　③ (　　　　　)　④ (　　　　　)

⑤ (　　　　　)　⑥ (　　　　　)　⑦ (　　　　　)　⑧ (　　　　　)

**B** もう一度聞いて、書いてください。

A: …で、次におうかがいしたいと思いますのは、先生の長い海外経験から考え

て、＿＿＿＿＿＿＿＿＿＿＿＿＿＿＿＿＿＿＿＿＿＿＿＿＿＿＿＿＿＿＿＿＿

＿＿＿＿＿＿＿＿。先生、いかがでしょうか。

B: そうですね。まず、＿＿＿＿＿＿＿＿＿＿＿＿＿＿＿＿＿＿＿＿＿＿＿＿＿

＿＿＿＿＿＿＿＿。

A: 外見と言いますと、＿＿＿＿＿＿＿＿＿＿＿＿＿＿＿＿＿＿＿＿＿＿＿＿＿

＿＿＿＿＿＿＿＿。

B: ええ、この写真を見てください。＿＿＿＿＿＿＿＿＿＿＿＿＿＿＿＿＿＿＿

＿＿＿＿＿＿＿＿＿＿＿＿＿＿＿＿＿＿＿。そして、＿＿＿＿＿＿＿＿＿＿＿

＿＿＿＿＿＿＿＿＿＿＿＿＿＿＿。写っている人たちを比べてみてください。

A: 先生、そちらのお写真を、もう少しカメラの方に…はい、どうも。＿＿＿＿＿

＿＿＿＿＿＿＿＿＿＿＿＿＿＿＿＿＿＿＿＿＿＿＿＿＿＿＿＿＿。

B: 確かにこの写真の人たちを見ると、＿＿＿＿＿＿＿＿＿＿＿＿＿＿＿＿＿＿＿

＿＿＿＿＿＿＿＿＿＿＿＿＿＿＿＿＿＿＿＿＿＿＿。

A: それで、＿＿＿＿＿＿＿＿＿＿＿＿＿＿＿＿＿＿＿＿＿＿＿＿＿＿＿＿…。

B: ＿＿＿＿＿＿＿＿＿＿＿＿＿＿＿＿＿＿＿＿＿＿＿＿＿＿＿＿＿＿＿＿＿＿＿

＿＿＿＿＿＿＿＿＿＿＿＿＿＿＿＿＿＿その土地の人たちとの付き合い方が変わって

くるということなんです。

A: つまりそれは、＿＿＿＿＿＿＿＿＿＿＿＿＿＿＿＿＿＿＿＿＿＿＿＿＿＿＿

＿＿＿＿＿＿＿＿＿＿＿＿＿＿＿＿＿＿＿＿＿＿＿＿、そういうことなの

でしょうか。

B: ＿＿＿＿＿＿＿＿＿＿＿＿＿＿＿＿＿＿＿＿、私はその反対だと思うんです。

A: とおっしゃいますと . . .。

B: 自分と似てると感じてしまったら、＿＿＿＿＿＿＿＿＿＿＿＿＿＿＿＿＿

＿＿＿＿＿＿＿＿＿＿＿＿＿＿＿＿＿＿＿＿＿＿＿＿＿＿＿＿＿＿＿＿＿＿

＿＿＿＿＿＿＿＿＿＿＿＿＿＿＿＿＿＿んです。

A: ＿＿＿＿＿＿＿＿＿＿＿＿＿＿＿＿＿＿＿＿＿＿＿＿＿＿＿＿＿＿＿＿＿

＿＿＿＿＿＿＿＿＿＿＿＿＿＿＿＿＿＿。それが、怖いのだと . . .。

B: そういうことなんですよ。これは、私も、何度も経験したことなんです。

＿＿＿＿＿＿＿＿＿＿＿＿＿＿＿＿＿＿＿＿＿＿＿＿＿＿＿＿＿＿＿＿＿

＿＿＿＿＿＿＿＿＿＿＿＿＿＿＿＿＿＿＿＿＿＿＿＿＿＿＿＿＿＿＿＿＿

ということなんです . . .。

## C　会話でよく使われる言い方に慣れましょう。

❶　簡単に言いますと、[最初に自分と似ていると感じるか、…。]

A：　日本での生活、どうでしたか。

B：　＿＿＿＿＿＿＿＿＿＿＿＿＿＿＿＿＿＿＿＿＿＿＿＿

　　＿＿＿＿＿＿＿＿＿。いつも時間に追われてるようでした。

❷　それは、[似ていると感じるということは、相手を理解しようという心の準備

　ができている]と、そういうことなのでしょうか。

A：　私たちが子供のころは日本もこんなに豊かじゃなくて、両親も生活

　　のために一生懸命働いていました。「子供は親の背中を見て育つ」と

　　言われたものですよ。

B：　＿＿＿＿＿＿＿＿＿＿＿＿＿＿＿＿＿＿＿＿＿＿＿＿

　　＿＿＿＿＿＿＿＿＿＿＿＿＿＿＿＿＿＿＿＿＿＿＿＿

　　＿＿＿＿＿＿＿。

A：　そうです。学校でする「勉強」ではなくてね…。

# 聴解 Ⅱ

 **CD 3-07**

**A** CDを聞きながら、ノートを取って、あとの質問に答えてください。

❶ 「ウチとソト」の話は　<u>日本だけ / 日本だけではない</u>

❷ 外国の映画ではどんな言葉がよく使われる？

_______________________________________

❸ 「よそ」というのはどんな意味？

_______________________________________

❹ 「よそ者」はどんな意味？

_______________________________________

❺ 「よそ者」はどうなる？

_______________________________________

❻ 町や村の人はどんな人？

_______________________________________

❼ その人たちは、ウチ社会ではどうしている？

_______________________________________

❽ 「よそ者」に親切にするとどうなる？

_______________________________________

❾ それはどうして？

_______________________________________

❿ ソトから来た人を入れないという話は実際に　<u>ある / ない</u>

**B** もう一度聞いて、正しい答えを選んでください。

[　a.　b.　c.　d.　]

**C** 上で取ったノートを見ながら、この話をまとめて友だちに伝えてみましょう。

　「ウチとソト」の話は＿＿＿＿＿＿＿＿＿＿＿＿＿＿＿。たとえば、外国の映画にも＿＿＿＿＿＿＿＿＿＿＿＿＿よく出てくる。「よそ」というのは＿＿＿＿＿＿＿＿＿＿＿＿で、「よそ者」は＿＿＿＿＿＿＿＿＿＿＿＿＿＿＿＿＿というわけだ。

　「よそ者」が新しい町や村で生活を始めようとすると、＿＿＿＿＿＿＿＿＿＿＿＿＿＿＿＿＿＿。ところが、いじめる人たちは＿＿＿＿＿＿＿＿＿＿＿＿ではなく、＿＿＿＿＿＿＿＿＿＿＿＿＿＿。ウチ社会では、＿＿＿＿＿＿＿＿＿＿＿＿＿＿＿＿＿大切に守って、毎日楽しくやっている。その中でもし「よそ者」に親切にしたり、友達になったりすると、＿＿＿＿＿＿＿＿＿＿＿ということで、＿＿＿＿＿＿＿＿＿＿＿＿。

　＿＿＿＿＿＿＿＿＿＿＿＿＿＿＿＿＿＿＿＿＿＿＿という話は、実際には＿＿＿＿＿＿＿＿＿＿＿＿＿。

**토픽·어휘**  남자랑 여자, 어느 쪽이 이익?

**학습 내용**  ① 다음 생에 다시 태어난다면 남자와 여자 중 어느 쪽이 좋은지에 대해서 학생들이 자신의 가족의 모습을 토대로 자유롭게 이야기하고 있다. 선생님은 마지막에 어느 쪽이 좋은가가 아니라, 남자든 여자든 해야 할 일을 열심히 하는 것이 중요하다고 말한다.

② 〈문법·문형〉
(1) **さあ、**
(2) **ちょっといいか。**

**학습 요령**  ① 무엇에 대한 이야기인가, 또 각자 어떠한 의견을 가지고 있는가, 그 이유는 무엇인가를 파악한다.
② 선생님의 의견은 어떠한가, 왜 그렇게 생각하는가, 또 선생님이 학생에게 바라는 것은 무엇인가를 이해한다.

제16과

**토픽·어휘** 샐러리맨 생활의 즐거움

**학습 내용** 샐러리맨에 대해 여러 권의 책을 낸 友田 씨는 샐러리맨들 앞에서 강연을 하게 되었다. 友田 씨는 실제로는 샐러리맨 생활을 해 본 적이 없기 때문에 자신의 책 내용은 언뜻 보기에는 어둡고 슬픈 이야기뿐인데, 그것은 밖에서 보고 있는 것뿐으로 사실은 샐러리맨의 생활을 알지 못하기 때문이라고 한다. 이 자리에 있는 진짜 샐러리맨들이 겪는 여러가지 이야기를 듣고 싶다는 내용이다.

**학습 요령** ① 友田 씨는 일본인은 어떤 방법으로 이야기를 시작한다고 말하고 있는가, 샐러리맨의 생활에 대해서 부탁받았을 때 처음에는 어떠했는가, 또 왜 이야기하려고 했던 것인가를 파악한다.
② 友田 씨가 쓴 이야기는 어떤 것인가, 왜 그러한가, 모두에게 무엇을 배운다고 말하고 있는가를 파악한다.

**A** CDを聞いて、答えてください。

CD 3-09

① (　　　　　)　② (　　　　　)　③ (　　　　　)　④ (　　　　　)

⑤ (　　　　　)　⑥ (　　　　　)　⑦ (　　　　　)　⑧ (　　　　　)

**B** もう一度聞いて、書いてください。

A:　次の質問。＿＿＿＿＿＿＿＿＿＿＿＿＿＿＿＿＿＿＿＿＿？
　　はい、山田さん。

B:　男がいいです。＿＿＿＿＿＿＿＿＿＿＿＿＿＿＿＿＿＿＿＿

＿＿＿＿＿＿＿＿＿＿＿＿＿＿＿＿＿＿。＿＿＿＿＿＿＿＿＿＿

＿＿＿＿＿＿＿＿。

A:　そうか。じゃ、次の人。じゃあ、田中君。

C:　＿＿＿＿＿＿＿＿＿＿＿＿＿＿＿＿＿＿＿＿＿＿。買い物に

料理に洗濯に掃除 . . . 。＿＿＿＿＿＿＿＿＿＿＿＿＿＿＿＿＿

＿＿＿＿＿＿＿＿＿＿＿＿＿＿＿＿＿＿＿＿＿＿＿＿。

A:　でも、お父さんも大変だろ、毎日仕事で。＿＿＿＿＿＿＿＿＿

＿＿＿＿＿＿＿＿＿＿＿＿＿＿＿＿＿。先生もそうだけど。

C:　でも、外で仕事をしてたら、＿＿＿＿＿＿＿＿＿＿＿＿＿＿＿

＿＿＿＿＿＿＿＿＿＿＿＿＿＿＿。＿＿＿＿＿＿＿＿＿＿＿＿。

D:　先生！

A:　はい、佐藤さん。佐藤さんは、どっちがいいと思うんだ。

D:　私も今のままです。＿＿＿＿＿＿＿＿＿＿＿＿＿＿＿＿＿＿＿

＿＿＿＿＿＿＿＿＿＿＿＿＿＿＿＿＿。＿＿＿＿＿＿＿＿＿＿＿

＿＿＿＿＿＿＿＿＿＿＿＿＿＿。

時々、かわいそうになります。だから、私はやっぱり女がいいです。

A:　そうか、お父さん大変だね。

さあ、どっちだろう。みんな、みんな。ちょっといいか。＿＿＿＿＿＿＿＿

＿＿＿＿＿＿＿＿＿＿＿＿＿＿＿＿＿＿＿＿＿＿＿＿＿＿＿＿＿＿＿＿＿＿

＿＿＿＿＿＿＿＿。静かに。＿＿＿＿＿＿＿＿＿＿＿＿＿＿＿＿＿＿＿＿＿

＿＿＿＿＿＿＿＿。田中君は、お父さんを見て、男がいいと言う。でも、＿＿＿＿＿

＿＿＿＿＿＿＿＿＿＿＿＿＿＿＿＿＿＿＿＿＿＿＿。

静かにして。＿＿＿＿＿＿＿＿＿＿＿＿＿＿＿＿＿＿＿＿＿＿＿＿＿＿＿＿＿

＿＿＿＿＿＿＿＿＿＿＿＿＿。お父さんもそう。＿＿＿＿＿＿＿＿＿＿＿＿＿

＿＿＿＿＿＿＿＿＿＿＿＿＿＿＿＿＿＿＿＿＿＿＿＿。お父さん

も、お母さんも、今していることが大切だと思うから、頑張ってる。先生は、

＿＿＿＿＿＿＿＿＿＿＿＿＿＿＿＿＿＿＿＿＿＿＿＿＿＿＿＿＿＿＿＿＿＿

＿＿＿＿＿＿＿＿＿＿＿＿＿＿＿＿＿＿＿＿＿＿＿＿＿＿＿＿＿＿＿。

では、次の質問。

## C　会話でよく使われる言い方に慣れましょう。

**❶　さあ、[どっちだろう。]**

1) A：あら、キムさんはまだですね。今日はお休み？

　　B：＿＿＿＿＿＿＿＿＿＿＿＿＿＿＿＿＿＿＿＿＿＿＿＿＿＿＿＿＿。

2) A：洋子、たかしと付き合ってるって知ってた。

　　B：＿＿＿＿＿＿＿＿＿＿＿＿＿＿＿＿＿＿＿＿＿。

**❷　ちょっといいか。[一つ考えて欲しいことがある。]**

1) A：すみません、先生。＿＿＿＿＿＿＿＿＿＿＿＿＿＿＿＿＿＿＿＿＿。

　　B：ああ、チンさん。何ですか、どうぞ。

2) A：これで分かっていただけました、私の話。

　　B：よく分かりました。＿＿＿＿＿＿＿＿＿＿＿＿＿＿＿＿＿＿。

# 聴 解 Ⅱ

**CD 3-1** **A** CDを聞きながら、ノートを取って、あとの質問に答えてください。

❶ 日本人はどんな方法で話を始める？

___________________________________________

❷ 友田さんはどうしてあやまった？

___________________________________________

❸ サラリーマンについて話すことが　　できる / できない

❹ この仕事をたのまれたとき最初はどうした？

___________________________________________

❺ どうして話すことにした？

___________________________________________

❻ この人が書いた話はどんな話？

___________________________________________

❼ それはどうして？

___________________________________________

❽ 今日はどんな話をするつもりだった？

___________________________________________

❾ みんなに何を教えてもらう？

___________________________________________

❿ 話を聞いている人に何をしてもらう？

___________________________________________

**B** もう一度聞いて、正しい答えを選んでください。

[　a.　b.　c.　d.　]

**C** 上で取ったノートを見ながら、この話をまとめて友だちに伝えてみましょう。

　　友田さんは＿＿＿＿＿＿＿＿＿＿＿＿＿＿＿＿＿＿＿＿＿＿＿＿＿＿＿＿＿＿＿と、

あやまって話を始めた。サラリーマンをしている人に＿＿＿＿＿＿＿＿＿＿＿＿＿＿

＿＿＿＿＿＿＿のので、最初は＿＿＿＿＿＿＿＿＿と言ったが、＿＿＿＿＿＿＿＿＿

＿＿＿＿＿＿＿＿＿＿＿＿のので、結局やることにした。

　　友田さんが書いた話は＿＿＿＿＿＿＿＿＿＿＿＿＿＿＿＿＿＿＿＿＿＿＿ばかりだ

が、それは＿＿＿＿＿＿＿＿＿＿＿だけで、＿＿＿＿＿＿＿＿＿＿＿＿＿＿＿＿＿

＿＿＿＿＿＿＿＿＿＿＿からだと言っている。それで、今日は＿＿＿＿＿＿＿＿＿

＿＿＿＿＿＿＿＿＿＿＿やめて、みんなに＿＿＿＿＿＿＿＿＿＿＿＿＿＿＿

＿＿＿＿＿＿＿＿＿＿＿＿＿＿ことにした。聞いているだけでなく、＿＿＿＿＿

＿＿＿＿＿＿＿＿＿＿＿＿＿＿＿＿＿＿＿＿＿＿＿と言っている。

**토픽·어휘**　토끼형과 거북이형

**학습 내용**　① 친구들끼리의 대화에서 토끼형인가 거북이형인가가 화제가 되어, 어떤
타입인가를 서로 이야기하고 있다. 또 혈액형도 화제가 되어, 누가 무슨
형으로 보이는가, 그것은 어떤 타입이기 때문인가에 대한 이야기를 하고
있다.

　② 〈문법·문형〉
　(1) だって、〜もん
　(2) そういわれれば

**학습 요령**　① 토끼형, 거북이형이라는 것은 무엇에 관한 것이며, 어떠한 타입인가를 파
악한다.
　② 서로의 혈액형을 맞출 때 왜 그렇게 생각했는가, 또 혈액형에 따라서 어
떤 타입으로 나누어지는가를 파악한다.

제17과

**토픽·어휘**  사장의 자질

**학습 내용**  사장이 갖추어야 할 자질은 일본과 미국에서 꽤 다르다고 말해진다. 각각의
이상적인 사장의 모습을 보면, 머리가 좋고, 판단이 빠르며, 자기 혼자서 무
엇이든 결정할 수 있는 사람이 미국 타입이라면, 아버지처럼 모두의 의견을
정리해가는 사람이 일본 타입이라고 할 수 있다. 최근에는 일본에서도 미국
타입의 사람이 생격나고 있기는 하지만, 어느 쪽이 좋다고 정하기는 어렵다
는 내용이다.

**학습 요령**  ① 사장의 자질에 대해서 일본과 미국에서는 어떻다고 말하고 있는가, 미국
식 사장은 일본에서는 어떻다고 말하고 있는가를 파악한다.
② 일본의 사장은 어떤 타입이며, 그 이유는 무엇인가, 최근 일본의 경향은
어떤가를 파악한다.

**A** CDを聞いて、答えてください。

CD 3-13

① (　　　　　) ② (　　　　　) ③ (　　　　　) ④ (　　　　　)

⑤ (　　　　　) ⑥ (　　　　　) ⑦ (　　　　　) ⑧ (　　　　　)

**B** もう一度聞いて、書いてください。

A: は〜い、＿＿＿＿＿＿＿＿＿＿＿＿。じゅん君はコーヒー、ゆかりは紅茶<sup>こうちゃ</sup>っと。

A: ねえねえ、＿＿＿＿＿＿＿＿＿＿＿＿＿。まさ子は、ウサギ型？カメ型？

B: なあに、突然？何の話なの？

A: やだあ、＿＿＿＿＿＿＿＿＿。＿＿＿＿＿＿＿＿。

C: ＿＿＿＿＿＿＿＿＿＿＿＿＿＿＿＿＿＿＿＿＿＿＿＿＿＿＿＿＿＿＿＿＿＿＿＿＿

＿＿＿＿＿＿＿＿＿か、それとも、カメのように＿＿＿＿＿＿＿＿＿＿＿＿＿＿＿＿

＿＿＿＿＿＿＿＿かってこと。

A: そうそう。＿＿＿＿＿＿＿＿＿＿＿＿＿＿＿＿＿＿＿＿＿＿＿＿＿＿＿？

C: ＿＿＿＿＿＿＿＿＿＿＿＿＿＿＿＿＿＿＿＿＿＿、結局＿＿＿＿＿＿＿＿＿＿って

いうあの話。まさ子さんは＿＿＿＿＿＿＿＿＿＿＿＿＿＿＿＿＿＿＿＿と思います？

B: ＿＿＿＿＿＿＿＿＿＿＿＿＿＿＿＿＿。ちょっと、待ってて。

C: まさ子さんはカメ型だな、＿＿＿＿＿＿＿＿。＿＿＿＿＿＿＿＿＿＿＿。

A: そうかなあ。＿＿＿＿＿＿＿＿＿＿＿＿＿＿＿＿＿＿＿＿＿＿＿＿＿。

B: ごめん、ごめん。＿＿＿＿＿＿＿＿＿＿＿＿＿＿＿＿＿＿＿＿＿＿＿＿＿。で、さっ

きの話はどうなったの。

A: ＿＿＿＿＿＿＿＿＿＿＿＿＿＿＿＿＿＿＿＿＿＿＿＿＿＿＿＿＿＿＿？

B: カメ型！もっとかわいくてきれいな動物がいいけどな。じゅん君はどっち？

C: 僕はウサギ型。＿＿＿＿＿＿＿＿＿＿＿。＿＿＿＿＿＿＿＿＿＿＿＿＿＿＿。

＿＿＿＿＿。＿＿＿＿＿＿＿＿＿＿＿＿＿＿＿＿＿＿＿＿＿＿＿＿

＿＿＿＿＿。

A:　じゅん君、＿＿＿＿＿＿＿＿＿＿＿＿＿＿＿＿＿＿。それに＿＿＿＿＿＿

＿＿＿＿＿＿＿＿＿。

C:　＿＿＿＿＿＿＿＿＿＿＿＿＿＿。よく分かりますね、ゆかりさん。

A:　だって、＿＿＿＿＿＿＿＿＿＿＿＿。

B:　そう言われれば、そんな感じね。

C:　ゆかりさんは、＿＿＿＿＿＿＿＿＿＿＿＿＿＿、＿＿＿＿＿＿＿＿＿＿＿＿＿

＿＿＿＿＿＿＿＿＿＿＿＿から、A 型ですよね、きっと。それに一番上。

A:　当たった。＿＿＿＿＿＿＿＿＿＿＿、みんなから。＿＿＿＿＿＿＿＿＿＿＿

＿＿＿＿＿＿。

C:　あっ、まさ子さん、＿＿＿＿＿＿＿＿＿＿＿＿＿＿＿＿＿＿＿＿＿＿＿＿＿。

B:　あの子は、O 型のウサギ。おとうさんと一緒。

## C　会話でよく使われる言い方に慣れましょう。



❶　だって、[いつも楽天的だ]もん。

　　A:　ただいま。あれ、もう晩御飯食べ始めてるの？

　　B:　＿＿＿＿＿＿＿＿＿＿＿＿＿＿＿＿＿＿＿＿。おなかがすいて ...。

❷　そういわれれば、[そんな感じね。]

　　A:　あの人、きっと関西（かんさい）だよ。

　　B:　どうしてそう思うの。

　　A:　だって、言葉が。

　　B:　＿＿＿＿＿＿＿＿＿＿＿＿＿＿＿＿＿＿＿＿。

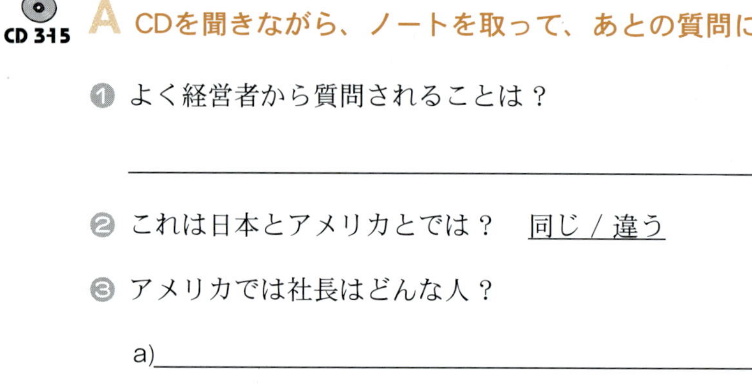

**CD 3-15**　**A** CDを聞きながら、ノートを取って、あとの質問に答えてください。

❶ よく経営者から質問されることは？

_______________________________________________

❷ これは日本とアメリカとでは？　　同じ / 違う

❸ アメリカでは社長はどんな人？

　　a)_______________________________________

　　b)_______________________________________

　　c)_______________________________________

❹ アメリカ型の社長は日本ではどう？

_______________________________________________

❺ 日本では社長はどんなタイプ？

_______________________________________________

❻ それはどうして？

_______________________________________________

❼ 最近の日本の傾向は？

_______________________________________________

❽ どちらの型がいいと言っている？

_______________________________________________

**B** もう一度聞いて、正しい答えを選んでください。

[ a.　b.　c.　d. ]

**C** 上で取ったノートを見ながら、この話をまとめて友だちに伝えてみましょう。

　　最近会社の社長や経営者たちからよく質問されることは「＿＿＿＿＿＿＿＿

＿＿＿＿＿＿＿＿」という問題だ。これは日本とアメリカとで＿＿＿＿＿＿＿。

アメリカの社長は、頭が良くて、＿＿＿＿＿＿＿＿て、＿＿＿＿＿＿＿＿＿＿

＿＿＿＿＿＿＿＿人。自分の仕事のやり方を＿＿＿＿＿＿＿＿＿＿＿＿＿＿＿

＿＿＿＿て、＿＿＿＿＿＿＿＿＿＿＿＿＿＿＿＿＿＿人、＿＿＿＿＿＿＿＿＿

＿＿＿＿＿て、＿＿＿＿＿＿＿＿＿＿＿＿＿＿＿＿タイプ。ところが、こうい

うタイプは日本では＿＿＿＿＿＿＿＿＿＿＿＿＿＿＿＿＿＿。日本型の社長

は、＿＿＿＿＿＿＿＿＿＿＿＿＿＿＿＿＿＿＿＿＿＿＿＿タイプ。そ

れは、＿＿＿＿＿＿＿＿＿＿＿＿＿＿＿＿＿＿＿＿＿＿＿＿＿＿＿＿

＿＿＿からだ。最近は、＿＿＿＿＿＿＿＿＿＿＿＿＿＿＿＿＿＿＿＿＿＿＿

が、どちらのタイプが良いかは＿＿＿＿＿＿＿＿＿＿＿＿＿＿＿＿＿＿。

**토픽·어휘**  가족 형태의 변화

**학습 내용**  ① 하나의 코타츠를 둘러싸고 가족들이 모여 옛날에는 모두 단란하게 보냈
지만, 지금은 아이들도 각각 성장해 뿔뿔이 흩어진 것에 대해 이야기하고
있다. 성장해 가는 과정에서 서로 흩어지는 것은 어쩔 수 없다고 생각하
는 아이들과 그것을 알면서도 쓸쓸해하는 어머니의 심경을 이해한다.

② 〈문법·문형〉
(1) そんなこと言ったって、
(2) 〜もいいけどね...

**학습 요령**  ① 누가, 언제 하고 있는 대화인가, 또 각각은 지금 어디에서 무엇을 하고 있
는가를 듣는다.
② 옛날과 지금과는 가족은 어떻게 변화했는가, 또 어머니는 무엇을 아쉬워
하고 있는가를 파악한다.

# 제18과

**토픽·어휘**　라디오 프로그램을 통한 가족 에피소드

**학습 내용**　日高 군이 라디오 프로그램에 보낸 엽서에 의하면, 日高 군의 부모님은 바빠서 집에 없을 때가 많은데, 어느날 日高 군이 공부는 안 하고 라디오만 듣고 있다고 오해해 야단을 쳐서 싸우게 되었다고 한다. 그래서 세 사람은 함께 라디오를 들어보게 되었고 부모님이 젊었을 무렵에 본 영화의 음악이 흘러 나오는 등, 재미있는 프로그램이라는 것을 이해하고 지금은 가족이 함께 듣게 되었다는 에피소드이다.

**학습 요령**　① 엽서를 보낸 사람은 누구이며, 어떤 내용의 엽서인가, 프로그램을 듣고 있을 때 어떤 일이 있었고 아버지는 뭐라고 말했는가를 파악한다.
　② 그 후 무엇을 하게 되었는가, 처음에는 뭐라고 말하고 있는가, 결국 부모님은 어떻게 생각했는가를 파악한다.

## 聴解 I

**A** CDを聞いて、答えてください。

CD 3-17

① (　　　　)　② (　　　　)　③ (　　　　)　④ (　　　　)

⑤ (　　　　)　⑥ (　　　　)　⑦ (　　　　)　⑧ (　　　　)

**B** もう一度聞いて、書いてください。

A: ただいま。ああ、寒い、寒い。

B: まあ、ちょうど良かった。今、＿＿＿＿＿＿＿＿＿＿＿＿＿＿＿＿＿。
えつ子さん、元気だった。

A: ＿＿＿＿＿＿＿＿＿＿＿＿。あら、今日はだれもいないの。

B: ＿＿＿＿＿＿＿＿＿＿＿＿＿＿＿＿＿＿＿＿＿＿＿＿＿＿＿＿＿＿
＿＿＿＿＿。それに＿＿＿＿＿＿＿＿＿＿＿＿＿＿＿＿＿＿＿＿＿。

A: ああ、あったかい。やっぱりこたつはいいわね。

B: けい子は昔からこたつが好きで、＿＿＿＿＿＿＿＿＿＿＿＿＿＿＿。

A: だって、＿＿＿＿＿＿＿＿＿＿＿＿＿＿＿＿＿。

B: 昔はこたつでよくなべを囲んだわね。＿＿＿＿＿＿＿＿＿＿＿＿＿＿
＿＿＿＿＿＿＿＿＿＿＿＿＿。

A: ほんと、ほんと。＿＿＿＿＿＿＿＿＿＿＿＿＿＿＿＿＿＿＿＿＿＿＿。

B: けい子だって、負けてなかったでしょう。

A: そうだった。あっ、ごめんなさい。もし、もし...。お母さん、ごめ
ん。えつ子から。

B: 長い電話ね。＿＿＿＿＿＿＿＿＿＿＿＿＿＿＿＿＿＿＿＿＿＿＿。

A: まあ、いろいろあるでしょう。

B: みんなが大きくなって、＿＿＿＿＿＿＿＿＿＿＿＿＿＿...。

A: ああ、＿＿＿＿＿＿＿＿＿＿＿＿＿＿＿。

B: そう。＿＿＿＿＿＿＿＿＿＿＿＿＿＿＿＿＿＿＿＿。みんなが一緒に

御飯を食べることも少なくなって。

A: ＿＿＿＿＿＿＿＿＿＿＿＿＿＿＿＿＿＿＿＿＿＿＿＿＿＿。

B: それは分かるけど。＿＿＿＿＿＿＿＿＿＿＿＿＿＿＿＿＿＿＿＿

＿＿＿＿＿＿。

A: ＿＿＿＿＿＿＿＿＿＿＿＿＿＿＿＿＿＿＿＿＿＿＿＿＿＿＿＿

＿＿＿＿＿＿＿、疲れちゃうわよ。

B: あ〜あ、＿＿＿＿＿＿＿＿＿＿＿＿＿＿＿＿＿＿＿＿＿。

A: お母さん、食べよう。おなかすいた。



## C 会話でよく使われる言い方に慣れましょう。

❶ そんなこと言ったって、[みんなもう子供じゃないんだし ... 。]

A: ああ、スイカ食べたい。テレビを見てたら、急に食べたくなってきた。

B: スイカ ?! ＿＿＿＿＿＿＿＿＿＿＿＿＿＿＿＿＿＿＿＿＿＿

＿＿＿＿＿＿＿＿＿。

❷ [家族団らん]もいいけどね ... 。

A: ねえ、見て見て、今日ね、デパートでこのセーター買ったの。

ちょっと派手かしら。

B: そんなことないわよ。きれいな色。

A: そうでしょ。この色が気に入ってね、ちょっと高いかなと思ったんだけ

ど、買ったの。

B: ＿＿＿＿＿＿＿＿＿＿＿＿＿＿＿＿＿＿＿＿＿＿＿＿＿＿＿

＿＿＿＿＿＿＿＿。おなべ、おなべ。

 **A** CDを聞きながら、ノートを取って、あとの質問に答えてください。

CD 3-19

① これはだれからの手紙？

_______________________________________________

② 御両親はどんな生活をしている？

　　a) お父さん_______________________________________

　　b) お母さん_______________________________________

③ 番組を聞いているとき、何があった？

_______________________________________________

④ お父さんに何と言われた？

_______________________________________________

⑤ そのあと、どうなった？

_______________________________________________

⑥ 次の日お母さんからは？

_______________________________________________

⑦ 何をすることにした？

_______________________________________________

⑧ 初めは何と言った？

_______________________________________________

⑨ 途中でどんなことがあった？

_______________________________________________

⑩ そのほかには何があった？

_______________________________________________

⑪ 結局御両親は何と言った？

______________________________________________

⑫ このあと、この人たちは？

______________________________________________

**B** もう一度聞いて、正しい答えを選んでください。

[ a. b. c. d. ]

**C** 上で取ったノートを見ながら、この話をまとめて友だちに伝えてみましょう。

　　ラジオの番組に＿＿＿＿＿＿＿＿＿＿＿＿＿＿＿＿から手紙が来た。それによると、日高(ひだか)君の両親は＿＿＿＿＿＿＿＿＿＿＿＿＿＿そうだ。先日日高君がラジオを聞いているとき、＿＿＿＿＿＿＿＿＿て、「＿＿＿＿＿＿＿＿＿＿＿＿＿＿＿」と言うので、＿＿＿＿＿＿＿＿。次の日、お母さんにも＿＿＿＿＿＿＿＿＿＿＿＿＿＿＿＿。

　　両親が少しも分かってくれないので、＿＿＿＿＿＿＿＿＿＿＿＿ことにした。初めは、「＿＿＿＿＿＿＿＿＿＿」と言っていたが、途中で＿＿＿＿＿＿＿＿＿＿＿＿＿＿＿＿＿＿＿たり、＿＿＿＿＿＿＿＿＿＿＿＿＿＿＿＿＿＿＿＿＿＿＿＿＿＿＿まであったので、結局、「＿＿＿＿＿＿＿＿＿＿＿＿」ということになった。そのときから、＿＿＿＿＿＿＿＿＿＿＿＿＿＿＿＿＿＿＿＿＿＿とのことだ。

제19과

**토픽·어휘**　젊은 날의 추억

**학습 내용**　① 24년 전의 사무실이나 당시 살고 있던 아파트, 자주 다니던 레스토랑을
　　　　　　　　보면서 옛날의 그리운 추억을 이야기하고 있다. 아직 지금만큼 발달하지
　　　　　　　　않았던 옛 시대의 추억을 이야기하는 내용이다.

　　　　　　② 〈문법·문형〉
　　　　　　　(1) そんなに
　　　　　　　(2) まさかとは思ったけど、

**학습 요령**　① 사장은 옛날 이 마을에서 무엇을 하고, 이 마을은 지금 어떻게 변했는가,
　　　　　　　　또 두 사람이 지금 찾고 있는 것은 무엇인가를 듣는다.
　　　　　　② 찾고 있던 것은 있었는가, 또 사장이 말하는 「젊은 날의 추억」이란 무엇
　　　　　　　인가를 이해한다.

제19과

**토픽·어휘**  비행기 사고 희생자의 유서

**학습 내용**  몇 년 전인가 큰 비행기 사고로 죽은 河口(かわぐち)라는 사람의 유서가 발견되었는데, 그 안에는 가족에 대한 감사와 함께, 부디 신이 자신을 살려주기를 바라는 글이 쓰여 있었다. 우리들은 갑자기 죽음을 눈 앞에 두었을 때 무엇을 생각하는가, 지금까지 살아온 인생의 여러가지 장면이 한순간에 나타났다가 사라져 가는 것에 대한 내용이다.

**학습요령**  ① 河口(かわぐち) 씨는 언제, 어떤 일로 죽었는가, 죽기 전에 무엇을 하고, 아이들과 아내에게 무엇을 남겼는가를 파악한다.
② 사람이 갑자기 죽음을 눈 앞에 두었을 때 무엇을 생각하는가, 어떤 것이 나타났다가 사라진다고 말하는지를 듣는다.

# 聴解 I

**A** CDを聞いて、答えてください。

**CD 3-21**

① (　　　　　)　② (　　　　　)　③ (　　　　　)　④ (　　　　　)

⑤ (　　　　　)　⑥ (　　　　　)　⑦ (　　　　　)　⑧ (　　　　　)

**B** もう一度聞いて、書いてください。

A: あそこ、あそこ。＿＿＿＿＿＿＿＿＿＿＿＿＿＿＿＿＿＿＿＿＿。

B: よく覚えてらっしゃいますね。でも、社長がここにいらっしゃったの
は、ずいぶん前のことじゃないんですか。

A: ＿＿＿＿＿＿＿＿＿＿＿＿＿＿＿＿＿＿＿＿＿＿＿＿＿＿＿＿
＿＿＿＿＿＿＿＿＿。でも、あまり街の様子が変わってないから ...

B: この辺りは、＿＿＿＿＿＿＿＿＿＿＿＿＿＿＿＿＿＿＿＿＿＿＿＿。

A: 木下君は、こっちに来て何年になる？

B: ＿＿＿＿＿＿＿＿＿＿＿＿＿＿＿＿＿＿＿＿＿。

A: もう、そんなになるのか。＿＿＿＿＿＿＿＿＿＿＿＿＿＿＿＿＿＿＿。
あっ、あった、あった。あのみどりの建物。あれが私が住んでいたアパー
トだよ。

B: ああ、あれが、そうですか。＿＿＿＿＿＿＿＿＿＿＿＿＿＿＿＿＿
＿＿＿＿＿＿＿＿＿＿＿＿＿＿＿＿。

A: ＿＿＿＿＿＿＿＿＿＿＿＿＿＿＿＿＿＿＿＿＿＿＿＿＿。懐かし
いなあ。独身だったからね、あのころは。ええっと、そうそう、アパー
トの横にあるレストランで食事をして。あれ、＿＿＿＿＿＿＿＿＿＿
＿＿＿＿＿＿＿＿＿＿＿＿＿＿＿＿＿＿＿＿＿＿＿＿＿。

B: はい、はい。あのレストランには、私たちも時々出かけます。＿＿＿＿＿
＿＿＿＿＿＿＿＿＿＿＿＿＿＿＿＿。

A: そうだったかな。覚えているのは、あそこに親切な女の人がいたこと。
＿＿＿＿＿＿＿＿＿＿＿＿＿＿＿＿＿＿＿＿＿＿＿＿＿＿＿＿＿＿。

B: 社長、気を付けてください。

A: ああ。街は変わらないけれど、車だけは多くなったな。＿＿＿＿＿＿＿＿＿
＿＿＿＿＿＿＿＿＿＿＿＿＿＿＿＿＿＿＿＿＿＿＿＿＿＿＿＿＿。

B: そうですか。＿＿＿＿＿＿＿＿＿＿＿＿＿＿＿＿＿＿＿＿＿＿＿＿＿＿＿
＿＿＿＿＿＿＿＿＿＿＿＿＿＿＿＿＿＿＿＿＿＿＿＿。

A: そうだろうね。昔、日本もそうだったよ。木下君なんか、その時代を知らない
だろうな。ええっと、あっ本当だ。まだ、アパートとして使ってるよ。＿＿＿＿＿
＿＿＿＿＿＿＿＿＿＿＿＿＿＿＿＿＿＿＿＿＿＿＿＿。

B: 本当ですね。でも、ちょっと古いから、＿＿＿＿＿＿＿＿＿＿＿＿＿＿＿＿＿
＿＿＿＿＿＿＿＿＿＿＿＿＿＿＿。

A: そうだろうな。でも、＿＿＿＿＿＿＿＿＿＿＿＿＿＿＿＿＿＿＿＿＿＿＿＿。
中に入って、部屋見せてもらえるかな。ええっと、＿＿＿＿＿＿＿＿＿＿＿＿＿＿
＿＿＿＿＿＿＿＿＿＿＿＿＿＿。

B: ＿＿＿＿＿＿＿＿＿＿＿＿＿＿＿＿＿＿＿＿＿＿＿＿＿＿＿＿＿ ...ちょっと
中に入って尋ねてみますので、お待ちください。

## C 会話でよく使われる言い方に慣れましょう。

❶ ［もう］、そんなに［なるのか。］

1) A: ねえ、今日田中君見なかったけど、どうかしたの。

B: おとといからかぜで、四十度の熱を出して寝てるよ。

A: ＿＿＿＿＿＿＿＿＿＿＿＿＿＿＿＿＿＿＿＿。

2) A: 昨日見た映画、良かったわ。もう一度見に行こうかな。

B: ＿＿＿＿＿＿＿＿＿＿＿＿＿＿＿＿＿。

❷ まさかとは思ったけど、［まだあったんだね。］

A: 最近田中君見ないけど、どうかしたの。

B: ああ、やめたよ、大学。前からやめたいって言ってただろ。

A: ＿＿＿＿＿＿＿＿＿＿＿＿＿＿＿＿＿＿＿＿＿＿＿＿＿＿。

**CD 3-23**

**A** CDを聞きながら、ノートを取って、あとの質問に答えてください。

① 河口さんが亡くなったのは、いつ、どうして？

___________________________________________

② 亡くなる前に、どこで、何をした？

___________________________________________

③ 子供たちに何と言っている？

___________________________________________

④ 妻には何と言っている

a)_________________________________________

b)_________________________________________

⑤ このほかにも遺書はあった？

___________________________________________

⑥ 乗っていた人たちはどんな気持ちだった？

a)_________________________________________

b)_________________________________________

c)_________________________________________

___________________________________________

⑦ 突然の死を目の前にしたとき何を思う？

a)_________________________________________

b)_________________________________________

❽ 花火のように現れては消えるのは？

a)________________________________________________

b)________________________________________________



**B** もう一度聞いて、正しい答えを選んでください。

[ a. b. c. d. ]

**C** 上で取ったノートを見ながら、この話をまとめて友だちに伝えてみましょう。

________________________________で亡くなった河口さんは、________

________________________________。河口さんは、子供たちに

________________________________と書き、また、妻には

________________________、________________________

__________と感謝している。ほかにも何人かが遺書を書いただろうが、ちゃん

と残っていたのは________________________。みんな、________

________________________だろうし、「______

________________________」という気持ちだっただろう。

　私たちが突然の死を目の前にしたとき思うのは、________________

________だろうか。それとも、________________だろうか。________________

________________________や________________

________________________が花火のように現れては消えていくのだろう。

**토픽·어휘**　과잉 보도

**학습 내용**　① 사고로 아버지를 잃은 가정에 보도진이 몰려와 아직 아버지의 소식을 듣
　　　　지 못한 아이에게 이야기 하려고 한다. 외출에서 돌아온 어머니는 그것을
　　　　보고 보도진에게 돌아가라고 말하며, 무신경한 보도 현실에 상처받는 내
　　　　용이다.

　　　　② 〈문법·문형〉
　　　　(1) ～か。
　　　　(2) 撮るんだ（よ）

**학습 요령**　① 누가 어떤 목적으로 방문했는가, 그 때 어머니는 어디에 있었는가, 또 아
　　　　이는 아버지가 사고를 당한 것을 알고 있는가를 듣는다.
　　　　② 아버지는 어떤 사고를 당했는가, 아버지는 어떤 사람이었는가를 파악한
　　　　다.

**토픽·어휘**  보도사진가의 사명

**학습 내용**  보도사진가의 사명에 대해 沢田(さわだ) 씨는 지금 일어나고 있는 것, 눈 앞에 있는 것을 많은 사람에게 정확하게 알려 주는 것이라고 말한다 눈 앞에서 사람이 괴로워 하고 있을 때에 사진을 찍을 수 있는가 하는 질문에 대해서 그는 아무렇지 않은 것은 아니지만, 역사의 순간을 사진에 담고 있는 것이고, 또 그것은 돈이나 명예를 위해 찍는 것이 아니라고 말하고 있다.

**학습 요령**  ① 화제는 무엇인가, 沢田(さわだ) 씨의 생각은 어떤가, 처음에 어떤 질문을 받았으며, 그 질문에 대해서 그는 뭐라고 대답하고 있는가를 파악한다.
② 沢田(さわだ) 씨는 어떤 기분으로 사진을 찍는가, 두 번째 질문은 어떠한 것으로 그 질문에 대해서는 뭐라고 대답하고 있는가를 파악한다.

**CD 401**

**A** CDを聞いて、答えてください。

❶（　　　　　）　❷（　　　　　）　❸（　　　　　）　❹（　　　　　）

❺（　　　　　）　❻（　　　　　）　❼（　　　　　）　❽（　　　　　）

**B** もう一度聞いて、書いてください。

A： はあい。

B： すみません。やまと新聞の . . . 。あれ、僕一人。お母さんは。

A： あのね、＿＿＿＿＿＿＿＿＿＿＿＿＿＿＿＿＿＿＿＿＿。

B： あっ、そう。ねえ、僕、お名前は。言えるかな。

A： ＿＿＿＿＿＿＿＿＿＿＿＿＿。

B： おっ、偉いな。かずたか君か。＿＿＿＿＿＿＿＿＿＿＿＿＿＿＿＿＿

＿＿＿＿＿＿＿＿＿＿＿＿＿。

A： どんな人って。

B： ＿＿＿＿＿＿＿＿＿＿＿＿＿＿＿＿＿＿＿。

A： 優しい人。＿＿＿＿＿＿＿＿＿＿＿＿＿＿＿＿＿＿＿＿＿＿＿。

B： ふうん、そう。＿＿＿＿＿＿＿＿＿＿＿＿＿＿＿＿＿＿＿＿＿＿。

おい、何してる。＿＿＿＿＿＿＿＿＿＿＿＿＿＿＿＿＿＿。

A： ねえ、お父さんいつ帰ってくるの。

B： お母さん、＿＿＿＿＿＿＿＿＿＿＿＿＿＿＿＿＿＿。＿＿＿＿＿＿＿＿

＿＿＿＿＿＿＿＿＿＿＿＿＿。僕、＿＿＿＿＿＿＿＿＿＿＿＿＿、そう。

C:　やめてください。

B:　あっ、おくさんですか。やまと新聞です。________________________

　　________________、ちょっと、かずたか君に。

C:　________________________________。

B:　御主人、________________________________。

　　それに会社でも . . .。

C:　どうぞお帰りください。________________________________。

B:　そんなことおっしゃらないで。________________________

　　________________________________。

C:　もうやめてください、お願いですから。

B:　________________________________。

C:　お願い、帰ってください。



**C**　会話でよく使われる言い方に慣れましょう。

❶　[家庭ではいいお父さん]か。

　　−________________。明日早いから、寝よう。

　　−________________。早いもんだな。

❷　[この子の顔、早く]撮るんだ[よ。]

　　A:　________________。薬が直接手に付かないようにな。

　　B:　分かりました。

**CD 403**

**A** CDを聞きながら、ノートを取って、あとの質問に答えてください。

❶ 二人はどんなことを話している？

_______________________________________________

❷ それについて沢田さんの考えは？

_______________________________________________

❸ 番組にはがきを出した人は？

_______________________________________________

❹ 最初の質問は？

_______________________________________________

❺ それに対する沢田さんの答えは　　平気である / 平気ではない

❻ 沢田さんはどんな気持ちで写真を撮る？

_______________________________________________

❼ 二番目の質問は？

_______________________________________________

❽ 名前やお金のことを　　考える / 考えない

❾ 写真を写す瞬間に名前やお金のことを　　考える / 考えない

**B** もう一度聞いて、正しい答えを選んでください。

[ a.　b.　c.　d. ]

**C** 上で取ったノートを見ながら、この話をまとめて友だちに伝えてみましょう。

　　報道写真家の使命について、沢田さんは＿＿＿＿＿＿＿＿＿＿＿＿＿＿

＿＿＿＿＿＿＿＿＿＿＿＿＿＿＿＿＿＿＿＿＿＿＿＿＿＿＿＿＿＿＿＿

＿＿＿＿＿＿＿ことだと話している。

　　番組に＿＿＿＿＿＿＿＿＿＿から質問が来ていた。まず、＿＿＿＿＿＿＿＿

＿＿＿＿＿＿＿＿＿＿＿＿＿＿＿＿＿＿＿＿＿＿＿＿＿＿＿＿＿＿＿＿

＿＿＿＿＿＿かという質問に対して沢田さんは、もちろん＿＿＿＿＿＿＿＿

が、＿＿＿＿＿＿＿＿＿＿＿＿＿＿＿＿＿＿＿＿＿＿＿＿＿＿＿＿＿＿＿

＿＿＿＿＿＿＿＿＿＿＿＿＿＿＿＿＿＿という気持ちで写真を撮ると答えた。

また、＿＿＿＿＿＿＿＿＿＿＿＿＿＿＿＿＿＿＿＿＿のかという質問に対し

ては、＿＿＿＿＿＿＿＿＿＿＿＿＿＿＿＿＿＿＿うそになるが、写真を撮る瞬

間には＿＿＿＿＿＿＿＿＿＿＿＿＿＿＿＿と言っている。

제21과

**토픽·어휘**  자연의 소중함

**학습 내용**  ① 아버지와 딸이 보고 있는 강은 옛날에는 물고기가 많이 살고 있었고, 자연 환경도 잘 보존되어 있었으나, 고도 경제 성장 때문에 한 때, 오염이 심해졌었다. 지금은 많은 노력 끝에 다시 강에 물고기가 돌아오고 원래의 환경을 되찾아 가고 있다. 비록 작은 노력이라도 환경을 지키기 위해 조금씩 지속해 가면 커다란 힘이 된다는 내용이다.

② 〈문법·문형〉
(1) そういえば、
(2) それで〜ってわけ(です)ね。

**학습 요령**  ① 대화가 이루어지는 곳은 어디이며, 옛날에 강은 어떠했는가, 그 후 어떤 변화가 있었는가를 파악한다.
② 강의 변화와 함께 시대는 어떻게 변했는가, 사람들은 무엇에 신경을 쓰게 되었고, 아버지는 무엇이 중요하다고 말하고 있는가를 파악한다.

**토픽·어휘**　자연의 소중함

**학습 내용**　자원봉사로 환경보호 활동을 하고 있는 사람에게서 온 편지로, 인도네시아
의 작은 섬에 갔다 온 이야기이다. 이 섬의 사람들은 더러운 바다를 본 적이
없어서 맑고 깨끗한 이 섬의 바다를 지키려는 의식도 없이 환경파괴를 계속
하고 있다는 말을 듣고, 환경을 지키기 위해서 작은 노력들이 필요하다는 것
을 전해야겠다는 내용이다.

**학습 요령**　① 어디에 갔을 때의 이야기인가, 어떤 곳에서 어디에 머물렀는가, 왜 이 편
지를 쓰기로 했는가를 파악한다.
　　　　　　② 섬 사람들은 어떤 것을 하고 있고 환경 문제에 대한 의식은 어떠한가, 이
사람이 말하는 「숙제」란 어떤 것인가를 파악한다.

# 聴解 I

**CD 405** **A** CDを聞いて、答えてください。

❶ (          )  ❷ (          )  ❸ (          )  ❹ (          )

❺ (          )  ❻ (          )  ❼ (          )  ❽ (          )

**B** もう一度聞いて、書いてください。

A: 子供たち________________________________。

B: 魚を見てるのよ。私が________________________________
________________________。あまり遠くへ行かないで。気を付けて！

A: 緑(みどり)は________________________ ?

B: 三十五よ。嫌だ、どうしたの、お父さん、________________________。

A: いや、________________________________
________________。緑が________________________。

B: そういえば、私も________________________
________________。________________________。

A: しかし、________________________________
________________。________________________
________________。すぐに川が汚れてしまった...。

B: ふうん、そうだったの。じゃあ、________________________
________________。

A: ________________________________。
________________、このままじゃ________
________________________。
あのころは ひどかったからね。

B: ________________。お父さんが一生懸命働いてたころ...。

A: ああ。_________________________、

_________________________。

B: それで、_________________________。

A: そうだよ。_________________________。

B: それにしても、_________________________

_______。最近、_________________________

_________________________。

A: 本当にそうだ。_________________________

_________________________。あの子たちのためにも_________________________

_________________________。

B: あら、_________________________。何か_________________________

_________________。_________________________、お父さん。



**C** 会話でよく使われる言い方を練習しましょう。

① そういえば、［私も小学校へ行くとき、この川の横を通るのがとても嫌だったわ。］

　A: 田中先生、今日はジョンさん来てました？作文を返したいんですが、

　　昨日の私のクラスはお休みだったものですから。

　B: いいえ、来てませんでしたよ。_________________________

_________________________。

　A: ええ、どうしたんでしょう。

② それで［娘の名前を緑にした］ってわけ（です）ね。

　A: 子供のころからおもちゃやラジオなんかを作ったり壊したりしてね。

　　何か物を作るのが好きだったんですよ。

　B: そうですか。_________________________

_____________。

# 聴 解 Ⅱ

**CD 407**

**A** CDを聞きながら、ノートを取って、あとの質問に答えてください。

❶ この人はどこへ行った？

_______________________________________________

❷ そこはどんな所だった？

a)_____________________________________________

b)_____________________________________________

❸ どこにとまった？

_______________________________________________

❹ なぜこの手紙を書いた？

_______________________________________________

❺ 山岡<ruby>山岡<rt>やまおか</rt></ruby>さんは何と言った？

_______________________________________________

❻ 島の人たちはどんなことをしている？

a)_____________________________________________

b)_____________________________________________

❼ 島の人たちは環境問題に関心が　<u>ある / ない</u>

❽ それはどうして？

_______________________________________________

❾ この島の環境問題はどんな問題になる？

_______________________________________________

⑩ この人の宿題とは？

___________________________________________

**B** もう一度聞いて、正しい答えを選んでください。

[ a. b. c. d. ]

**C** 上で取ったノートを見ながら、この話をまとめて友だちに伝えてみましょう。

　　この人は___________________________へ行った。そこは、___________

___________で、___________________________。_______

___________________にとまって、山岡さんから___________________

___________________ので、この手紙を書くことにした。山岡さんによると、島

の人たちは、___________________________という意識がないそうだ。__

___________________________________て、海水を汚染

しているし、___________________________________、

環境破壊を続けているそうだ。

　　島の人たちは、_______________ことがなく、___________________

___________のだそうだ。しかし、小さな島の環境問題が___________________

_______ということを分かってもらうにはどうすればいいのだろう。自分たちの活

動に対して、___________________________ように思った。

**토픽·어휘**　혼자 떠나는 여행

**학습 내용**　① 회사를 그만두고 인도로 혼자 여행을 하겠다는 여자의 말에 여자 혼자서
하는 여행은 위험하다고 걱정하는 남자. 조금 위험해도 혼자서 여행하면
서 여러가지를 경험해 보는 것이야말로 그 나라와 진정으로 알 수 있다는
내용이다.

　② 〈문법·문형〉
　　(1) ～ことないじゃないか。
　　(2) ～たらどうするの。

**학습 요령**　① 누구와 누구의 대화로 여자는 무엇을 하고 싶다고 이야기하고, 또 그것에
대해서 남자는 뭐라고 말하고 있는가를 파악한다.
　② 여자는 어느 정도 여행을 하고, 또 돌아오면 무엇을 할 것인지, 남자가 걱
정하고 있는 것은 무엇인지 파악한다.

**토픽·어휘**　여러 나라에서 만난 여러가지「비」

**학습 내용**　여행을 통해 여러 나라에서 체험한「비」는 자연과 인간의 관계를 다시 바라
보는 계기가 된다. 여행은 일상 생활 안에서는 당연히 여겨지고 있는 것을 다
른 환경에서 봄으로써, 다시 한 번 생각하게 한다는 내용이다.

**학습 요령**　① 이 사람이 여행한 각각의 장소에서 만난 비는 구체적으로 어떤 것이라고
　　　　　말하고 있는가, 또 각각의 장소에서 어떤 것을 봤다고 말하고 있는가를
　　　　　파악한다.
　　　　② 자신의 나라에서는 무엇을 하지 않았다고 말하고 있는가, 또 이 사람의 여
　　　　　행은 어떤 것이라고 말하고 있는가를 파악한다.

# 聴 解 I

**CD 409**

**A** CDを聞いて、答えてください。

❶（　　　　　）　❷（　　　　　）　❸（　　　　　）　❹（　　　　　）

❺（　　　　　）　❻（　　　　　）　❼（　　　　　）　❽（　　　　　）

**B** もう一度聞いて、書いてください。

A:　会社やめるんだって。

B:　ええ、＿＿＿＿＿＿＿＿＿＿＿＿＿＿＿＿＿＿＿。

A:　ええっ、インド旅行。一人で。

B:　そうよ。＿＿＿＿＿＿＿＿＿＿＿＿＿＿＿＿＿。お金もできたし。

A:　でも、＿＿＿＿＿＿＿＿＿＿＿＿＿＿＿＿＿＿＿＿＿＿

＿＿＿＿＿＿＿＿＿＿＿＿＿。それも女の子一人で。＿＿＿＿＿＿＿＿

＿＿＿＿＿＿＿＿＿＿＿＿＿。

B:　加藤君、＿＿＿＿＿＿＿＿＿＿＿＿＿＿＿＿＿＿＿＿＿＿＿＿＿

＿＿＿＿＿。

A:　だって心配だから。

B:　あっ、ごめんなさい。加藤君、旅行っていうのはね、一人で行くから面白

いのよ。＿＿＿＿＿＿＿＿＿＿＿＿＿＿＿＿＿＿＿＿＿＿＿＿＿＿＿

＿＿＿＿＿＿＿＿＿＿＿＿＿＿。そうすれば、お金もあまりかからな

いしね。

A:　でも、＿＿＿＿＿＿＿＿＿＿＿＿＿＿＿＿＿＿＿＿＿＿＿＿＿＿

＿＿＿＿＿＿＿＿＿＿＿。言葉もあまり分からないんだろう。

B:　そのときは、そのとき。でも、＿＿＿＿＿＿＿＿＿＿＿＿＿＿＿＿＿

______________________________________________。

　それが、_______________________________________。

A: その人が変な人だったら、どうすんの。

B: 加藤君は、やっぱりお父さんだ。

A: ________________________________。で、どのくらい行くの。

B: さあ、二ヶ月か三ヶ月か、お金がなくなるまでね。____________________________________________。

A: ________________________、帰ってからどうするつもり。

B: _______________________________________。

A: もう二十八だろ、親がなくよ。

B: 電車来たよ。________________________________。

A: 何だよ、___________________________。メールぐらい送れよ。

## C　会話でよく使われる言い方に慣れましょう。

❶ ［やめてまで行く］ことないじゃないか。

1) A: またその話。私は嫌だって言ったでしょう、もう。

　　B: ________________________。せっかく親切に言ってるのに。

2) A: あれっ。これ、ちょっとケーキには見えないね。パンだよ、これ。

　　B: ________________________。一生懸命本の通りに作ったんだから。

❷ ［病気になったりし］たらどうするの。

　　A: あぶないわよ、そんなに走ったら。____________________________。

　　B: 大丈夫だよ。

# 聴 解 Ⅱ

 **CD 41**　**A** CDを聞きながら、ノートを取って、あとの質問に答えてください。

① 八月のフィリピンの雨は？

_______________________________________________

② そんな雨がふるとどうなる？

_______________________________________________

③ 夜の雨はどんな雨？

_______________________________________________

④ 雨に慣れるまではどんな気持ち？

_______________________________________________

⑤ 七月のネパールで何があった？

_______________________________________________

⑥ どんな光景を見た？

_______________________________________________

⑦ 二月のインドネシアの雨は？

_______________________________________________

⑧ その雨はこの人の目にどう映った？

_______________________________________________

⑨ この人は自分の国で雨を見ることが　　ある / ない

⑩ 自分の国では何をしない？

_______________________________________________

⑪ この人の旅とは？

_______________________________________________

_______________________________________________________________

**B** もう一度聞いて、正しい答えを選んでください。

[  a.   b.   c.   d. ]

**C** 上で取ったノートを見ながら、この話をまとめて友だちに伝えてみましょう。

　八月のフィリピンで________________________________________に何
度か出会った。あっという間に水があふれ、______________________________
________________。夜は________________________________________。
慣れるまでは________________________________________と思ったこと
さえある。

　七月のネパールで________________________________とき、不思議な光景
を見た。近くの木の下に入って、________________________________________
________________を待つ、静かな雨の光景だった。

　二月のインドネシアでは________________を経験した。この人の目に映ったそ
の雨は________________________________________だった。
自分の国でも________________________が、________________________
________________________など、ほとんどない。この人の旅は、____
_______________________________________________________________
________________________________________旅である。

**토픽·어휘**  어린 시절 불렀던 노래

**학습 내용**  ① 집에서 기분 좋게 노래를 부르면서 목욕하는 아버지의 노래소리를 듣고
그리운 기분이 드는 어머니. 어렸을 때 배운 노래였는데도 어려운 단어의
가사를 자연스럽게 기억하고 있는 것에 놀란 딸은 이 노래를 들으며, 어
머니와 마찬가지로 어린 시절의 추억을 떠올린다.

② 〈문법·문형〉
(1) ～てちょうだい。
(2) ～んだから。

**학습 요령**  ① 딸은 무엇을 기다리고 있고, 어머니는 무엇을 걱정하고 있는가, 또 아버
가 노래하는 것은 왜라고 말하고 있는가를 파악한다.

② 아버지는 어떤 노래를 불렀으며, 어머니와 딸은 어떻게 생각했는가, 또
옛날에는 어떻게 그 노래를 기억했는가를 파악한다.

제23과

**토픽·어휘**  노래 만들기에 담긴 생각

**학습 내용**  노래를 만드는 일을 하고 있는 이 사람은 처음에는 듣는 사람이 원하는 노래를 만들었는데, 그런 노래는 오래 유행하지 않고, 사람들의 기억에서 금방 사라지는 것을 느끼며 정말로 마음 속 깊은 곳에서 만족할 수 있는 모두에게 사랑받는 노래를 만들고 싶다고 생각했었다. 그러나 딸이 결혼해서 언젠가 손자가 생길 것을 생각하면, 모두에게 사랑받지 않아도 한 사람에게라도 계속 사랑받고, 계속 불리워질 수 있는 노래를 만들고 싶다고 생각하게 되었다.

**학습 요령**  ① 한창 바쁠 때에는 어떻게 노래를 만들고, 어떤 단어를 자주 사용하는가, 또 그것은 왜라고 말하고 있는가를 파악한다.
② 지금까지는 어떤 것을 생각하며 어떤 노래를 만들고 싶어했는가, 만들고 싶은 노래를 만들 수 있었는가, 또 그것은 왜라고 말하고 있는가, 지금은 어떻게 생각하는가를 파악한다.

**CD 413**

**A** CDを聞いて、答えてください。

❶（　　　　　）　❷（　　　　　）　❸（　　　　　）　❹（　　　　　）

❺（　　　　　）　❻（　　　　　）　❼（　　　　　）　❽（　　　　　）

**B** もう一度聞いて、書いてください。

C:　♪♪ ... 赤とんぼ、おわれて見たのはいつの日か ...

A:　友子、お父さんにね、＿＿＿＿＿＿＿＿＿＿＿＿＿＿＿＿＿＿＿＿＿＿

＿＿＿＿＿＿＿＿＿＿＿＿＿＿＿＿＿＿＿＿＿＿＿＿＿＿＿＿＿＿。

B:　＿＿＿＿＿＿＿＿＿＿＿＿＿＿＿＿＿＿＿＿＿＿＿＿。私、さっき

から待ってるんだけど。

A:　いいじゃない。ああして、＿＿＿＿＿＿＿＿＿＿＿＿＿＿＿＿＿＿＿

＿＿＿＿＿＿＿＿＿＿＿＿。

B:　＿＿＿＿＿＿＿＿＿＿＿＿＿＿＿＿＿＿。でも、珍しいわね、お父さんが

あんな歌、歌うなんて。

A:　そういえば、そうね。＿＿＿＿＿＿＿＿＿＿＿＿＿＿＿＿＿＿＿＿＿＿。

　　♪♪山の畑のくわの実を ...。

B:　お母さん、＿＿＿＿＿＿＿＿＿＿＿＿＿＿＿＿＿＿＿＿＿＿。

A:　＿＿＿＿＿＿＿＿＿＿＿＿＿＿＿＿。もう、忘れてしまったわ。どうして。

B:　だって言葉が難しいでしょう。

A:　＿＿＿＿＿＿＿＿＿＿＿＿＿＿＿＿＿＿＿＿＿＿＿＿＿＿＿＿＿＿＿＿。

友子はどこで覚えたの。

B:　学校じゃなかったわ。＿＿＿＿＿＿＿＿＿＿＿＿＿＿＿＿＿＿＿＿＿＿

＿＿＿＿＿＿＿。私が小さいとき。

A:　そうだったかもしれないわね。＿＿＿＿＿＿＿＿＿＿＿＿＿＿＿＿＿＿

_________________。________________________________。あの中に

あったわね。友子、___________________________________。

B: はい。うわ、おいしそう。ねえ、お母さん。

A: なあに。

B: ___________________________________、どうして子供の

ときに覚えられたんだろう。

A: お母さんの教え方が良かったのよ。

B: そうかな。___________________________。

A: 何が。

B: お母さんと私、年が全然違うのに、___________________________

___________________。

C: お母さん、___________________________。

B: あら、___________________________。じゃ、私も_________

___________________。

A: ___________________________。



**C** 会話でよく使われる言い方に慣れましょう。

❶ [もう少し小さな声でって言っ]てちょうだい。

    A: この牛肉二百グラム。___________________________。

    B: はい、二百グラムね。

❷ [おふろに入るとカラオケな]んだから。

    A: ねえ、学校の帰りにゆうびんきょくへ行ってきてくれた？

    B: あ、切手を買ってくるんだったよね。忘れてた . . . 。

    A: ___________________________ . . . 。

# 聴 解 II

**A** CD を聞きながら、ノートを取って、あとの質問に答えてください。

❶ 忙しいときはいくつぐらい歌を作る？

_______________________

❷ 明るい感じの歌にはどんな言葉を使う？

_______________________

❸ それはどうして？

_______________________

❹ そんな曲はどうなる？

_______________________

❺ 二十歳のとき何があった？

_______________________

❻ これまでどんなことを思っていた？

_______________________

❼ どんな歌を作りたかった？

_______________________

❽ そんな歌を作ることが　　できた / できない

❾ それはなぜだと思った？

_______________________

❿ 最近、仕事に対する考えが　　変わった / 変わらない

⓫ それはなぜ？

_______________________

⓬ 今はどんな歌が作りたい？

_______________________________________________



**B** もう一度聞いて、正しい答えを選んでください。

[　a.　b.　c.　d.　]

**C** 上で取ったノートを見ながら、この話をまとめて友だちに伝えてみましょう。

　　この人は、忙しいときには________________________。明る
い感じの歌ならたいてい__________________が使われる。
楽をしているからではなく、__________________からだ。しか
し、そんな曲は__________________。

　　この人は二十歳のとき、__________________。それか
らずっと__________________と思っていた。
一曲でいいから、__________________
__________と考えているが、結局満足できない。それは__________
_______________________________________________
__________________からではないかと悩んだこともある。

　　しかし、最近__________________。__________________
からだ。今は__________________
_______________________________________________
と考えている。

**토픽·어휘**　태어나는 생명, 끝나는 생명

**학습 내용**　① 이제 막 아기가 태어나서 아버지가 된 남자와 그리고 자신의 아버지가 이 제 수술을 해도 식물인간이 될 수 밖에 없는 상황의 남자의 대화. 이 남 자는 아버지가 좀더 살기를 바라는 어머니에게는 말할 수 없지만, 새로 운 생명이 태어나고, 한편에서는 그 생명을 완수하고 죽음을 맞는 것이 인간의 순리라는 것을 있는 그대로 받아들이려고 한다.

　② 〈문법 · 문형〉
　　(1) ～にしたら
　　(2) ～だって

**학습 요령**　① 대화를 하고 있는 두 남자 각각의 상황을 파악한다.
　② 아버지의 수술에 대해 남자는 어떻게 생각하고, 왜 그렇게 느끼는가, 또 어머니는 어떻게 생각하고 있는가를 파악한다.

청해2

제24과

**토픽·어휘**  사람의 생명의 「길이」와 「내용」

**학습 내용**  최근의 의료 문제에 관한 어느 의사의 말이다. 의사는 수술을 해도 낫는다는 보장이 없는 경우, 경제적인 부담 등의 이유로 가정이 붕되는 일도 있다고 말한다. 의미 있는 치료란, 환자와 그 가족의 생활이 지금처럼 혹은 지금보다 더 좋아지는 경우 뿐이라고 생각하는 이 의사는 최신 의료기술을 사용할 때에는 가족에게 정직하게 의견을 전달하려고 하고 있다는 내용이다.

**학습 요령**  ① 무엇에 대해서 이야기하고 있는가, 지금까지 어떤 경우가 있었는가, 환자가 식물인간이 되면 어떤 문제가 일어난다고 말하고 있는가를 파악한다.
② 이 의사는 치료해서 의미가 있는 것은 무엇이라고 말하고 있는가, 최신 의료 기구를 사용할 때에는 무엇을 하고 있다고 말하고 있는가, 가족에게는 무엇을 생각해 주기를 바란다고 말하고 있는가를 파악한다.

**A** CD を聞いて、答えてください。

**CD 417**

❶（　　　　　）　❷（　　　　　）　❸（　　　　　）　❹（　　　　　）
❺（　　　　　）　❻（　　　　　）　❼（　　　　　）　❽（　　　　　）

**B** もう一度聞いて、書いてください。

A: 山田、聞いたよ。男の子だってね。おめでとう。

B: ありがとうございます。＿＿＿＿＿＿＿＿＿＿＿＿＿＿＿＿＿＿＿＿＿
＿＿＿＿＿＿＿＿＿＿＿。なかなかかわいくて . . .。

A: そりゃ、そうだろう。初めての子だもんな。＿＿＿＿＿＿＿＿＿＿ . . .。

B: おかげさまで。ところで、中川さん、お父さん、どうなんですか。
この間、手術するとかしないとか . . .。

A: うん、＿＿＿＿＿＿＿＿＿＿＿＿＿＿＿＿＿＿＿＿＿＿＿＿＿＿＿＿＿
＿＿＿＿＿＿＿＿＿＿＿＿＿＿＿＿ . . .。

B: そうなんですか、それは大変ですね。

A: うん。＿＿＿＿＿＿＿＿＿＿＿＿＿＿＿＿＿＿＿＿＿＿＿＿＿＿＿＿＿
＿＿＿＿＿＿＿＿。それじゃ手術してもな。

B: そうですね。

A: ＿＿＿＿＿＿＿＿＿＿＿＿＿＿＿＿＿＿＿。＿＿＿＿＿＿＿＿＿＿＿＿
＿＿＿＿＿＿＿＿＿。

B: そうだったんですか。

A: ＿＿＿＿＿＿＿＿＿＿＿＿＿＿＿＿＿＿＿＿＿＿＿＿＿＿＿＿＿＿＿＿
＿＿＿＿＿＿＿＿＿＿＿＿、生きてるって言えないように思うんだ。

B: でも、＿＿＿＿＿＿＿＿＿＿＿＿＿＿＿＿＿＿＿＿＿＿＿＿＿＿＿＿＿
＿＿＿＿＿＿＿＿＿＿＿＿＿＿＿＿＿＿＿＿＿＿＿＿＿＿＿＿＿？

A: ＿＿＿＿＿＿＿＿＿＿＿＿＿＿、まだ母には医者からの話をしてないんだ。

B: そうですか . . .。＿＿＿＿＿＿＿＿＿＿＿＿＿＿＿＿＿＿＿＿

　　　　　　　　　　　　　　　　　　　　　　　　　　　　　。

A: 正直に言うと、　　　　　　　　　　　　　　　　　　　　　　　　。

B: 手術して、　　　　　　　　　　　　　　　　　　　　　　　　　　

　　　　　　　　　　　　　　。

A: そうなんだ。　　　　　　　　　　　　　　　　　　　　　　　　。

B: 　　　　　　　　　　　　　　　　　　　　　　　　　　　　　　。

A: ああ。でも、山田の所に新しい命が生まれて、　　　　　　　　　　　

　　　　　　　　　　　　　　　　　　　。山田の子供の話を聞いて、　　　

　　　　　　　　　　　　　　　　　　　　　　　　　　　　　　。

B: いや、それは . . . 。

A: あっ、じゃあ、ここで。

B: そうか、病院へ行かれるんでしたね。それじゃ、失礼します。お父さんお大事に。

## C　会話でよく使われる言い方に慣れましょう。



❶　［でも、お母さん］にしたら、［手術をして少しでも長生きして . . . . 。］

　　A: ゆき子、お父さん気にしてたわよ。あなたが全然口をきいてくれないって。

　　B: だって、ひどいのはお父さんの方よ。あんな言い方しなくてもいいのに。

　　A: 　　　　　　　　　　　　　　　　　　　　　　　　　　　　　　。

　　あんな時間に帰ってくるのがいけないんでしょ。ちゃんとお父さんにあや

　　まりなさい。

❷　［お母さん］だって［つらいですよね、そんな話聞かされたら。］

1)　A: ゆき子、お父さん怒ってたわ。あなたがあやまらないって。

　　B: 　　　　　　　　。ひどいのはお父さんの方よ。

　　あんな言い方しなくてもいいのに。

2)　A: 課長があんなに怒ったの初めて見たわ。

　　B: 　　　　　　　　　　　　　　　　　　　　　　　　　　　　　。

　　A: まあね。一緒に仕事してて、頭にくること多いものね、山田さん。

**A** CDを聞きながら、ノートを取って、あとの質問に答えてください。

❶ どんな問題について話している？

_______________________________________________

❷ どんなケースをたくさん見た？

_______________________________________________

❸ 手術をすれば　治る / 治るとは言えない

❹ 患者が植物状態になると問題が起きる？

a)_____________________________________________

b)_____________________________________________

❺ その結果、どうなる？

_______________________________________________

❻ 治療して意味があるのは？

_______________________________________________

❼ 手術をしたり、最新の医療器具を使うときは何をする？

_______________________________________________

❽ 何を考えてほしいと言っている？

_______________________________________________

**B** もう一度聞いて、正しい答えを選んでください。

[ a.　b.　c.　d. ]

**C** 上で取ったノートを見ながら、この話をまとめて友だちに伝えてみましょう。

　　ある医者が＿＿＿＿＿＿＿＿＿＿＿＿＿＿＿＿＿という問題について話してい

る。これまで＿＿＿＿＿＿＿＿＿＿＿＿＿＿＿＿＿＿＿をたくさん見てき

た。手術をしても治るとは言えない場合、＿＿＿＿＿＿＿＿＿＿＿し、家族

まで＿＿＿＿＿＿＿＿ことも少なくない。その結果、＿＿＿＿＿＿＿＿＿＿

＿＿＿＿＿＿＿＿こともある。

　　この医者は、治療して意味があるのは、＿＿＿＿＿＿＿＿＿＿＿＿＿＿＿＿

＿＿＿＿＿＿＿＿＿＿＿＿＿＿＿＿、あるいは、＿＿＿＿＿＿＿＿＿＿＿

だけではないかと考えている。それで、手術をしたり、最新の医療技術を使うとき

には、＿＿＿＿＿＿＿＿＿＿＿＿＿＿＿＿＿＿＿＿＿＿＿＿＿＿＿＿＿＿

＿＿＿＿＿＿＿＿＿＿ことにしている。そして、＿＿＿＿＿＿＿＿＿＿＿＿

＿＿＿＿＿＿＿＿＿＿＿＿＿＿＿＿＿＿＿ということをよく考えてほしい

と言っている。

**청해1**

**제25과**

**토픽·어휘**  일본 현대문화에 관심을 갖는 아시아의 젊은이들

**학습 내용**  ① 일본 현대문화인 가라오케나 만화에 흥미를 느껴 일본에 온 アリ 씨의 이야기. 일본과 アリ 씨의 나라는 원래부터 교류가 많았던 점 등을 미루어 볼 때, 앞으로 점점 일본을 찾는 사람이 늘어날 것이라고 언급하면서 일본 현대문화는 왜 아시아에서 유행하고 있는 것인가를 연구하고 싶다는 내용이다.

② 〈문법 · 문형〉
(1) **早速ですが～**
(2) **話はもどりますが～**

**학습 요령**  ① アリ 씨가 일본에 온 계기가 된 것은 무엇인가, アリ 씨의 나라와 일본과의 관계, 또 アリ 씨 나라의 젊은이들은 어떤 방법으로 일본의 정보를 얻고 있는가를 파악한다.

② 여기에서 말하는 일본의 현대문화란 무엇인가, アリ 씨는 무엇을 재미있다고 말하고 있는가, 또 앞으로 アリ 씨는 무엇을 하고 싶다고 말하고 있는가를 이해한다.

**토픽·어휘**　정년 퇴직 후의 사회 공헌

**학습 내용**　예전에 사업상 외국에서 살았던 이 사람은 당시 살던 나라의 빈부의 차가 심해서 가난한 사람은 하루하루 생활하는 데에도 곤란을 겪고 있는 것을 보고, 자신은 유복한 생활을 하고 있었지만, 왠지 진심으로 즐겁게 생활할 수 없었던 것이 기억에 남는다. 정년 후 이 사람은 일본 국내에서 독거 노인이나 부모가 없는 아이들을 돕는 등, 자신이 할 수 있는 것은 무엇인가를 생각하고 있다.

**학습 요령**　① 이 사람이 일하는 중 어떤 경험을 했는가, 그곳은 어떤 곳이며, 어떤 사람들이 있었는가, 그 안에서 이 사람은 어떤 생활을 해 왔다고 말하고 있는가를 파악한다.
　　　　　　② 이 사람은 일본 사회에 대하여 어떻게 생각하는가, 어떤 사회에서 살고 싶다고 말하고 있고, 어떤 이유로 여기에 참가했다고 말하고 있는가를 파악한다.

## 聴解 I

**A** CDを聞いて、答えてください。

CD 421

① (　　　　　) ② (　　　　　) ③ (　　　　　) ④ (　　　　　)

⑤ (　　　　　) ⑥ (　　　　　) ⑦ (　　　　　) ⑧ (　　　　　)

**B** もう一度聞いて、書いてください。

A: それでは、ご紹介しましたアリさんに入っていただきましょう。

アリさん、どうぞ。アリさん、よろしくお願いします。

B: こちらこそ、よろしくお願いします。

A: 早速ですが、＿＿＿＿＿＿＿＿＿＿＿＿＿＿＿＿＿＿＿＿＿＿＿。

B: 兄の影響です。＿＿＿＿＿＿＿＿＿＿＿＿＿＿＿＿＿＿＿＿、

今国で日本企業に勤めているんです。

A: そうですか。でも、＿＿＿＿＿＿＿＿＿＿＿＿＿＿＿＿＿＿

＿＿＿＿＿＿＿＿＿＿＿＿＿＿＿＿＿＿＿＿＿＿＿＿＿。

B: そうなんですが、私は、＿＿＿＿＿＿＿＿＿＿＿＿＿＿＿

＿＿＿＿＿＿＿＿＿＿＿＿＿＿＿＿＿＿＿＿日本に来たんです。

A: まんがやカラオケ、ですか？

B: 私の国では、昔から日本との経済的な結び付きが強くて、＿＿＿＿＿＿

＿＿＿＿＿＿＿＿＿＿＿＿＿＿＿＿＿＿＿＿＿＿＿＿。

A: そうなんですか。

B: それで、いわゆる日本の伝統文化、茶道や華道に関心を持つ人も多いし、

＿＿＿＿＿＿＿＿＿＿＿＿＿＿＿＿＿＿＿＿＿＿＿＿＿＿＿。

A: それは知りませんでした。

B: でも今は、＿＿＿＿＿＿＿＿＿＿＿＿＿＿＿＿＿＿＿＿＿＿＿

＿＿＿＿＿＿＿＿＿＿＿＿＿＿。

A: まんがやカラオケが「日本の現代文化」なんですね。

B: そうです。

A: それは、＿＿＿＿＿＿＿＿＿＿＿＿＿＿＿＿＿＿＿＿＿＿＿＿＿＿＿＿＿＿＿
＿＿＿＿＿＿＿＿＿＿＿＿＿＿＿＿＿＿＿。

B: そうだと思います。＿＿＿＿＿＿＿＿＿＿＿＿＿＿＿＿＿＿＿＿＿＿＿
＿＿＿＿＿＿＿＿＿＿＿＿＿＿＿＿＿＿＿＿＿＿＿＿＿＿＿＿＿＿＿＿。

A: それは面白い話ですね。

B: もっと面白いことは、インターネットやマスコミの情報が増えたおかげで、
＿＿＿＿＿＿＿＿＿＿＿＿＿＿＿＿＿＿＿＿＿＿＿＿＿＿＿＿＿＿＿＿＿＿。

A: それは、私にも分かります。私も、インターネットやテレビの番組を通して、
いろいろな国に関心を持つようになりましたから。＿＿＿＿＿＿＿＿＿＿＿＿＿
＿＿＿＿＿＿＿＿＿＿＿＿＿＿＿＿＿＿＿＿＿＿＿＿＿。

B: 日本のまんがやカラオケ、＿＿＿＿＿＿＿＿＿＿＿＿＿＿＿＿＿＿＿＿＿＿＿
＿＿＿＿＿＿＿＿＿＿＿＿＿＿＿＿＿＿＿＿＿＿＿＿＿＿＿＿＿＿＿＿＿。

A: ＿＿＿＿＿＿＿＿＿＿＿＿＿＿＿＿＿＿、と言ってもいいのでしょうか。

B: そうです。＿＿＿＿＿＿＿＿＿＿＿＿＿＿＿＿＿＿＿＿＿＿＿＿＿＿＿＿＿
＿＿＿＿＿＿＿＿＿＿＿＿＿＿＿＿＿＿、いや、アジア全体に大きく影響すると考
えているのです。



**C 会話でよく使われる言い方に慣れましょう。**

① 早速ですが、[アリさんはどうして日本で勉強されるようになったんですか。]
   A: ＿＿＿＿＿＿＿＿＿＿＿＿＿＿＿＿＿＿＿＿＿＿＿＿＿＿＿＿＿＿＿＿＿。

   B: と言われても、それはまだ先のことですから ...。

② [ところで、]話は戻りますが、[アリさんが ...]
   A: 最近、物を大切にしない人が増えてますよね。

   B: そうですねぇ。困りますよね。

   A: ＿＿＿＿＿＿＿＿＿＿＿＿＿＿＿＿＿＿＿＿＿＿＿＿＿＿＿＿＿＿＿＿＿。

# 聴解 Ⅱ

**A** CD を聞きながら、ノートを取って、あとの質問に答えてください。

❶ この人はどんな経験がある？

______________________________

❷ そこはどんな所だった？

______________________________

❸ その国の金持ちは？

______________________________

❹ 使われている人の給料は？

______________________________

❺ ほかにはどんな生活をする人がいた？

a)__________________________

b)__________________________

❻ この人はどんな生活をしていた？

______________________________

❼ そのときのこの人の気持ちは？

______________________________

❽ 日本の社会には問題が　　ある / ない

❾ 日本にはどんな人がいる？

a)__________________________

b)__________________________

❿ 今まではどんな時代？

______________________________

⓫ どんな社会にしたい？

_______________________________________

⓬ なぜここに参加した？

_______________________________________

**B** もう一度聞いて、正しい答えを選んでください。

[ a.　b.　c.　d. ]

**C** 上で取ったノートを見ながら、この話をまとめて友だちに伝えてみましょう。

　　この人は_______________________________________経験がある。その国で

は、_______________________________________があった。金持

ちは_______________________________________

_______________________________________。使われていた人たちの給料が______

_______________________________________ので、驚いた。しかし、_______________________

_______________________________________人や_______________________

_______________________________________人などもおおぜいいた。この人は_______________________

_______________________________________て生活していたが、なぜかそのとき_______________________

_______________________________________。

　　日本に帰って、_______________________や_______________________など

困っている人たちがたくさんいることに気が付いた。これからは______________

_______________________を共有して、_______________________________________

にしなければいけない。定年退職を目の前にして、_______________________

_______________________________________と考えて、ここに参加した。

# 付　録

## 新出漢字表

### 第 1 課

忙 いそが(しい)　伝 つた(える)　猫 ねこ　借 か(りる)　私 わたし　庭 にわ　狭 せま(い)
額 ひたい　分 わ(かる)　怒 おこ(る)　便 べん　判 ばん　面 おも(しろい)　昔 むかし　味 み
然 ぜん　棚 だな[たな]　並 なら(べて)　皆 みな　是 ぜ　非 ひ　紹 しょう　介 かい

### 第 2 課

陽 よう　決 き(まる)　変 へん　勤 つと(める)　広 こう　告 こく　僕 ぼく　直 なお(す)
畳 じょう　際 さい　難 むずか(しい)　丈 じょう　夫 ぶ　庭 てい　初 はじ(めて)
過 す(ぎる)　喜 よろこ(ぶ)　始 はじ(める)　御 ご　緒 しょ　場 ば　桜 さくら

### 第 3 課

父 とう　寂 さび(しい)　州 しゅう　無 む　働 はたら(く)　組 ぐみ[くみ]　母 かあ　冗 じょう
談 だん　当 とう　鳴 な(る)　好 す(き)　頭 あたま　散 さん　歩 ぽ　束 そく　眠 ねむ(い)
偉 えら(い)　連 つ(れる)　違 ちが(う)　嫌 いや(がる)　慣 な(れる)　勤 きん　残 ざん
足 た(りる)　太 ふと(る)　遅 おそ(い)　進 しん

### 第 4 課

満 まん　我 が　慢 まん　不 ふ　思 し　議 ぎ　座 ざ　驚 おどろ(く)　化 け　粧 しょう
若 わか(い)　親 おや　歳 さい　供 ども[とも]　靴 くつ　脱 ぬ(ぐ)　騒 さわ(ぐ)　夢 む
菓 か　子 し　大人 おとな(しい)　空 あ(く)　缶 かん　片 かた　付 づ[つ]ける　生 しょう
懸 けん　命 めい　続 つづ(ける)　途 と　寄 よ(る)　儀 ぎ　配 ぱい[はい]

### 第 5 課

合 あ(う)　仲 なか　皮 かわ　皿 さら　包 ほう　局 きょく　当 あ(たる)　初 しょ　中 じゅう
旅 たび　杯 ぱい[はい]　囲 かこ(む)　笑 わら(う)　特 とく　別 べつ　努 ど　力 りょく
達 だち[たち]

## 第6課

暇 ひま　華 か　呼 よ(ぶ)　化 か　統 とう　柔 じゅう　剣 けん　学 まな(ぶ)　飾 かざ(る)
簡 かん　単 たん　付 つ(ける)　勝 か(つ)　負 ま(ける)　腕 うで　的 てき　手 ず　下 へ
手 た　悩 なや(む)　苦 くる(しむ)　精 せい　神 しん　成 せい　熱 ねつ　忘 わす(れる)
必 ひつ　要 よう

## 第7課

払 はら(う)　蒸 む(す)　疲 つか(れる)　指 し　定 てい　券 けん　繰 く(る)　敬 けい
優 やさ(しい)　令 れい　感 かん　求 もと(める)　残 のこ(す)　離 はな(れる)　禁 きん　止 し
投 とう　確 たし(か)　相 あい

## 第8課

間 げん[けん]　影 えい　響 きょう　装 そう　様 よう　子 す　変 か(わる)　制 せい　清 せい
潔 けつ　領 りょう　挙 きょ　背 せ　調 ちょう　査 さ　低 ひく(い)　比 くら(べる)
給 きゅう　立 りっ[りつ]　派 ぱ[は]　信 しん　頼 らい　刺 し　肩 かた　安 あん　断 だん
実 じっ[じつ]　視 し　想 そう　同 どう

## 第9課

困 こま(る)　幼 おさな(い)　癖 ぐせ[くせ]　対 たい(する)　押 お(す)　欲 ほ(しい)
描 えが(く)　男 なん　迎 むか(える)　増 ふ(える)　区 く　個 こ　紫 むらさき　灰 はい
地 じ　上 うわ　珍 めずら(しい)　覚 おぼ(える)　表 あらわ(す)　息 むす

## 第10課

日 じつ　突 とつ　笑 え　幸 しあわ(せ)　生 い　黙 だま(る)　込 こ(む)　追 お(う)
接 せっ[せつ]　司 し　越 こ(す)　投 な(げる)　質 しつ　後 こう　典 のり　彼 かの
職 しょく　燃 も(える)　娘 むすめ　幸 さち　街 まち　角 かど　足 ぞく[そく]　愛 あい
才 さい　能 のう　健 けん　康 こう　他 た　趣 しゅ　恋 こい　平 へい　凡 ぼん　富 と(む)
経 けい　済 ざい　豊 ゆた(か)　位 い　誉 よ

## 第11課

宅 たく　嬢 じょう　二十歳 はたち　全 まった(く)　齢 れい　通 かよ(う)　詳 くわ(しい)
経 た(つ)　似 に(る)　簿 ぼ　怖 こわ(い)　情 じょう　報 ほう　又 また　有 う　掃 そう
除 じ　正 しょう　直 じき　気 げ(け)　目 もく　管 かん　進 すす(む)　許 ゆる(す)　財 ざい

産 さん　戸 こ　籍 せき　宗 しゅう　遺 い　悪 あく　恐 おそ(ろしい)

## 第 12 課

植 うえ　市 いち　浅 あさ　主 しゅ　婦 ふ　偶 ぐう　木 こ　陰 かげ　白 しら　髪 が
柄 がら　互 たが(い)　拾 ひろ(う)　腰 こし　孫 まご　亡 な(くす)　暮 ぐ[く]　独 どく
訪 たず(ねる)　普 ふ　段 だん　苦 にが　試 こころ(み)　老 ろう　力 ちから　早 さっ
速 そく　西 さい　友 ゆう　戦 せん　争 そう　焼 や(く)　苦 く　労 ろう　知 ち　識 しき
輩 ぱい[はい]　謝 しゃ　類 るい　祖 そ　母 ぼ　今 こ

## 第 13 課

張 ちょう　墜 つい　落 らく　原 げん　因 いん　遺 ゆい　言 ごん　与 よ　昇 しょう
要 い(る)　田舎 いなか　縁 えん　就 しゅう　嫌 きら(う)　形 かた　免 めん　税 ぜい
店 てん　回 まわ(り)　寝 しん　覚 ざま[さま]　炊 すい　器 き　洗 せん　濯 たく　製 せい
表 ひょう　示 じ　回 かい　腹 はら　風 ふ　呂 ろ　沸 わ(かす)　湯 ゆ　注 そそ(ぐ)
試 ため(す)　正 せい　確 かく　遭 あ(う)　今日 きょう　語 かた(る)

## 第 14 課

上 かみ　良 りょう　坊 ぼう　富 ふ　士 じ　山 さん　自 し　撮 と(る)　科 か　師 し
父 ふ　寺 てら　勧 すす(める)　仏 ぶっ[ぶつ]　恵 え　弱 よわ(い)　展 てん　覧 らん
枚 まい　衛 えい　星 せい　添 そ(える)　文 も　留 と(まる)　章 しょう　宇 う　宙 ちゅう
美 うつく(しい)　夜 よ　空 ぞら[そら]　浮 う(かぶ)　争 あらそ(う)　血 ち　流 なが(す)
民 みん　種 しゅ　士 し　周 まわ(り)　環 かん　境 きょう　移 うつ(る)　提 てい　供 きょう
菜 さい　種 たね　具 ぐ　反 はん　応 のう　援 えん　末 まつ　懐 なつ(かしい)　栽 さい
培 ばい　夢 ゆめ　協 きょう　汗 あせ　現 あらわ(れる)

## 第 15 課

恥 はじ　捨 す(てる)　常 じょう　困 こん　難 なん　限 かぎ(る)　厳 きび(しい)　下 げ
定 さだ(める)　枠 わく　無 ぶ　講 こう　現 げん　在 ざい　述 の(べる)　戻 もど(る)
壊 こわ(れる)　息 いき　抜 ぬ(く)　支 ささ(える)　集 しゅう　団 だん　秩 ちつ　序 じょ
課 か　平 ひら　縦 たて　乱 みだ(す)　慌 あわ(てる)　譲 ゆず(る)　態 たい　属 ぞく(する)
益 えき　規 き　律 りつ　方 ぽう[ほう]　扱 あつか(う)　嘆 なげ(く)　丁 てい　寧 ねい
客 きゃく　明 あき(らか)　解 かい　決 けっ(して)

## 第 16 課

遅 おく(れる)　焦 あせ(る)　映 うつ(る)　渋 じゅう　帯 たい　胃 い　今朝 けさ
朝 ちょう　済 す(む)　刊 かん　昨日 きのう　昼 ちゅう　契 けい　企 き　青 せい
営 えい　潤 じゅん　滑 かつ　油 ゆ　零 れい　価 か　象 しょう　倍 ばい　宝 たから
漬 づ[つ]　消 しょう　居 い　頑 がん　張 ば

## 第 17 課

格 かく　血 けつ　液 えき　代 が(わり)　般 ぱん(はん)　公 おおやけ　慎 しん　重 ちょう
準 じゅん　備 び　傾 けい　向 こう　映 えい　照 しょう　縛 しば(る)　奔 ほん　放 ぽう
僚 りょう　印 いん　与 あた(える)　芸 げい　典 てん　観 かん　批 ひ　評 ひょう　性 しょう
冷 れい　静 せい　根 こん　拠 きょ　危 き　険 けん　論 ろん　面 めん　尋 たず(ねる)

## 第 18 課

雑 ざっ[ざつ]　誌 し　紙 し　宿 しゅく　姿 すがた　描 か(く)　光 こう　景 けい
結 むす(ぶ)　部 へ　屋 や　兼 か(ねる)　卓 たく　机 づくえ[つくえ]　躍 やく
替 か(わる)　登 とう　柔 やわ(らかい)　暖 あたた(かい)　和 なご(む)　割 わり
果 は(たす)　余 よ　裕 ゆう　欧 おう　米 べい　省 せい　慣 かん　携 けい　帯 たい
極 きょく　端 たん　果 か　絶 ぜつ　暴 ぼう　犯 はん　罪 ざい　増 ぞう　加 か
消 き(える)

## 第 19 課

必 かなら(ず)　連 れん　帰 き　唯 ゆい　一 いつ　土 つち　運 はこ(ぶ)　洗 あら(う)
放 ほう　陽 ひ　乾 かわ(く)　涼 すず(む)　嫌 げん　香 こう　浴衣 ゆかた　掛 か(ける)
咲 さ(く)　競 きょう　瞬 しゅん　辺 あた(り)　余 あま(る)　眺 なが(める)

## 第 20 課

伴 ともな(う)　遂 と(げる)　王 おう　及 きゅう　達 たつ　歴 れき　史 し　劇 げき　目 ま
怒 いか(る)　悲 かな(しむ)　胸 むね　熱 あつ(い)　像 ぞう　刻 こく　共 きょう　存 そん
件 けん　画 かく　加 くわ(える)　可 か　携 たずさ(わる)　使 し　娯 ご　点 てん　立 たち
多 た　容 よう　適 てき　責 せき　任 にん

## 第21課

催 さい　参 さん　期 き　抱 かか(える)　巻 ま(く)　層 そう　破 は　壊 かい　酸 さん
炭 たん　素 そ　効 こう　雨 う　砂 さ　漠 ばく　森 しん　洪 こう　水 ずい[すい]
速 はや(さ)　策 さく　深 しん　況 きょう　各 かっ[かく]　資 し　源 げん　汚 よご(す)
汚 お　染 せん　枯 か(れる)　農 のう　畜 ちく　模 ぼ　排 はい　減 へ(る)　節 せつ
拡 かく　歩 あゆ(む)　都 つ　合 ごう　恵 めぐ(み)　指 ざ[さ]　命 いのち　造 ぞう
誕 たん　生 じょう　未 み　誇 ほこ(る)　次 し　第 だい

## 第22課

真 ま　太 たい　赦 しゃ　照 て(る)　早 そう　薄 うす　眼 まなこ　誘 さそ(う)
染 そ(める)　世 せい　紀 き　歓 かん　声 せい　難 がた(い)　斉 せい　振 ふ(る)　波 なみ
届 とど(く)　光 ひかり　心 ここ　遠 えん　慮 りょ　覚 かく　障 しょう　害 がい　異 い
訪 おとず(れる)　触 ふ(れる)　好 こう　修 しゅう　流 りゅう　欲 よく　言 げん
隔 へだ(てる)　衝 しょう　絶 た(える)

## 第23課

根 ね　吹 ふ(く)　詩 し　軽 けい　快 かい　曲 きょく　童 どう　謡 よう　輝 かがや(く)
舞 ま(う)　郷 きょう　後 あと　詞 し　奥 おく　叫 さけ(ぶ)　隠 かく(す)　我 わ
自 みずか(ら)　明日 あす　得 え　貧 ひん　散 ち(る)　託 たく(す)　鎮 ちん　魂 こん
貧 まず(しい)　請 こ(う)　涙 なみだ　祈 いの(る)　悲 ひ　痛 つう　徐 じょ　低 てい
底 そこ　震 ふる(える)　邪 じゃ　虹 にじ　村 そん　殺 ころ(す)　義 ぎ　応 おう(じる)
勢 ぜい[せい]

## 第24課

標 ひょう　療 りょう　導 どう　臓 ぞう　治 ち　治 なお(す)　腎 じん　肝 かん　患 かん
者 じゃ　移 い　専 せん　順 じゅん　脳 のう　波 は　呼 こ　吸 きゅう　身体 からだ
泣 な(く)　外 はず(す)　内 うち　割 わ(る)　認 みと(める)　均 きん　寿 じゅ　命 みょう
伸 の(びる)　負 ふ　担 たん　限 げん　除 のぞ(く)　成 な(す)　秒 びょう　量 りょう
延 えん

**第 25 課**

失 うしな(う)　握 にぎ(る)　交 まじ(える)　克 こく　奇 き　跡 せき　挙 あ(げる)　下 もと

優 ゆう　秀 しゅう　保 ほ　幅 はば　終 しゅう　雇 こ　功 こう　列 れつ　貿 ぼう　易 えき

摩 ま　擦 さつ　績 せき　従 じゅう　辺 へん　値 ち　崩 ほう　倒 とう　率 りつ　暇 か

涯 がい　揺 ゆ(らぐ)　基 き　礎 そ　築 きず(く)　文 もん　皮 ひ　無 な(い)

## 重要語句・文型

このページは、日本語中級ジャンプで知っておけばよいものをあいうえお順に並べたものである。しかし、引きやすくするため、重なっている項目もある。

たとえば、陳述副詞が付いた形式なら、その形式とともに後件部分だけのものも掲載した。

**例** もしかすると〜のかもしれない

→「もしかすると〜のかもしれない」「〜のかもしれない」

前件と後件に分かれるものは、後件も取り出して掲載した。

**例** 〜からといって、〜わけではない

→「〜からといって、〜わけではない」「〜わけではない」

### あ 行

(付き)合う
(出来)上がる
(〜を)挙げて
(作り)上げる
あたかも
あたかも〜かのように
当たり前
(〜のは)当たり前だ
(十年)余り
〜以外
いかに〜か
いくら〜ても、〜ば〜
〜以上
一方
(〜する)一方
〜以来
いわゆる〜
〜上で
うち
〜うちに
〜(よ)うとする
(〜に)おいては

(〜に)応じて
おかげ
(〜に)おける
思いがけない
およそ(〜ない)

### か 行

(生き)がい
かえって
〜限り
(〜に)限る
(投げ)かける
(多様)化する
(理解し)難い
〜がちナ・ニ
〜がてら
必ずしも(〜ない)
〜かねない
〜かのように
〜から〜にかけて
〜からといって、
〜わけではない
〜がる

（あいさつ）代わりに
（〜に）関する
きっかけ
（〜が）きっかけだ
（〜が）きっかけで、〜
疑問詞 ＋ 〜（よ）うと
（乾き）切る
〜くせに
比べものにならない
結果
〜こそ
〜ことから
〜ことだ［指示］
〜ことなく
〜ことに
〜ことにした
（黙り）込む

### さ　行

〜さえ
〜さえ〜ない
〜さえ〜ば
さすがニ
さすがに〜
さすがの ＋ 名詞
さて
さらに
〜される［迷惑］
（自分）自身
〜次第
（〜に）したがって
（聞かず）じまい
（地平線）上
しようがない
〜ずつ
済む
〜せい

せっかく（の）〜から、〜
せっかく（の）〜のに、〜
せっかくですが、〜
〜（さ）せてください
せめて
〜（さ）せられる［自発］
〜（さ）せられる［迷惑］
〜（さ）せる
〜ぞ
その上
それにしても

### た　行

（〜に）対する
〜だけあって、さすがに〜
〜だけに
確かナ・ニ
（言い）出す
ただし
（思い）立つ
たった〜
〜たつもりだったが、〜
〜たつもりで、〜
たとえ（〜ても）
〜たところ［条件］
〜たところで
〜たばかり
〜たびに
〜たものだ［回想］
（〜に）ついて
（考え）付く
〜つつ
〜つつある
〜っぽい
つまり
つまり〜ということだ
（〜に）つれて

～的ナ・ニ
～てきた［継続］
できるだけ
できるだけ～ようにする
～てたまらない
～ては～
～てみる
～てみると、思って
　　いたより～
～ても
～と、～［願望］
～と、～［発見］
～と言います
～ということだ
～というのである
というのも
～というふう
～というわけだ
～といえば、～
～といっても
どうしたら、～か
どうしても～（よ）うとしない
どうしても（～ない）
（～を）通して
～通り～
～とか～とか
～と聞いていた
（食べる）ところ
（食べている）ところ
（食べた）ところ
～どころか
～どころか、～さえ～ない
ところで
ところで、～といえば、～
～として
途中
どちらにしても

（～に）とって
とても ＋ 動詞可能形 ＋ ない
～と同時に
～とともに
～とはいえ
取り（返す）
どんなに～

**な　行**
（考え）直す
～ながら［逆接］
なぜ
～なんて
～なんて、およそ～ない
～に（役に立つ）［目的］
～にもかかわらず
～のかもしれない

**は　行**
～ば～ほど
（15分）ばかり
～ばかりか
（～を）はじめ、～
～はずがない
～はずだ
～ばそれだけで～
引き（起こす）
一目
（こんな / そんな / あんな/ どんな）ふう
ふと
ふり
～べき
ほかでもない
～ほど～はない

## ま　行

真（っ暗）ナ
〜まい［意志］
〜まい［推量］
まさか
まさか〜はずがない
（冗談）まじり
〜まで
〜までもない
（〜た）まま
（汗）まみれ
万一
（〜を）めぐって
もしかして
もしかすると〜のかもしれない
もっとも
もっとも、〜といっても
（〜の）下で
〜ものだ［一般的な性質］
〜ものだ［感嘆］
〜ものですから
〜ものの

## や　行

やむを得ず〜
〜やら〜やら
〜ようで、〜［比況］
〜ようでは
〜ように思う
〜ようにする
（〜に）よって［原因］
（〜に）よって［手段］
（〜に）よって［場合］
〜より［起点］
より〜
（思っていた）より［比較］

## わ　行

わけ
〜わけだ
〜わけではない
〜わけにはいかない
（〜に）わたる

アナウンススル
あふれる
アポイント
あまり [(十年)余り]
あゆむ [歩む]
あら
あらかじめ
あらそう [争う]
あらわす [現す]
あらわす [表す]
あらわれる [現れる]
ある〜
あるいは
あわせる [合わせる]
あわてる [慌てる]
アンケート
あんしん [安心スル]
あんない [案内スル]

## い

い [胃]
いいかげんナ・ニ
いいきる [言い切る]
いう [言う]
いえば (〜といえば)
いがい [意外ナ・ニ]
いがい [〜以外]
いかす [生かす]
いかに (いかに〜か)
いかる [怒る]
いきいき (と) [生き生き (と) スル]
いきがい [生きがい]
いきかえり [行き帰りニ]
いきかえる [生き返る]

いきぬき [息抜きスル]
いきもの [生き物]
いきる [生きる]
いし [意思]
いしき [意識スル]
いじょう [〜以上]
いしょく [移植スル]
いぜん [以前ニ]
いたい [遺体]
いたずらスル
いたむ [痛む]
いち [市]
いちぶ [一部]
いっけん [一見スル]
いっこだて [一戸建て]
いっしゅん [一瞬]
いっせいに [一斉に]
いっそう
いったい [一体]
いったい
いっても (〜といっても)
いつのまにか [いつの間にか]
いっぱい [一杯]
いっぱいやる [一杯やる]
いっぱん [一般ニ]
いっぽう [一方]
いつまでも
いでんし [遺伝子]
いながらにして
いねむり [居眠りスル]
いのち [命]
いのる [祈る]
いぶんか [異文化]
いま [居間]

いまだ(に)
いまでは [今では]
いまや [今や]
いみ [意味スル]
いらい [〜以来]
いらいらスル
いりょう [医療]
いわゆる〜
いん [(従業)員]
いんしょう [印象]
インスタント
インターネット

## う

うーん
うえき [植木]
うえで [〜上で]
うかぶ [浮かぶ]
うけいれる [受け入れる]
うけとる [受け取る]
うける [受ける]
うごく [動く]
うすぎ [薄着スル]
うそ
うち
うちあげはなび [打ち上げ花火]
うちあわせ [打ち合わせ]
うちあわせる [打ち合わせる]
うちに (〜うちに)
うちゅう [宇宙]
うちゅうひこうし [宇宙飛行士]
うちわ
うつくしい [美しい]
うつす [映す]

うつる [移る]
うつる [映る]
うで [腕]
うなずく
うまくやる
うみだす [生み出す]
うむ [有無]
うりこみ [売り込み]
うりこむ [売り込む]
うるさい
うれる [売れる]

## え

えいきょう [影響スル]
えいせい [衛星]
えいぞう [映像]
えがお [笑顔]
えがく [描く]
えさ
エネルギー
えらい [偉い]
えん [縁]
えんじょ [援助スル]
えんめい [延命スル]
えんりょ [遠慮スル]

## お

おう [追う]
おうさま [王様]
おうじる [応じる]
おうべい [欧米]
おおごえ [大声]
おおて [大手]
おおやけ [公ニ]

おおよろこび［大喜びスル］

おか［丘］

おかげ

おかしい

おきにいり［お気に入り］

おきる［起きる］

おく［奥］

おける（〜における）

おこる［起こる］

おさない［幼い］

おしゃべりナ

おしゃれナ・ニ

おじょうさん［お嬢さん］

おせん［汚染スル］

おそらく

おそろしい［恐ろしい］

オゾンそう［オゾン層］

おたがい［お互いニ］

おたく［お宅］

おちつく［落ち着く］

おっと

おとしより［お年寄り］

おとずれる［訪れる］

おとなしい［大人しい］

おぼうさん［お坊さん］

おみやげ

おもいうかべる［思い浮かべる］

おもいがけない［思いがけない］

おもいだす［思い出す］

おもいたつ［思い立つ］

おもいつく［思い付く］

おもいで［思い出］

おもいやり［思いやり］

おもいやる［思いやる］

おもんじる［重んじる］

おやじ

およそ（およそ〜ない）

おんしつこうか［温室効果］

おんだんか［温暖化スル］

## か

か［（芸術）家］

か［（多様）化スル］

カーペット

がい［（生き）がい］

かいがい［海外］

かいかん［会館］

かいぎ［会議］

かいけつ［解決スル］

がいけん［外見］

かいさい［開催スル］

がいしゅつ［外出スル］

かいしょう［解消スル］

かいほう［解放スル］

かえって

かえってくる［返ってくる］

かえる［変える］

かかえる［抱える］

かがくてき［科学的ナ・ニ］

かがやく［輝く］

かかる［（電話が）かかる］

かかわらず（〜にもかかわらず）

かかわり

かかわる

かぎり［〜限り］

かぎる［限る］

かく（かっ）［各（国）］

かくじつ［確実ナ・ニ］

がくしゅう [学習スル]

かくす [隠す]

かくだい [拡大スル]

かくほ [確保スル]

かけいぼ [家計簿]

かけごえ [かけ声]

かけて (〜にかけて)

かける [(声を)かける]

かける [(時間を)かける]

かこむ [囲む]

かし [歌詞]

かた [型]

がたい [(理解し)難い]

かたがき [肩書き]

かたこと [片言]

かたづける [片付ける]

かたて [片手]

かたみ [形見]

かたりかける [語りかける]

かたる [語る]

かち [価値]

がち [(遠慮)がちナ・ニ]

かちく [家畜]

かちまけ [勝ち負け]

かちょう [課長]

かつて

かつどう [活動スル]

かつやく [活躍スル]

かてい [家庭]

がてら (〜がてら)

かでん [家電]

かどう [華道]

かなえる

かなしむ [悲しむ]

かならず [必ず]

かならずしも [必ずしも〜ない]

かねない (〜かねない)

かねもうけ [金もうけスル]

かねる [兼ねる]

かのう [可能ナ]

かのうせい [可能性]

かぶしきがいしゃ [株式会社]

がまん [我慢スル]

がめん [画面]

かよう [通う]

かよわい [か弱い]

カラオケ

からかう

かれる [枯れる]

かわ [皮]

かわく [乾く]

がわり [(あいさつ)代わりニ]

かわる [替わる]

かわる [代わる]

かわる [変わる]

かん [缶]

がん

かんがえつく [考え付く]

かんがえなおす [考え直す]

かんきょう [環境]

かんじがする [感じがする]

かんしゃ [感謝スル]

かんじゃ [患者]

かんじょう [感情]

かんじる [感じる]

かんしん [関心]

かんする [(〜に)関する]

かんせい [歓声]

かんぞう［肝臓］
かんたん［簡単ナ・ニ］
かんどう［感動スル］
がんばる［頑張る］
かんり［管理スル］
かんれん［関連スル］

## き

キーワード
きがあう［気が合う］
きがつく［気が付く］
きがよわい［気が弱い］
きき［危機］
ききだす［聞き出す］
きぎょう［(中小)企業］
きぐ［器具］
きけん［危険ナ・ニ］
きげん［機嫌］
きじ［記事］
ぎじゅつてき［技術的ナ・ニ］
きずく［築く］
きせきてき［奇跡的ナ・ニ］
きそ［基礎］
きぞくいしき［帰属意識］
きたく［帰宅スル］
きっかけ
きづく［気付く］
きっと
きにいる［気に入る］
きにかかる［気にかかる］
きにかける［気にかける］
きにする［気にする］
きねん［記念スル］
きびしい［厳しい］

きぼ［規模］
きまぐれ［気まぐれナ・ニ］
きまま［気ままナ・ニ］
きまる［決まる］
きみがわるい［気味が悪い］
きめる［決める］
きゃっかんてき［客観的ナ・ニ］
きゅう［球］
きゅうそく［急速ナ・ニ］
きゅうよ［給与］
きゅうりょう［給料］
きょういく［教育スル］
きょうし［教師］
きょうせい［共生スル］
ぎょうせき［業績］
きょうそう［競争スル］
きょうつう［共通スル］
きょうゆう［共有スル］
きょうりょく［協力スル］
きょく［曲］
きょくたん［極端ナ・ニ］
きらう［嫌う］
ぎりぎり
きりつただしい［規律正しい］
きりとる［切り取る］
きる［(乾き)切る］
きろく［記録スル］
ぎろん［議論スル］
きをとられる［気を取られる］
きをよくする［気を良くする］
きをわるくする［気を悪くする］
きんし［禁止スル］
きんじょ［近所］
ぎんなん
きんむ［勤務スル］

クイズ
くうき [空気]
ぐうぜん [偶然ニ]
くせ (〜くせに)
くちかず [口数]
くちぐせ [口癖]
くちずさむ [口ずさむ]
くちにする [口にする]
くちにだす [口に出す]
くちをはさむ [口をはさむ]
くべつ [区別スル]
くやくしょ [区役所]
クラクション
クラブ
くらべものにならない
　[比べものにならない]
くらべる [比べる]
くらやみ [暗やみ]
くりかえす [繰り返す]
くるしむ [苦しむ]
くろう [苦労スル]
くわしい [詳しい]



けいえい [経営スル]
けいかい [軽快ナ・ニ]
けいかく [計画スル]
けいけん [経験スル]
けいこう [傾向]
けいざい [経済]
けいざいてき [経済的ナ・ニ]
げいじゅつ [芸術]
けいたいでんわ [携帯電話]

けいやく [契約スル]
ケース
ゲーム
げきてき [劇的ナ・ニ]
けしょう [化粧スル]
けたたましい
けつえき [血液]
けっか [結果]
けっきょく [結局]
けっして [決して〜ない]
けん [券]
げんいん [原因]
げんご [言語]
けんこう [健康ナ・ニ]
げんざい [現在]
げんじつ [現実ニ]
けんしゅう [研修スル]
げんじょう [現状]
げんだい [現代]
げんち [現地]
けんどう [剣道]
けんとうをつける [見当を付ける]
げんに [現に]
げんば [現場]



ご [〜後]
こい [恋スル]
コイ
こう [請う]
こうがい [公害]
こうかてき [効果的ナ・ニ]
こうけい [光景]
こうこく [広告スル]

こうしゃ［公社］
こうずい［洪水］
こうどう［行動スル］
こうどせいちょう［高度成長スル］
こうはん［後半］
こうりゅう［交流スル］
こうれい［高齢］
こかげ［木陰］
こがら［小柄ナ］
こきょう［故郷］
ゴクゴク（と）
こくさい［国際］
こくさいてき［国際的ナ・ニ］
こくふく［克服スル］
ここちよい［心地よい］
こころみ［試み］
こころみる［試みる］
こしかける［腰掛ける］
こしつ［個室］
こしをおろす［腰を下ろす］
こじん［個人］
こせい［個性］
こせき［戸籍］
こそ（～こそ）
こだかい［小高い］
こたつ
こっきょう［国境］
こっこくと［刻々と］
こっそり（と）
ことから（～ことから）
ことわざ
このあいだ［この間］
このごろ
このまえ［この前］

こばん［小判］
コピースル
ごぶさたスル
ごほうび
こぼれる
コミュニケーション
こむ［込む］
こよう［雇用スル］
ごらく［娯楽］
こる
ころ
こわい［怖い］
こわれる［壊れる］
こんきょ［根拠］
こんご［今後］
こんなん［困難ナ］



さいご［最後ニ］
ざいさん［財産］
さいだいげん［最大限ニ］
さいてい［最低］
さいのう［才能］
さいばい［栽培スル］
さえ（～さえ）
さき［（取り引き）先］
さくしゃ［作者］
さくひん［作品］
さくもつ［作物］
さけび［叫び］
さけぶ［叫ぶ］
ささえる［支える］
さすがニ
ざせき［座席］

さそう［誘う］
さだめる［定める］
さっきゅう［早急ナ・ニ］
さっそく［早速］
さっと
さて
さどう［茶道］
さばく［砂漠］
さまざま［様々ナ・ニ］
さらに
サラリーマン
さんか［参加スル］
ざんぎょう［残業スル］
さんせいう［酸性雨］

## し

し［市］
し［詩］
しあわせ［幸せナ・ニ］
ジェンダー
しかく［視覚］
しかしながら
しき［（最新）式］
しげん［資源］
じけん［事件］
しご［死語］
じじつ［事実］
しじょう［市場］
じじょう［事情］
しじん［詩人］
じしん［（自分）自身］
しぜん［自然］
しぜんかがく［自然科学］
しそう［思想］

しだい［〜次第］
しだいに［次第に］
したがって（〜にしたがって）
したがって
したしい［親しい］
しっかり（しっかり（と）スル）
しつぎょう［失業スル］
じっとスル
じつは［実は］
してい［指定スル］
してき［私的ナ・ニ］
しない［市内］
しばらく
しばる［縛る］
しほん［資本］
じまい［（聞かず）じまい］
しまいに
じみ［地味ナ・ニ］
じみち［地道ナ・ニ］
しめい［使命］
しゃ［（経営）者］
しや［視野］
しゃかいてき［社会的ナ・ニ］
しやくしょ［市役所］
しゃたく［社宅］
シャボンだま［シャボン玉］
しゅ［種］
しゅうかん［習慣］
しゅうきゅうふつかせい［週休二日制］
しゅうきょう［宗教］
じゅうぎょう［従業スル］
しゅうじつ［週日］
しゅうしょく［就職スル］
しゅうしんこよう［終身雇用］

じゅうたい［渋滞スル］

じゅうたく［住宅］

しゅうだん［集団］

じゆうほんぽう［自由奔放ナ・ニ］

しゅうまつ［週末］

じゅうよう［重要ナ・ニ］

しゅじゅつ［手術スル］

しゅっしん［出身］

しゅっせき［出席スル］

しゅっちょう［出張スル］

しゅふ［主婦］

しゅみ［趣味］

じゅんかつゆ［潤滑油］

しゅんかん［瞬間］

じゅんちょう［順調ナ・ニ］

じゅんび［準備スル］

じょう［(招待)状］

じょう［(地平線)上］

じょう［(六)畳］

しょうがい［障害］

しょうがい［生涯］

しようがない

じょうきょう［状況］

じょうげかんけい［上下関係］

じょうし［上司］

しょうじき［正直ナ・ニ］

しょうしゃ［商社］

しょうしょう［少々］

しょうしん［昇進スル］

じょうたい［状態］

じょうだん［冗談］

しょうとつ［衝突スル］

しょうひ［消費スル］

しょうひん［商品］

じょうほう［情報］

しょくぎょう［職業］

しょくご［食後］

しょくたく［食卓］

しょくば［職場］

しょくぶつにんげん［植物人間］

じょじょに［徐々に］

しょたいめん［初対面］

しょるい［書類］

しらが［白髪］

しらずしらずのうちに

［知らず知らずのうちに］

しらせる［知らせる］

しりあい［知り合い］

しりあう［知り合う］

じりつ［自立スル］

しんけいしつ［神経質ナ・ニ］

しんけん［真剣ナ・ニ］

しんごう［信号］

じんこうこきゅう［人工呼吸スル］

しんこく［深刻ナ・ニ］

じんざい［人材］

しんしつ［寝室］

じんしゅ［人種］

しんじる［信じる］

じんせい［人生］

しんぞう［心臓］

じんぞう［腎臓］

しんそつ［新卒］

しんちょう［慎重ナ・ニ］

しんぱい［心配ナ］

しんぽ［進歩スル］

シンボル

しんらい［信頼スル］

しんりん［森林］
しんるい［親類］
じんるい［人類］



すいはんき［炊飯器］
すうねん［数年］
スーパー
すがた［姿］
すぎる［過ぎる］
スケジュール
スケッチブック
すごい
すごす［過ごす］
すすむ［進む］
すすめる［勧める］
すすめる［進める］
すする
ずつ（〜ずつ）
すっかり
ずっと
ストレス
すなわち
すべて
すませる［済ませる］
すむ［済む］
すれちがう［すれ違う］



せい
せいかく［性格］
せいかく［正確ナ・ニ］
せいかつようしき［生活様式］
せいき［世紀］

せいけつ［清潔ナ・ニ］
せいしつ［性質］
せいしょうねん［青少年］
せいじんしき［成人式］
せいしんてき［精神的ナ・ニ］
せいぜん［生前］
せいぞう［製造スル］
せいちょう［成長スル］
せいど［制度］
せいねん［青年］
せいねんがっぴ［生年月日］
せいふく［制服］
せいべつ［性別］
せきたてる［せき立てる］
せきにん［責任］
せきゆ［石油］
セクハラ
せだい［（三）世代］
せっかく
せったい［接待スル］
せつやく［節約スル］
ぜひ［是非］
セミナー
せめて
せりふ
ぜんいん［全員］
せんきょ［選挙スル］
せんご［戦後］
せんこうはなび［線香花火］
せんじつ［先日］
せんしんこく［先進国］
ぜんぜん〜ない［全然〜ない］
せんそう［戦争］
ぜんたい［全体ニ］

せんたくき［洗濯機］

せんてんてき［先天的ナ・ニ］

せんぱい［先輩］

せんもん［専門］

## そ

ぞ（〜ぞ）

ぞうか［増加スル］

ぞうき［臓器］

そうじき［掃除機］

そうちょう［早朝］

そえる［添える］

ぞくする［属する］

そこ［底］

そこで

そそぐ［注ぐ］

そだてる［育てる］

そっと

そのうえ［その上］

そのた［その他］

そのもの

そふ［祖父］

そぼ［祖母］

そまる［染まる］

それぞれ二

それでも

それとも

それに

それにしても

そんざい［存在スル］

## た

だい［（十）代］

だい［第（二）］

だい［代］

たいおう［対応スル］

たいけん［体験スル］

たいこく［大国］

たいさく［対策］

だいさんしゃ［第三者］

だいじ［大事ナ・ニ］

たいしょう［対象］

たいしょうてき［対照的ナ・ニ］

だいじょうぶ［大丈夫］

たいしょく［退職スル］

たいする［〜に対する］

たいてい

たいど［態度］

だいとうりょう［大統領］

タイプ

たいへん［大変ナ］

たいよう［太陽］

だいり［代理］

たえる［絶える］

だから

たからくじ［宝くじ］

たくす［託す］

だけに（〜だけに）

たしか［確かナ・ニ］

たしかめる［確かめる］

だす［（言い）出す］

たすかる［助かる］

たずさわる［携わる］

たずねる［訪ねる］

ただ

ただし

たちあがる［立ち上がる］

たちば［立場］

たつ［経つ］
たった〜
たて［縦］
たてる［立てる］
たとえる
たにん［他人］
たね［種］
たのしみ［楽しみナ・ニ］
たのしむ［楽しむ］
たび（〜たびニ）
たび［旅］
たびのはじはかきすて
［旅の恥はかき捨て］
たまらない（〜てたまらない）
だまりこむ［黙り込む］
たまる
ためす［試す］
だめナ
たよう［多様ナ・ニ］
たりょう［多量］
たりる［足りる］
たんじょう［誕生スル］
だんぜつ［断絶スル］
だんたい［団体］
だんだん
たんなる［単なる〜］
だんらん［団らんスル］



ち［血］
ちい［地位］
チーム
ちかみち［近道］
ちから［力］

ちきゅう［地球］
ちしき［知識］
ちつじょ［秩序］
ちっぽけナ・ニ
ちへいせん［地平線］
ちゃづけ［茶漬け］
ちゃどう［茶道］
ちゃんとスル
ちゅうしょく［昼食］
ちゅうしん［中心］
ちゅうもく［注目スル］
ちゅうもん［注文スル］
ちょうかん［朝刊］
ちょうきてき［長期的ナ・ニ］
ちょうさ［調査スル］
ちょうし［調子］
ちょうしょく［朝食］
ちょうなん［長男］
ちょっとした〜
ちりょう［治療スル］
ちんこんか［鎮魂歌］



ついて（〜について）
ついていく
ついらく［墜落スル］
つういん［通院スル］
つうきん［通勤スル］
つうじる［通じる］
つうしん［通信スル］
つきあう［付き合う］
つぎつぎに［次々に］
つく
つくりあげる［作り上げる］

つくりだす [作り出す]
つごう [都合]
つたわる [伝わる]
つち [土]
つつ (〜つつ)
つつある (〜つつある)
つづける [続ける]
つながる
つまり
つもり
つれだす [連れ出す]
つれて (〜につれて)

## て

て [(受け)手]
ていぎ [定義スル]
ていきてき [定期的ナ・ニ]
ていきょう [提供スル]
ていねい [丁寧ナ・ニ]
ていねん [定年]
ていれ [手入れスル]
データ
テーマ
ておくれ [手遅れ]
できあがる [出来上がる]
できごと [出来事]
てきせつ [適切ナ・ニ]
できるだけ
デザイン
デジタル
てだすけ [手助けスル]
てにいれる [手に入れる]
でも
てら [寺]

てりつける [照りつける]
てをうつ [手を打つ]
てをくわえる [手を加える]
てん [点]
でんかせいひん [電化製品]
てんきん [転勤スル]
てんけいてき [典型的ナ・ニ]
てんしょく [天職]
でんしレンジ [電子レンジ]
でんとう [伝統]
テンポ

## と

ど [(一)度]
というのも
とう [問う]
どうか
どうぐ [道具]
とうさん [倒産スル]
とうじ [当時]
どうし [〜同士]
どうじ [同時ニ]
どうしても (〜ない)
とうしょ [投書スル]
とうじょう [登場スル]
どうしょくぶつ [動植物]
とうぜん [当然]
とうとう
どうにゅう [導入スル]
どうよう [童謡]
どうりょう [同僚]
どうろ [道路]
とおして [〜を通して]
トースト

とおり［〜通り］
とおりがかり［通りがかり］
とおりがかる［通りがかる］
とか（〜とか）
ときどき［時々］
ときには［時には］
どくとく［独特ナ・ニ］
とくに［特に］
とくべつ［特別ナ・ニ］
どくりつ［独立スル］
とげる［遂げる］
ところ（〜ところ）
どころか（〜どころか）
ところで（〜たところで）
ところで
とし［都市］
として（〜として）
としをとる［年を取る］
としん［都心］
とち［土地］
とちゅう［途中］
どちらにしても
とっきゅう［特急］
とつぜん［突然ニ］
とって（〜にとって）
とってかわる［取って代わる］
とても（〜ない）
とどく［届く］
ドナーカード
とはいえ
とばす［飛ばす］
とまどう
とまる［止まる］
とむ［富む］

ともなう［伴う］
ともに（〜とともに）
とらわれる
とりあげる［取り上げる］
とりかえす［取り返す］
とりくむ［取り組む］
とりだす［取り出す］
とりつける［取り付ける］
とりのぞく［取り除く］
とりひき［取り引きスル］
とりまく［取り巻く］
どりょく［努力スル］
とんでもない
どんどん
どんなに

## な

ないよう［内容］
なおす［直す］
なおす［治す］
ながいき［長生きスル］
ながす［流す］
なかなか
なかま［仲間］
なかみ［中身］
ながめる［眺める］
なかよく［仲良く］
ながれる［流れる］
なくす［亡くす］
なくす
なげかける［投げかける］
なげき［嘆き］
なげく［嘆く］
なごやか［和やかナ・ニ］

なす［成す］
なぜ
なつかしい［懐かしい］
なないろ［七色］
なにげない［何気ない］
なにごとも［何事も］
なにもかも［何もかも］
なにより（も）［何より（も）］
なみ［波］
なみだ［涙］
なやむ［悩む］
ならす［鳴らす］
ならべる［並べる］
なるほど
なれる［慣れる］
なん［（就職）難］
なんだか［何だか］
なんて（〜なんて）
なんで
なんらかの［何らかの〜］

## に

にがい［苦い］
にがて［苦手ナ］
にぎる［握る］
にこにこスル
にさんかたんそ［二酸化炭素］
にじ［虹］
にちじ［日時］
にちじょう［日常］
ニッコリスル
にらめっこスル
にる［似る］
にわいじり［庭いじり］

にんき［人気］
にんずう［人数］

## ぬ

ぬきとる［抜き取る］
ぬく［抜く］

## ね

ねがう［願う］
ねたきり［寝たきり］
ねつがはいる［熱が入る］
ねっしん［熱心ナ・ニ］
ねぼけまなこ［寝ぼけ眼］
ねむい［眠い］
ねむる［眠る］
ねんこうじょれつ［年功序列］
ねんねん［年々］
ねんれい［年齢］

## の

のうさくぶつ［農作物］
のうし［脳死］
のうそん［農村］
のうは［脳波］
のうみん［農民］
のこす［残す］
のせる［乗せる］
のど
のばす［伸ばす］
のびる［伸びる］
のべる［述べる］
のりきる［乗り切る］
ノロノロうんてん［ノロノロ運転］
のんきナ・ニ

ば［場］

ばあい［場合］

パート

ばい［倍］

はいいろ［灰色］

はいきガス［排気ガス］

はかい［破壊スル］

はかない

ばかばかしい

ばかり（〜たばかり）

ばかり［(15分)ばかり］

ばかりか（〜ばかりか）

バケツ

はじめ（〜をはじめ）

はじめる［始める］

はしゃぐ

ばしょ［場所］

はず

はずす［外す］

パソコン

はたして［果たして］

はたす［果たす］

はたらきバチ［働きバチ］

はっきり（はっきり（と）スル）

バックミラー

はったつ［発達スル］

はってん［発展スル］

はで［派手ナ・ニ］

はなしかける［話しかける］

はなび［花火］

はなれる［離れる］

はばひろい［幅広い］

バブルけいき［バブル景気］

はやる

はらどけい［腹時計］

ばらばらナ・ニ

はん［判］

はんえい［反映スル］

ばんぐみ［番組］

はんざい［犯罪］

はんせい［反省スル］

はんだん［判断スル］

はんのう［反応スル］

パンフレット



ひ［陽］

ひかり［光］

ひかりかがやく［光り輝く］

ひきおこす［引き起こす］

ひじょう［非常ナ・ニ］

ひたい［額］

ひつう［悲痛ナ・ニ］

ひっこし［引っ越しスル］

ひっこす［引っ越す］

ひっこむ［引っ込む］

ひつよう［必要ナ・ニ］

ひどい

ひといきつく［一息つく］

ひとしれず［人知れず］

ひととき［一時］

ひとめで［一目で］

ひとやく［一役］

ひとりぐらし［一人暮らし］

ひにく［皮肉ナ］

ひので［日の出］

ひひょう［批評スル］

ひまつぶし [暇つぶし]
ひょうげん [表現スル]
ひょうし [表紙]
ひょうじ [表示スル]
ひょうじょう [表情]
ひょうめい [表明スル]
ひょうめん [表面]
ひらしゃいん [平社員]
ビル
ひろがる [広がる]
ピンク
ひんこん [貧困ナ・ニ]



ふあん [不安ナ・ニ]
ふう (〜ふうナ・ニ)
ぶか [部下]
ふかめる [深める]
ふきちらす [吹き散らす]
ふきゅう [普及スル]
ふきょう [不況]
ふく
ふくらます
ふけいき [不景気ナ・ニ]
ふしぎ [不思議ナ・ニ]
ふたん [負担スル]
ふだん [普段]
ぶちょう [部長]
ぶっかだか [物価高]
ぶっきょう [仏教]
ぶつける
ふと
ぶぶん [部分]
ふべん [不便ナ・ニ]

ふまん [不満ナ・ニ]
ふめい [不明ナ]
ふよう [不要ナ・ニ]
ふり
ふりかえる [振り返る]
ふるえる [震える]
ふるさと
ふれあう [触れ合う]
ぶれいこう [無礼講]
フロンガス
ぶんか [文化]
ぶんしょう [文章]
ぶんるい [分類スル]



へいき [平気ナ・ニ]
へいきんじゅみょう [平均寿命]
へいぼん [平凡ナ・ニ]
へいわ [平和]
へえっ
べき (〜べき)
へだてる [隔てる]
べつ [別ニ]
べつべつ [別々ニ]
へらす [減らす]
ベランダ
へん [(その)辺]
へん [変ナ]
へんか [変化スル]
ベンチ
べんり [便利ナ・ニ]



ぽい [(黒っ)ぽい]

ぼうえき [貿易スル]
ほうかい [崩壊スル]
ぼうさん [坊さん]
ほうちょう [包丁]
ほうどう [報道スル]
ほうび
ほうほう [方法]
ぼうりょく [暴力]
ホームページ
ほかでもない
ぼこう [母校]
ほこる [誇る]
ほしょう [保障スル]
ホッとスル
ほとんど
ほのぼの (ほのぼの (と) スル)
ほぼ
ボランティア
ほんだな [本棚]
ポンと
ほんにん [本人]
ほんらい [本来]

## ま

ま [(一)間]
ま (まっ) [真 (っ暗) ナ]
まあまあ
まい (〜まい)
まう [舞う]
まご [孫]
まさか
まさつ [摩擦スル]
まじえる [交える]
まじめ ナ・ニ

まじり [(冗談)交じり]
マスコミ
まずしい [貧しい]
ますます
マスメディア
また
または [又は]
まちがう [間違う]
まちかど [街角]
まったく [全く〜ない]
までもない (〜までもない)
まどり [間取り]
まなざし
まなぶ [学ぶ]
まにあう [間に合う]
まのあたりにする [目の当たりにする]
まびく [間引く]
まま (〜まま)
まみれ [(汗)まみれ]
まもない [(休む)間もない]
まるで
まれ ナ・ニ
まわり [周り]
まをおく [間をおく]
まんいち [万一]
まんいん [満員]
マンション
まんぞく [満足ナ・ニ・スル]

## み

みいだす [見いだす]
みうしなう [見失う]
みうち [身内]
みかける [見かける]

みしらぬ［見知らぬ～］
みずから［自ら］
みだす［乱す］
みつめる［見つめる］
みとめる［認める］
みにつける［身に付ける］
みのまわり［身の回り］
みのる［実る］
みぶん［身分］
みまもる［見守る］
みみにする［耳にする］
みもしらぬ［見も知らぬ～］
みらい［未来］
みんぞく［民族］

**む**

むかう［向かう］
むかえる［迎える］
むかし［昔］
むかんしん［無関心ナ・ニ］
むく
むし［無視スル］
むしあつい［蒸し暑い］
むじゃき［無邪気ナ・ニ］
むすこ［息子］
むすびつき［結び付き］
むすびつく［結び付く］
むすめ［娘］
むちゅう［夢中］
むね［胸］
むらさき［紫］
むり［無理ナ・ニ］

めい［(会社)名］
めいし［名刺］
めいぼ［名簿］
めいよ［名誉］
めいれい［命令スル］
めうえ［目上］
メーカー
めぐみ［恵み］
めぐむ［恵む］
めぐる（～をめぐる）
めさき［目先］
めざす［目指す］
めざましい［目覚しい］
めざめる［目覚める］
めした［目下］
めずらしい［珍しい］
めにする［目にする］
めにとまる［目に留まる］
めをとおす［目を通す］
めをむける［目を向ける］
めんぜいてん［免税店］

**も**

もうしこむ［申し込む］
もうすぐ
もえる［燃える］
もくてき［目的］
もくひょう［目標］
もじ［文字］
もしかして
もしかすると
もじどおり［文字通り］
もたらす

もちろん

もっとも

もと [(〜の)下]

もとめる [求める]

もともと

もの

もの [(男)もの]

ものがたる [物語る]

ものごと [物事]

ものの (〜ものの)

もめる

## や

やく [(父親)役]

やくだてる [役立てる]

やくにたつ [役に立つ]

やくめ [役目]

やくわり [役割]

やけど

やさしい [優しい]

やっぱり (←やはり)

やね [屋根]

やむをえない [やむを得ない]

やら (〜やら)

やりとりスル

やわらかい [柔らかい]

## ゆ

ゆいいつ [唯一]

ゆいごん [遺言スル]

ゆうぐれ [夕暮れ]

ゆうこう [友好]

ゆうしゅう [優秀ナ・ニ]

ゆうじん [友人]

ゆうすう [有数]

ゆうすずみ [夕涼み]

ゆうはん [夕飯]

ゆかた [浴衣]

ゆずる [譲る]

ゆたか [豊かナ・ニ]

ゆったり (ゆったり(と)スル)

ゆとり

ユニークナ

ゆめ [夢]

ゆらぐ [揺らぐ]

ゆるす [許す]

## よ

よう [(女の子)用]

ようしゃない [容赦ない]

ようす [様子]

ようやく

よか [余暇]

よくばり [欲張りナ・ニ]

よごす [汚す]

よこたわる [横たわる]

よそもの [よそ者]

よぞら [夜空]

よって (〜によって)

よのなか [世の中]

よほど

よゆう [余裕]

より (〜より)

より〜

## ら

らく [楽ナ・ニ]

らくてんてき [楽天的ナ・ニ]

## り

リーダーシップ
りえき [利益]
りかい [理解スル]
リサイクルスル
リストラスル
りそう [理想]
りつ [(失業)率]
りっぱ [立派ナ・ニ]
リビングルーム
リボン
りゆう [理由]
りょうきん [料金]
りょうて [両手]
りょく [(競争)力]

## る

ルール

## れ

れいぎただしい [礼儀正しい]
れいじ [零時]
れいせい [冷静ナ・ニ]
れいの [例の〜]
れきし [歴史]
レポート
れんそう [連想スル]

## ろ

ろうじん [老人]
ローン

## わ

わがこ [我が子]
わかす [沸かす]
わがままナ・ニ
わかもの [若者]
わきあがる [わき上がる]
わく [枠]
わけ
わけではない (〜わけではない)
わけにはいかない
(〜わけにはいかない)
わける [分ける]
わずかナ・ニ
わだい [話題]
わたる (〜にわたる)
わりきる [割り切る]

**著　作　者**（五十音順）

<ruby>荒井礼子<rt>あらい れいこ</rt></ruby>（甲南大学言語文化センター非常勤講師）

<ruby>太田純子<rt>おお た じゅんこ</rt></ruby>（KIT 日本語研究所）

<ruby>亀田美保<rt>かめ だ み ほ</rt></ruby>（元大阪 YMCA 日本語学校主任講師）

<ruby>木川和子<rt>き かわかず こ</rt></ruby>（エイモン日本語教育研究所代表）

<ruby>桑原直子<rt>くわはらなお こ</rt></ruby>（元大阪 YMCA 日本語学校専任講師）

<ruby>長田龍典<rt>なが た りょうすけ</rt></ruby>（大阪 YMCA 日本語学校主任講師）

<ruby>松田浩志<rt>まつ だ ひろ し</rt></ruby>（プール学院大学国際文化学部教授）

theme study

# 일본어 中級 점프  Listening


| | |
|---|---|
| 초판발행 | 2006년 11월 20일 |
| 1판 7쇄 | 2024년 7월 25일 |

| | |
|---|---|
| 저자 | 荒井礼子・大田純子・亀田美保・木川和子・桑原直子・長田龍典・松田浩志 |
| 펴낸이 | 엄태상 |
| 책임 편집 | 조은형, 김성은, 오은정, 무라야마 토시오 |
| 콘텐츠 제작 | 김선웅, 장형진 |
| 마케팅 | 이승욱, 왕성석, 노원준, 조성민, 이선민 |
| 경영기획 | 조성근, 최성훈, 김다미, 최수진, 오희연 |
| 물류 | 정종진, 윤덕현, 신승진, 구윤주 |

| | |
|---|---|
| 펴낸곳 | 시사일본어사(시사북스) |
| 주소 | 서울시 종로구 자하문로 300 시사빌딩 |
| 주문 및 교재 문의 | 1588-1582 |
| 팩스 | 0502-989-9592 |
| 홈페이지 | www.sisabooks.com |
| 이메일 | book_japanese@sisadream.com |
| 등록일자 | 1977년 12월 24일 |
| 등록번호 | 제 300-2014-31호 |

ISBN 978-89-402-0682-9 18730


Tema Betsu Chukyu Kara Manabu Nihongo (Revised edition)

©Hiroshi Matsuda, Reiko Arai, Junko Ota, Miho Kameda, Kazuko Kikawa,

Naoko Kuwahara and Ryosuke Nagata 2003

Originally published in Japan in 2003 by Kenkyusha Limited.

# theme study

# 일본어
# 中級점프

著者　荒井礼子・太田純子・亀田美保・木川和子・桑原直子・長田龍典・松田浩志

# Listening

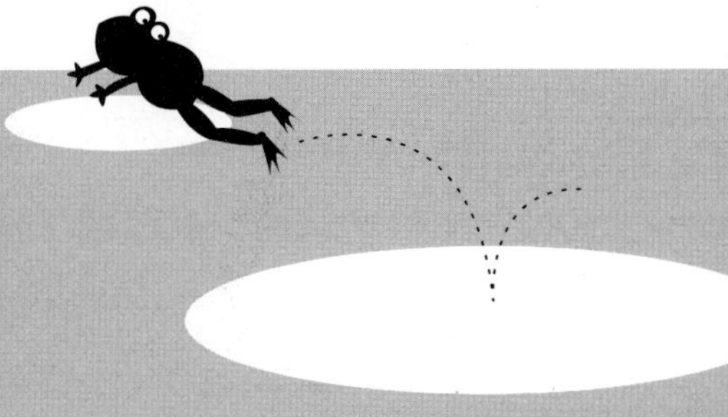

• Script 및 정답

시사일본어사

# 聴解 Ⅰ

## 第1課 Answer & Script

**A**

**解答**　❶ (a)　❷ (b)　❸ (c)　❹ (b)　❺ (a)　❻ (c)　❼ (c)　❽ (b)

**質問**

❶ だれとだれが話していますか。
　　a. 姉と弟　　　　　　　b. 兄と妹　　　　　　　c. 友だちと友だち

❷ 二人は今どこで話していますか。
　　a. 友だちの家　　　　　b. 自分の家　　　　　　c. 学校

❸ 女の人はどうして男の人にいろいろ質問しているのですか。
　　a. 男の人はねつがあるから　　　　b. 男の人がかぜをひいているから
　　c. 男の人が元気がないから

❹ 男の人は女の人の質問に答えましたか。
　　a. 答えた　　　　　　　b. 答えなかった
　　c. 女の人とけんかをした

❺ 男の人は今どんなことを考えていますか。
　　a. こいびととけんかしたことをわすれたい
　　b. こいびとに会いたい　　　　c. こいびとにあやまりたい

❻ 女の人は男の人がこいびとに何をしたと思っていますか。
　　a. 何も言わなかったと思っている　　b. 悪いことをしたと思っている
　　c. 悪いことを言ったと思っている

❼ 変わりやすい物をたとえてどう言いますか。
　　a. 春の空　　　　　　　b. 夏の空　　　　　　　c. 秋の空

❽ 女の人の考えでは心が変わりやすいのはどちらですか。
　　a. 女　　　　　　　　　b. 男　　　　　　　　　c. 両方

**B**

A：　あら、早いじゃない。<u>どうしたの</u>。<u>元気ないわね</u>。
B：　え、いや。
A：　<u>どこか悪いの</u>。かぜ。ねつでもあるんじゃない。
B：　<u>どこも悪くなんかないよ</u>。いいから、あっちへ行ってくれよ。

A： ははあん。分かった。またゆき子さんとけんかでもしたんでしょう。ちがう。ねえ、そうなんでしょ。

B： いいじゃないか、もう。早くわすれようと思っているのに。

A： どうしたの。また何か怒らせるようなこと言ったんでしょう。

B： ちがうよ。何も言ってないよ。

A： じゃ、どうしたの。何があったの。聞かせてよ。

B： 知らないよ。あ～あ、女の心と秋の空って本当だったんだな。姉さんもそうなんだろう。

A： あら、失礼ね。それは男の方でしょ。


**C**

❶ よくは分からないけれど、「きっと～だろう」と思っているとき使う女の「～んじゃない」、男の「～んじゃないか」。

A： あれ、あんな所に人がたくさん集まってる。どうしたんだろ。

B： 何か事故でもあったんじゃない？

A： そうかな、ちょっと見に行ってみようよ。

❷ 「そうではない」と強く言いたいときの「なんか」。

1) A： 一人で生活するのはさびしいでしょ？

B： さびしくなんかないよ。一人の方が楽でいいよ。

2) A： この間一緒に歩いてた女の子、こいびと？

B： ちがうよ。あの子はこいびとなんかじゃないよ。友だちだよ、友だち。

 日本で五年近く仕事をしている外国の人が『日本で仕事をしていて、何がむずかしいですか』とたずねられて話しています。ノートを取りながら、この話を聞いて、あとの質問に答えてください。

　...そうですね。いろいろむずかしいことはあるのですが、考え方がちがうということが一番ですね。まだ会社に入ってすぐのときのことですが、社長によばれて「ロンさん、仕事のやり方は、今のやり方でいいと思いますか」と聞かれたことがありました。はじめは何のことだかよく分かりませんでしたが、自分の仕事のやり方をもう一度考えてみました。それから一週間ぐらいあとに、また社長によばれました。今度は「ずいぶん良くなったね。しかし、まだ『木を見て森を見ていないな』」と言われました。でも、全然意味が分かりませんでした。言葉一つ一つの意味は分かりますが、社長が言おうとすることが分からなかったのです。せんぱいにそうだんしてみて、やっと、仕事の何が悪いのか、社長が言った『木を見て森を見ない』というのが、どういう意味だったかが分かりました。

　私は、「どうして社長はもっとちょくせつ分かりやすい言い方をしてくれなかったのだろうか」とせんぱいに聞いてみました。「社長は人に教えるときには、やり方を一つ一つ教えるのではなく、考え方を伝えることの方が大切だと考えている」という答えでした。私の国ではそんなことはしませんが、ずいぶんあとになってから、日本ではたらくのには、社長の教え方が役に立つと分かりましたし、仕事だけではなくいろいろなことで『木を見て森も見る』ようになりました。

　社長から教えられたことは、ちがう国ではたらくときには、自分が今まで知らなかった考え方ややり方を勉強することが大切だということでした。

❶ 何が一番むずかしい？（考え方がちがうこと）

❷ 会社に入ってすぐに社長から何を聞かれた？（仕事のやり方は今のやり方でいいかどうか）

❸ その一週間あとにどんなことを言われた？（まだ「木を見て森を見ていない」）

❹ その意味が分かった？（はい／ いいえ ）

❺ 何をせんぱいに聞いた？（どうして社長はもっと分かりやすい言い方をしてくれなかったか）

❻ せんぱいの答えは？（社長は考え方を伝えることの方が大切だと考えている）

❼ 社長の教え方をどう思った？（日本ではたらくのには社長の教え方は役に立つ）

❽ 社長から教えられたことは？（ちがう国ではたらくときは今まで知らなかった考え方ややり方を勉強することが大切だということ）


**Ⓑ** もう一度聞いてください。

☆質問します。正しい答えを選んでください。

「この人が一番言いたかったことは何ですか」

a　日本の社長のやり方は正しくない。

ⓑ　ちがう国ではたらくときには、その国の考え方を知ることが大切だ。

c　木を見て森を見ないという仕事のやり方は良くない。

d　せんぱいがいなければ、日本の会社でははたらけない。


**Ⓒ** 上で取ったノートを見ながら、この話をまとめて友だちに伝えてみましょう。

　日本で五年近く仕事をしているロンさんは、一番むずかしいことは考え方がちがうことだと言っている。会社に入ってすぐのとき、社長から仕事のやり方は今のやり方でいいかとたずねられた。そのあと、『木を見て森を見ていない』と言われたが、その意味が分からず、せんぱいにそうだんした。そして、『社長はどうしてもっとちょくせつ分かりやすい言い方をしてくれなかったのだろうか』と聞いてみた。せんぱいの答えは『社長は人にものを教えるとき、考え方を伝える方が大切だと考えている』という答えだった。あとで、日本では社長の教え方が役に立つことが分かった。そして、ちがう国ではたらくときは今まで知らなかった考え方ややり方を勉強することが大切だということも分かった。

**A**

解答　❶ (b)　❷ (a)　❸ (a)　❹ (c)　❺ (b)　❻ (a)　❼ (b)　❽ (b)

質問　❶ ここはどこですか。

a. 学校　　　　　　　b. 家　　　　　　　c. 会社

❷ だれとだれが話していますか。

a. 母と子　　　　　　b. 姉と妹　　　　　c. 先生と学生

❸ 何の話ですか。

a. 電話があったこと　　　　　　b. 電話をかけること

c. 電話がまちがったこと

❹ 電話はいつありましたか。

a. 前の日　　　　　　b. 帰ってきたとき　　c. 帰る少し前

❺ 電話をかけてきた人はどんな人ですか。

a. 同じ年の人　　　　b. 同じ会社の人　　　c. 同じ学校の先生

❻ 電話をかけてきた人の名前の初めの字は何ですか。

a. 松（まつ）　　　　b. 前（まえ）　　　　c. 町（まち）

❼ 電話をかけてきた人は何という人でしたか。

a. 松平（まつだいら）　　b. 松井（まつい）　　c. 松田（まつだ）

❽ どうしてすぐ名前を言えなかったのですか。

a. 名前をまちがえて書いたから　　b. 書いておかなかったから

c. 長い名前だったから

**B**

A： <u>ただいま。</u>

B： ああ、<u>お帰りなさい。</u>さっきね、ええっと、あの、<u>まつやまさんからお電話が</u>
<u>あったわよ。</u>

A： <u>まつやまさんって、だれ。どこの人。</u>

B： <u>会社の人</u>だって言ってたけど、ええっとね、<u>まつださんだったかしら。</u>

A： そんな人いないわよ、<u>会社</u>には。

［遠くから「かあさ～ん、まだ」と男の声］

B： ［男の声に応えて］ええ、ちょっと待って。［娘に向かって］ねえ、だれか、<u>まつ</u>
<u>で始まる名前の人</u>いない。

A： 男の人、女の人。

B： <u>男の人。</u>

A： わかい人。

Ｂ： そんなわかそうな声でもなかったけど。

Ａ： まつもと、まつうら、あっ、まつだいらさん。

Ｂ： そんなに長い名前じゃなかったと思うけど。

Ａ： ええっと、まついさん。

Ｂ： そうそう、それよ、それ。まついさん。

Ａ： ほんとに。どこかに書いておいてくれればいいのに、おかあさん。


Ｃ　❶　一度見たり聞いたりしたことはあるけれども、はっきりおぼえていないときに
　　　使う「だったかしら（女）」、「だったかなあ（男）」

　　Ａ： 工場見学の日はいつ？

　　Ｂ： ええっと、来週の木曜だったかなあ？もう一度先生に聞いてみて。

　❷　もっと前にやってあればよかったけれど、じっさいにはそうなっていないので、
　　　残念だという気持ちを伝えるときの「～ておいてくれればいいのに」。

　　Ａ： あれ？ゴミ、すててないの？今日はゴミの日だったのに。

　　Ｂ： ごめん、朝急いでたから、わすれてた。

　　Ａ： ゴミぐらいすてておいてくれればいいのに。ほかのことは何もしないんだ
　　　から。

Ａ　韓国の人と国際結婚をした女の人が、思い出を話しています。ノートを取りなが
　らこの話を聞いて、あとの質問に答えてください。

> 　私は十九さいのときに初めて韓国に行きました。一週間の旅行でしたが、韓
> 国の家庭に二はくすることになっていました。李さんという家に行ったのです
> が、おとうさんもおかあさんも日本語は分かりません。いっしょうけんめい話
> をしてくれるのですが、だいたいこんなことを言っているなくらいしか分かり
> ませんでした。早くホテルに帰りたい、この家から出たい、私はそんなことば
> かり考えていました。

　でも、私がいる間、李さんの家族は本当に親切にしてくれ、韓国の料理や人形を見せながら、私に分かるようにゆっくり話したりしてくれました。私が分からなさそうな顔をすると、大学生の栄満さんが英語に直してくれましたが、私は英語も分からないので、何も言わずに聞いているだけでした。ホテルに帰る日、私は、親切にしてもらったのに早く帰りたいとばかり思っていたことをあやまりたいと思いました。でも、ごめんなさいという気持ちをどうすれば伝えられるかとこまってしまいました。言葉で言えなかったので、自分が使っていたへやに紙で小さなお花を作って置いてきました。

　日本に帰ってから、栄満さんから手紙が来ました。写真が入っていて、私の作ったお花を持ったおとうさんとおかあさんがとてもうれしそうな顔をして写っていました。私は、自分の気持ちが伝えられたことがうれしくてうれしくて、それからいっしょうけんめい韓国語や韓国の文化を勉強し始めました。そして今、韓国のおとうさん、おかあさんは、本当に私のおとうさん、おかあさんになりました。栄満が私のおっとだからです。私が作った小さな紙の花は、今も、韓国の私が使ったへやに大切に置いてあります。

❶ いつ、どこへ行った？（十九さいのとき、韓国へ）

❷ そのとき、何をした？（韓国の家庭に二はくした）

❸ そのとき、どんな気持ちだった？（早く帰りたい、この家から出たい）

❹ それはどうして？（言葉が分からないから）

❺ この家族はどうだった？（親切だった）

❻ どんな話をしてくれた？（韓国の料理や人形のこと）

❼ 大学生の栄満さんは何をした？（おとうさんの話を英語に直してくれた）

❽ 帰る日にこの人は何をした？（紙で小さな花を作ってへやに置いてきた）

❾ それはどうして？（帰りたいと思ったことをあやまりたかったから）

❿ 帰ってから何をもらった？（写真の入った手紙をもらった）

⓫ そのあと、何をした？（韓国語や韓国の文化の勉強を始めた）

⓬ 栄満さんは今この人とどんな関係？（おっと）


Ⓑ もう一度聞いてください。

☆質問します。正しい答えを選んでください。

「この女の人はどうして紙で花を作って、へやに置いてきたのですか」

a　言葉が分からないので、面白くなかったから。

b　　紙で花を作るのが好きだったから。

c　　栄満さんと結婚したかったから。

ⓓ　早く帰りたいと思ったことをあやまりたかったから。


**C**　上で取ったノートを見ながら、この話をまとめて友だちに伝えてみましょう。

> 　十九さいで初めて韓国へ行ったとき、<u>韓国の家庭に二はくした</u>。しかし、そのときは、<u>言葉が分からなかった</u>ので、<u>早くホテルに帰りたいとばかり思っていた</u>が、この家族は<u>とても親切</u>で、おとうさんは<u>韓国の料理や人形</u>などの話をしてくれた。それを、大学生の栄満さんが<u>英語に直してくれた</u>が、この話をしている人は何も言わずに聞いているだけだった。ホテルに帰る日、親切にしてもらったのに、<u>早く帰りたいとばかり思っていたことをあやまりたいと思って、へやに紙で小さな花を作って置いてきた</u>。
>
> 　日本に帰ってから、写真の入った手紙をもらった。そこには<u>この人が作った花を持ったおとうさんとおかあさんが写っていた</u>。それがとてもうれしくて、この人は<u>韓国語や韓国の文化の勉強</u>を始めた。そして、栄満さんは今はこの人の<u>おっとになった</u>。

**A**

| 解答 | ❶ (c) | ❷ (a) | ❸ (a) | ❹ (b) | ❺ (b) | ❻ (c) | ❼ (c) | ❽ (a) |

質問

❶ だれが来ていますか。
　　a. 太郎（たろう）の友だち　　　　b. 学校の先生　　　　c. 母の姉

❷ ここはどこですか。
　　a. 太郎の家　　　　b. 近くの人の家　　　　c. おばさんの家

❸ 太郎は何歳くらいですか。
　　a. 二十五歳くらい　　　　b. 十八歳くらい　　　　c. 三十五歳くらい

❹ 太郎は今何をしていますか。
　　a. 会社に勤めている　　　　　　　b. アルバイトをしている
　　c. 何もしていない
❺ それはどうしてですか。
　　a. いい仕事がないから　　　　　　b. 時間がほしいから
　　c. 友だちもしているから
❻ 太郎は仕事のことをどう考えていますか。
　　a. 仕事は人間には大変大切だ　　　b. 仕事はなくてもいい
　　c. 仕事ばかりではいけない
❼ お母さんと太郎は仕事のことで意見が合いますか。
　　a. けんかはするがよく分かり合っている
　　b. 意見も同じだしよく分かり合っている
　　c. いつも意見が合わず、けんかになる
❽ お母さんは太郎にどうしてほしいと思っていますか。
　　a. 会社に入ってほしい　　　　　　b. これからも今の仕事をしてほしい
　　c. 好きな仕事をしてほしい

**B**

A：あら、今日、会社、<u>お休みなの</u>。
B：うん。
C：「うん」じゃないでしょう。ねえ、ちょっと聞いてよ、おねえさん。太郎ったら
　ね、<u>大学卒業したっていうのに</u>、<u>仕事もしないで</u>。
B：<u>はたらいてるだろ</u>、毎日。
A：何をしてるの。
B：アルバイト。<u>自分の好きなときだけ行けばいいんだ</u>。
A：へえ、好きなときだけっていいわね。
B：<u>きびしいけどね</u>。でも、僕は、<u>やりたいことがあるから</u>、<u>自由な時間がほしいん</u>
　<u>だ</u>。本当は、<u>お金もほしいんだけどね</u>。
C：あまいのよ、考え方が。<u>この話になると</u>、いつもけんかになっちゃうの。何、
　考えてんだか、この子ったら。
B：仕事より<u>もっと大切なことがあるってことだよ</u>。
C：またそれ。今はいいわよ。でも、これから、<u>結婚して、子どもができて、仕事も</u>
　<u>しないでだれが食べさせてくれるって言うの</u>。

B： あとにしようよ、この話、<u>おきゃくさんが来てるんだから</u>。<u>これから友だちと会</u>
<u>うんだけど</u>、<u>ちょっとお金貸してよ</u>、お母さん。
C： もう、これだから。

❶ 女の人が、こまったり、ちょっと怒った気持ちを伝える「ったら」。
1) A： お母さん、明日の朝も六時にお願い。たのんだよ。
B： 自分で起きられないの？<u>太郎ったら、本当に子どもなんだから</u>。
2) A： お母さん、よしおに五千円ほど貸したよ。
B： ええっ。昨日の朝も五千円貸しましたよ。
A： そうか。昼御飯食べるお金ないから貸してくれって言ってた。
B： <u>よしおったら...</u>。
❷ ちょっと怒った気持ちで、「そんなことしてはだめでしょう」という気持ち
を　　　伝えるときの「っていうのに」。
A： まあ、何してるの、パソコンゲームなんかやめなさい。<u>あしたは</u>
<u>しけんがあるっていうのに...</u>。
B： 分かってるよ。でも、もう少し...。
A： いけません！

日本の家族を長く研究している先生に話を聞いています。ノートを取りながら聞
いて、あとの質問に答えてください。

A： 木下先生は、「日本の家族」の問題を何年も研究していらっしゃいますが、
昔と今とでは、たとえば、おやと子の関係なんかでも、ずいぶん違います
でしょうね。今の子どもたちはおやを見て、どう思ってるんでしょうか。
B： そうですね。いろいろ違うのですが、私たちが子どもの時代、今から四、
五十年も前ですけれども、その時代と今とで一番違うと思うことをお話し

します。昔は「子どもはおやのせなかを見て育つ」と、申しました。私たちは、そう言われながら育ちました。

A：ええ、ええ。私も「せなかを見て」育った一人です。

B：ああ、そうですか。そんなお年には見えませんが。私たちの時代は、父おやがいくら忙しくても、子どもはいっしょうけんめい働く父おやを見て育ちました。

A：そうでしたね。

B：母おやの方は、「お父さんは家族のために、あんなにがんばっているんだから…」と、子どもたちにそう言いながら、勉強をさせました。ところが、最近そうではなくなってきたと思いませんか。

A：ええ、そうですね。

B：働いている父おやを家族が見ることが少なくなったということでしょうね。ですから、私は、短くてもいいから、父おやがちゃんと子どもと話せる時間を作らなければならないと、そう思うのです。

❶ 木下さんにどんな質問をした？（今の子どもたちはおやを見て、どう思っているか）

❷ 木下さんの子ども時代は何年前？（四、五十年前）

❸ 子どもはどうやって育つと言われた？（おやのせなかを見て育つ）

❹ その意味は？（子どもはいっしょうけんめい働く父おやを見て育つ）

❺ 母おやはどうした？（「お父さんは家族のために、あんなにがんばっているんだから」と言って、子どもたちに勉強をさせた）

❻ 最近は？（働いている父おやを家族が見ることが少なくなった）

❼ 今の父おやは何をしなければならない？（子どもと話せる時間を作らなければならない）


Ⓑ もう一度聞いてください。

☆質問します。正しい答えを選んでください。

「昔の父おやは子どもとよく話をしましたか」

a　昔の父おやは子どもといっしょうけんめい話をした。

ⓑ　忙しく働いていたので、子どもと話すことはあまりなかった。

c　父おやは働きながら、子どもと話した。

d　できるだけ子どもと話す時間を作るようにした。

 上で取ったノートを見ながら、この話をまとめて友だちに伝えてみましょう。

> 日本の家族の問題を研究している木下さんに、今の子どもたちはおやを見てどう思っているかという質問をしてみた。木下さんが子どもだった四、五十年前は『子どもはおやのせなかを見て育つ』ということがよく言われたそうだ。子どもはいっしょうけんめい働く父おやを見て育つという意味だ。そして、昔の母おやは、『お父さんは家族のために、あんなにがんばっているんだから』と言って子どもに勉強をさせたが、最近は働いている父おやを家族が見ることが少なくなった。それで、木下さんは父おやがちゃんと子どもと話せる時間を作らなければならないと言っている。

| 解答 | ❶ (b) | ❷ (c) | ❸ (b) | ❹ (a) | ❺ (c) | ❻ (b) | ❼ (a) | ❽ (c) |
|---|---|---|---|---|---|---|---|---|

**質問**

❶ だれとだれが話していますか。
   a. おっととつま　　　　b. 先生と学生　　　　c. 友だちと友だち

❷ ジャンさんは日本へ来て、何年になりますか。
   a. 一年　　　　b. 十年　　　　c. 十二年

❸ 日本へ来たばかりのころ、ジャンさんはどうでしたか。
   a. すぐに慣れて楽しく過ごせた　　b. なかなか慣れなくて大変だった
   c. 寂しくてつまらなかった

❹ 日本へ来たばかりのころ、ジャンさんはよくどんなことを話しましたか。
   a. 町で見たこと　　　　b. 自分の国のこと
   c. 自分の子供のこと

❺ ジャンさんは日本の男の人を見て、どんなことにあきれましたか。
   a. かみが短すぎること　　　　b. かみが多すぎること
   c. かみを茶色にしていること

❻ 日本へ来たばかりのころ見たことを今のジャンさんはどう考えていますか。
   a. 今もあきれてしまう　　　　b. 今は自分の国でもよくあることだ
   c. 今でも慣れない

❼ ジャンさんは、今何にあきれていると言っていますか。
　　a. 自分の国　　　　　　　　b. 日本　　　　　　　　　c. 留学すること
❽ ジャンさんは今国に帰ったらどうだと言っていますか。
　　a. この会話からは分からない　　　　b. いろいろ楽しみだと言っている
　　c. 留学するようだと言っている。


**Ⓑ**

A：ジャンさんは、日本へ来て何年になるの？

B：ええっと、ここを卒業して十年だから、もう十二年ですよ。

A：十二年か。早いわね。日本に来たばかりのころのジャンさん、おぼえてる？いろいろ慣れなくて大変だったこと。

B：本当にそうでした。先生にはいろいろお世話になりました。

A：いいえ。あのころ、ジャンさんが毎日のように話してくれた町で見たあきれる話。まだおぼえてますよ。時々はこんなことにあきれた人がいましたって、今の学生にも話してますよ。

B：そんなことがありましたね。どんなこと言ってましたっけ？私は、忘れてしまいました。

A：おはようございます。ええっと、たばこを吸う女の人が多いとか、スカートが短かすぎるとか。そうそう、かみを茶色にする男の人の話、おぼえてるでしょう。ジャンさんは、いつも何かにあきれてた。

B：そうだったなあ。でも、もうあきれません。今は私の国でもよくあることです。若い人たちはみんなそうですよ。

A：そうねえ、時代が違うのね。

［始業のチャイムの音が聞こえてくる］

B：じゅぎょうは大丈夫ですか？

A：大丈夫。昼からは空き時間。

B：良かった。今はね、私は自分の国にあきれてますよ。しばらく帰らないと、全然前とは違いますから。

A：日本に慣れたと思ったら、今度は自分の国を見てあきれてるのね。

B：ええ。国へ帰るときは、国へ留学する気持ちで帰らないと、と思ってます。


**Ⓒ**

❶　　前にあったことややったことを思い出したくてたずねるとき若い人が使う「〜たっけ」。

A： 去年のたんじょう日、プレゼントに何あげたっけ？

B： 時計をもらったんじゃなかった？

A： 時計だったっけ。じゃあ、時計じゃない方がいいよね...。

❷ 昔のことを思い出しながら話すときに男の人が使う、「～だったなあ」、女の人が使う「～だったわ」。

A： 便利な時代になったね。今思うと、パソコンのなかったころは大変だったなあ。

B： 本当にそうでしたね。自分で書かなければならない物ばかりでしたからね。

A： そうそう。でも、昔はみんな字がきれいだったなあ。

## 第4課
### Answer & Script

**A** テレビの番組で留学生（りゅうがくせい）に日本に来て驚いたことは何かと質問しています。ノートを取りながらこの話を聞いて、あとの質問に答えてください。

A： ブバーンさんは日本へ来られてどのくらいになりますか。

B： 今月でちょうど一年になります。

A： じゃあ、もう日本のことはよくごぞんじでしょうね。きょうは皆さんに、日本で生活していて、驚いたことを話していただいているんですが、ブバーンさんが一番びっくりされたことは何ですか。

B： たくさんあってこまります。たとえば、人が歩くのが早いとか、食べ物が高いとか...。でも、一番驚いたのは、日が出ても、しずんでもそれを全然知らないで生活している人がいるということですね。

A： ええっ。日が出ているのが分からない。どういうことですか？もう少し、説明していただけますか。

B： ええ、一日中日を見ないで生活する人のことです。私は今アルバイトをしているんですが、そのレストランを持っている林さんがそうです。林さんは朝六時から夜九時までずっと地下にあるレストランで仕事をしています。

14

　　夏は朝早く日が出るので、レストランに来る前に日を見るのですが、冬は
　　一日中日を見ることがないそうです。私の国では本当に考えられないこと
　　です。
A：ブバーンさんのお国はネパールでしたね。
B：そうです。ネパールでは日が出ると仕事を始めて、それからしずむまで外で働
　　きます。でも、カトマンズなど都会では、今は少し違いますけど。
A：そうですか。私もこうして建物の中で一日中テレビの仕事をしていますか
　　ら、日がいつ出て、いつしずんだか、お天気がいいのか悪いのか、全然知
　　らないで過ごすことがありますね。

❶ ブバーンさんは日本へ来て、どのくらい？（ちょうど一年）
❷ 一番驚いたことは？（日が出てもしずんでもそれを知らないで生活している人
　がいる）
❸ それはだれのこと？（レストランを持っている林さん）
❹ その人の生活は？（朝六時から夜九時まで地下にあるレストランで働いている）
❺ 一日中日を見ないのは（夏／⦅冬⦆）
❻ ネパールではいつ働く？（日が出てからしずむまで）
❼ 質問している人は何を知らないで過ごす？　a)（いつ日が出て、しずんだか）
　　　　　　　　　　　　　　　　　　　　　b)（お天気がいいのか、悪いのか）


**B**　もう一度聞いてください。
☆質問します。正しい答えを選んでください。
「ブバーンさんは日が出てしずむのを知らないで生活する人についてどんな気持ち
を持っていますか」
a　そんな人はネパールにいないので、面白い。
b　そのようにまじめに働く人は偉い。
ⓒ　ネパールでは考えられないことなのでびっくりした。
d　ネパールでも是非そのように生活した方がいい。


**C**　上で取ったノートを見ながら、この話をまとめて友だちに伝えてみましょう。

　　ブバーンさんはネパールから日本へ来てちょうど一年になる。日本へ来て一
　番驚いたのは、日が出てもしずんでもそれを知らないで生活している人がいる

ことだ。ブバーンさんがアルバイトをしている<u>レストランの林さん</u>は、<u>朝六時</u><u>から夜九時まで地下にあるレストランで働いている</u>ので、冬は、一日中日を見ることがないそうだ。ブバーンさんは、ネパールでは、<u>日が出てからしずむまで外で働く</u>ので、こんな生活は考えられないと言っている。
質問をしている人も一日中テレビの仕事で、<u>いつ日が出てしずんだか、お天気がいいのか悪いのか</u>知らないで過ごすことがあると言っている。

**解答**　❶ (c)　❷ (a)　❸ (b)　❹ (a)　❺ (b)　❻ (c)　❼ (b)　❽ (c)

**質問**

❶ だれとだれが話していますか。
　　a. 友達と友達　　　　　b. 姉と妹　　　　　c. 母と子

❷ 二人は何をしていますか。
　　a. 食べ物を買っている　　b. 洋服を買っている　　c. 薬を買っている

❸ 最初の品物はどうして買わなかったのですか。
　　a. もう悪くなっていたから　　　b. 日付けが古かったから
　　c. 体に悪い物が入っていたから

❹ 食べ物のことを心配しすぎると、どうなると言っていますか。
　　a. 何も食べられなくなる　　　　b. 食べ物がなくなる
　　c. 店の品物が買えなくなる

❺ 食べ物を買うときは何をした方がいいと言っていますか。
　　a. ねだんをよく見る　　　　　b. 何が入ってるか調べる
　　c. あまり心配せずに買う

❻ 品物に書いてあることは正しいのでしょうか。
　　a. 正しいと言っている　　　　b. 間違っていると言っている
　　c. 分からないと言っている

❼ お母さんの仕事は何だと言っていますか。
　　a. 家族のために安い品物を買うこと

　　　b. 家族のために食べ物に気をつけること
　　　c. 家族のために体に良い薬を選ぶこと
❽ 食べることはどんなことだと言っていますか。
　　　a. 一番大変なこと　　　　b. 一番心配なこと　　　　　　c. 一番大切なこと


**B**

A：あら、これはだめ。日付けが古いわ。

B：そう？まだ大丈夫じゃない。

A：だめよ、もっと新しいのを買いましょう。

B：お母さん心配しすぎよ。あっちの方が安かったのに。

A：ねだんよりも体でしょ。変な物食べて、何かあったらこまるでしょ。

B：あれもだめ、これも心配って言ってたら、何も食べられなくなるわよ。
　それに、ここの品物、残ればみんなすてられちゃうのよ。食べ物のない国だっ
　てあるのに...。

A：ほかの国の心配より、自分の体。こここ、こういう所に何が書いてあるかよ
　く見て、体に悪い物が入っていないかどうか調べなきゃ。

B：はいはい。でも、これ、本当のことが書いてあるんでしょうね。

A：うん、分からないけど、読まないで買うよりいいと思うわ。

B：いくら注意しても、もう遅いと思うなあ...。

A：何が？

B：だって、私たちの体にはもうずっと前から悪い物が入ってて、それが残ってる
　んじゃない？　私は十七年、お母さんなんて四十三年よ。

A：そうかもしれないけどね。それと体に良い食べ物を選んで食べるということと
　は違うわよ。家族みんなが元気でいられるように、できるだけ気をつけるのが
　お母さんの仕事。

B：いつも大変ですね。どうもありがとうございます。

A：そうよ、食べることは一番大切なこと。けい子もお母さんになるんだから、よ
　く考えてね！

B：「お母さんになる」？十年早いわよ、お母さん。


**C**

❶ 「〜なければ」の口語の形「〜なきゃ」。
　A：　いくら練習しても、英語はだめ。頭が悪いのかな。

　　B：どんな勉強してるの？

　　A：英語の映画、一生懸命見てる。

　　B：それじゃ無理。<u>ちゃんと文法も勉強しなきゃ。</u>

❷ 自分が話したことがどうしてなのかを説明する子供、女性がよく使う「だって」。

　　A：ねえ、まどをしめてくれない？

　　B：どうして？暑いのに。

　　A：<u>だって、うるさいでしょ、外が。</u>

女の人が電話で友達と食事に行く約束をしています。ノートを取りながらこの話を聞いて、あとの質問に答えてください。

> 　うん、いいわよ。じゃ、来週の<u>金曜</u>、会社が終わってから、どう。えっ、場所ねえ。う～ん。ちょっと知ってる店があるから、そこにしようか。私が案内するから。ううん、違う。あの店じゃない。あそこは高いから。何のって、中国料理の ... ううん、そんなことないわ。ほんと、安いんだから。それだけじゃなくて、本当の中国の味なのよ。
>
> 　そこのお店の人、昔、どこか大きい会社に勤めてた人でね。うん、仕事でね、よく行ってたらしいのよね、中国。初めて向こうへ行ったとき、何も分からないから、どこでもいいと思って、町の小さいお店に入ったんだって。それが思ったよりもおいしくて『こんなにおいしい中国料理、今まで食べたことがない』って思ったんだって。そうね、日本じゃ少ないのよね、そんな店。それで、その人自分で作ってみようって考えたんだって。
>
> 　それからは、中国へ行ったときには、いつもその店に食べに行って。...。そうそう。何回も同じ店へ行ってると、店の人と友達になるじゃない。それで、作り方教えてもらうようになってね。初めは自分が食べるだけだったのが、「この味を是非日本の人たちにも」って思って、三年前に今のお店を始めたんだって。

❶ 食事はいつ？（来週の金曜）

❷ どんな料理の店？（中国料理の店）

❸ 店の人は昔何をしてた？（大きい会社に勤めていた）

❹ 仕事でどこへ行った？（中国）

❺ 初めて行ったとき、何をした？（町の小さいお店に入った）

❻ そのときの料理の味は？（初めておいしい中国料理を食べたと思った）

❼ それからどうした？（自分で作ってみようって考えた）

❽ どうやって作り方を習った？（何回も同じ店に行って、店の人と友達になった）

❾ どうして店を始めた？（この味を是非日本の人たちにもと思ったから）

❿ いつ店を始めた？（三年前）

**B** もう一度聞いてください。

☆質問します。正しい答えを選んでください。

「今度行く中国料理の店の人が是非やりたいと思ったことは何ですか」

a　会社をやめること

b　おいしい中国料理を自分で作って食べること

c　中国へおいしい料理を食べに行くこと

(d)　本当の中国の味を日本の人たちに教えること。

**C** 上で取ったノートを見ながら、この話をまとめて友だちに伝えてみましょう。

　来週の金曜日に、この女の人は中国料理の店へ友達を案内することにした。その店の人は、昔大きい会社に勤めていて、仕事でよく中国へ行ったそうだ。初めて行ったとき、町の小さい店に入って、その店の料理を食べて、こんなおいしい中国料理今まで食べたことがないと思ったそうだ。それで、自分で作ってみようと思い、何回も同じ店に行って、店の人と友達になり、作り方を教えてもらうようになった。

　初めは自分が食べるだけだったのが、「この味を日本の人たちにも」と思うようになり、三年前に今の店を始めたそうだ。

**A**

| 解答 | ❶ (c) | ❷ (a) | ❸ (b) | ❹ (b) | ❺ (b) | ❻ (a) | ❼ (c) | ❽ (a) |

質問

❶ だれとだれが話していますか。
　a. 兄と妹　　　　　b. 先生と学生　　　　　c. 友達と友達

❷ 女の人の仕事は何ですか。
　a. ざっしの記者　　　　b. ロボットの研究　　　c. サッカーの選手

❸ 何を見に行きましたか。
　a. 九州の福岡　　　　b. ロボットのサッカー大会
　c. ざっしで読んだロボット

❹ 女の人は何がすごかったと言っていますか。
　a. ロボットがサッカーをすること
　b. ロボットを作る人たちが熱心なこと
　c. ロボットがかわいいこと

❺ それはどうしてですか。
　a. ロボットを作る技術が高いから
　b. 何かに夢中になっている人は面白いから
　c. ロボットがまるで人のようだから

❻ 男の人は女の人の話を聞いていて、どう思いましたか。
　a. 女の人も自分の仕事が好きだ
　b. 女の人はロボットが好きだ
　c. 女の人はロボットを作る人が好きだ

❼ どうしてそう思いましたか。
　a. ロボットの話ばかりするから
　b. ロボットを作る人とたくさん話をしたから
　c. 楽しそうに仕事の話をするから

❽ 男の人は、女の人の話し方は、どうだと言っていますか。
　a. ロボットを作る人と同じようだ　　b. 楽しくなさそうだ
　c. 仕事が大変そうだ

**B**

A: この間ね、ざっしの仕事で福岡へ行ったの。
B: 福岡？九州の？いいねえ、今、いいきせつなんだろ。
A: ロボットのサッカー大会があってね、そのことをざっしに書くので、見に行っ
　たのよ。

B：ロボット？ロボットがサッカーやるの?

A：そうよ、ほんとにすごかったんだから。仕事を忘れて楽しんできたわ。

B：へえ。ロボットもいろいろなことができるんだねえ。

A：ロボットもすごかったけど、それを作っている人たちがもっとすごいの。ロボットが大好きで、自分の生活全部がロボットのためにあるっていう人たちばっかりなの。

B：何がそんなにいいのかね。「すごいロボット」ったって、機械は機械だろ。

A：その人たち、いろんなことを教えてくれて、何だか私までロボットがかわいく見えてきたほどだった。

B：ロボットがかわいい。へえっ。自分が一生懸命作った物だからかわいいんだろうね。

A：そうなのよ。ロボットが心から好きな人たちだった。何かに夢中になるっていいわね。ロボット作るのは、その人たちの仕事なんだけど、仕事してるっていうより、まるで子供が遊んでるようだったわ。

B：へえ、そりゃ、楽しくていいな。でも、君もその人たちに負けないくらい楽しそうだね。

A：どういうこと？

B：君も、ロボット作る人と同じで仕事しながら、遊んでるようだってこと。さっきから、本当に楽しそうに話してるね。

A：そんなことないわ。仕事、大変なんだから。

❶ 第6課で勉強した「〜といっても」の会話の形、「〜ったって」

  A： 来月仕事でオーストリアに行くことになったよ。

  B： オーストリアって、あのヨーロッパの？

  A： そう、仕事ったって、一週間だけだけどね。

❷ 「言葉は分かったけれど、意味が分からない。もう一度説明してほしい」と言いたいとき、友達同士で使われる「どういうこと」。

  A： 今日ね、会社やめてきた。

  B： ええっ? どういうこと？

  A： 社長とけんかして。

  B： 私のことは考えてくれなかったの。いつもそうね。もう、このゆびわ、お返しするわ。

  A： ええっ? どういうこと？

**A**　「どんなとき『遊んでいる』と思いますか」という質問に、面白い答えを書いた人がいました。ノートを取りながらそれを聞いて、あとの質問に答えてください。

　　私が、一番「遊んでいる」と思ったのは、家を建てようと思っていたときのことです。初めは、テレビや新聞の広告を見て、「これがいいかな」、「あれかな」といろいろ考えていましたが、いつのころからか頭の中で、好きなように自分の家を考え始めていました。私がその話をし始めると、妻や子供たちには、「お金が足りないから、そんなことできない」といつも言われましたが、私はそんな意見には関係なく、自分の頭の中で家を建てていました。このへやには、自分の好きな音楽が聞けるようにCDを集めておく。好きなときにそこへ行って、CDを聞く。そのために、すわるのが楽ないすがあって、いつでも食べたり飲んだりできるように小さなれいぞうこも置いておく。眠くなったら、横になって休めるように小さなベッドまである。そんなことをいろいろ考えると、楽しくて、楽しくて、家はどんどん大きくなりました。できた家は、妻や子供たちの言うように、お金が足りなくて、私の頭の中の家とは全然違う家でしたけれども。
　　旅行の計画をしたり、もっと小さなことでは、休みの前の日に何をしようかと考えたりするときも同じです。だいたいできないことの方が多いのですが、いろいろ考えます。お金も時間もないから無理なのに、大きな船に乗ってインドネシアやフィリピンの島まで行ってみようと思ったり、三日間だけの休みに、飛行機に乗って外国へ行くことを考えてみたりします。そうして考え始めると、もう夢中になってしまいます。
　　私の遊びは、できないことが分かっているのに、頭の中でいろいろ考えることなのだと思います。頭の中だけなら、お金や時間から自由になって、好きなように、好きなことができますから。

❶ この人はいつ「遊んでいると」思った？（家を建てようと思っていたとき）

❷ 初めは、何をしていた？（テレビや新聞の広告を見ていた）

❸ それから、どうした？（頭の中で自分の家を考え始めた）

❹ どんなへやを考えた？（好きなときにCDの聞けるへや）

❺ そこにはどんな物が置いてある？（れいぞうこやベッド）

❻ できた家はどんな家？（頭の中とは、全然違う家）

❼ それはどうして？（お金が足りなかった）

❽ どんなときにいろいろ考える？　a)（旅行の計画をするとき）
　　　　　　　　　　　　　　　　　　　b)（休みの前の日）

❾ 何が遊びだと言っている？（できなくても、自由に頭の中で考えること）

B　もう一度聞いてください。

☆質問します。正しい答えを選んでください。

「この人の遊びは、どんな遊びですか」

a　自分の好きな家を考えること

b　海外へ行くこと

c　船に乗って島へ行くこと

(d)　頭の中でいろいろ考えること


C　上で取ったノートを見ながら、この話をまとめて友達に伝えてみましょう。

> 　この人は、家を建てようと思っていたとき、遊んでいると思った。初めは、テレビや新聞の広告を見ていたが、いつのころからか頭の中で自分の家を考えるようになった。好きなときに好きな音楽が聞けるように、CDを集めたへやを作って、そこにれいぞうこやベッドなどを置いてみた。しかし、できた家は全然違う家だった。それはお金が足りなかったからだ。
> 　この人は、旅行を計画するときや休みの前の日にも、同じように考える。そして、本当はできなくても、頭の中でいろいろ考えるのが自分の遊びだと言っている。

第7課
Answer & Script

A　解答　❶ (c)　❷ (b)　❸ (a)　❹ (c)　❺ (c)　❻ (b)　❼ (a)　❽ (b)

質問　❶ 何の話をしていますか。
　　　　　a. 山田という友達の話　　　　　　b. 山田さんの弟の話
　　　　　c. 同じ会社の山田という人の話
　　　❷ この人たちは山田君をどう思っていますか。
　　　　　a. 二人とも山田君はだめだと思っている
　　　　　b. 一人はだめだと思っているが、一人はそう思っていない

　　　　c. どちらも良い人だと思っている

❸ 山田君のどんな所が良くないと言っていますか。
　　a. 仕事に時間がかかること　　　　　b. 何にもしないこと
　　c. 仕事をよく間違えること

❹ 山田君の良い所はどこだと言っていますか。
　　a. 何かを決める前に質問する所　　　b. ゆっくり仕事をする所
　　c. 熱心によく考えて仕事をする所

❺ 山田君の話のあとで、どんなことを話しましたか。
　　a. できるだけ本当のことを言った方がいいということ
　　b. できるだけ親切に教えた方がいいということ
　　c. できるだけ相手のいい所を見た方がいいということ

❻ それを聞いて、洋子さんはどう言いましたか。
　　a. 自分もできるだけそうしてる　　　b. 自分にはできない
　　c. この会話からは分からない

❼ 言葉は不思議だと言っているのはどうしてですか。
　　a. いい言葉を使えばいい所が見えるようになるから
　　b. 悪い所もいい所も言葉ではっきり説明することができるから
　　c. いい言葉を使えば、悪い所が良くなるから

❽ 自分のことはどう考えればいいと言っていますか。
　　a. 悪い所を見た方がいい　　　　　　b. いい所を見た方がいい
　　c. どちらも見ない方がいい


**B**

A：本当に、あの子ったら...。

B：あの子って？

A：山田君。ほんと、頭にくる...。どうでもいいこと悩んで、たのんだ仕事が
なかなかできないんだから。

B：何でもよく考えてからやる人なんじゃない?

A：気にかかることがあると、一つ一つ相談するから時間がかかって、かかって...
　　　　　［「あら、洋子。明子。なんか大切な話...」という声が聞こえる］

B：ええ、そう。[明子に向かって]時間がかかっても、間違いがなければいいじゃ
ない？

A：自分で何も決められなくて、何でも私に聞いてくるんだから...。

B：熱心じゃない。それぐらいよく考えて仕事をする人の方がいいわよ。

A：洋子、どうして山田君には優しいの？

B：山田君だけじゃないわ。私はできるだけ相手のいい所、見るようにしてるの。

A：でも、あの人が仕事が遅いのは本当よ。私は本当のことを言ってるだけなのよ。

B：それはそうだけど...。言葉って不思議なものよ。相手を悪く言えば、本当にその人がとても悪い人に思えてくる。

A：そうかしら。でも、私はあなたほど優しくないから。

B：少しぐらい嫌な所があっても、できるだけいい言葉を選んで、相手のことを考えるようにすると、相手の気持ちも少し分かって、だんだんいい所が見えてくるわよ。言葉って不思議よ。

［「明子、山田君がさがしてたよ」という声］

A：そう。ありがとう。［洋子に向かって］洋子、私は洋子のようにはできないな。すぐに頭にくる。人に優しくしてあげられないのよ。

B：そんなことないわよ。そう言いながら、山田君に一つ一つ教えてあげてるんでしょ。

A：それはそうだけど。

B：自分のこともそう悪く考えるものじゃないわ。いい言葉を選んで、いい所を見るようにする。そうすると、嫌なことは忘れられるし、気持ちも優しくなって、元気が出てくるわよ。

A：そういうもんかな。じゃ、私も、がんばってみようか。

❶ 動詞に付ける「だけ」の復習
  A：　田中君、今となりの人の答えを見たでしょ。
  B：　見てませんよ、先生。けしゴムを借りようとしただけです。

❷ 当然、自然の意の文と使って相手を説得する「もの」の使い方。「〜ものじゃない」という形
  A：　あら、何、せんたくしてるの？せんたくはこんな時間にするものじゃないわよ。
  B：　だって、朝は時間がないのよ。
  A：　もう少し早く起きればいいでしょ。

**A** 長い間言葉の研究をしてきた先生が最近の若い人たちの言葉の使い方を聞いて、意見を言っています。ノートを取りながらこの話を聞いて、あとの質問に答えてください。

　　最近の若い人の間での言葉の使われ方なんですが、何でも全部言ってしまう、言わなければいけないという思いで使っている感じがするんです。私は、長い間日本語を研究してきましたが、日本語がほかの言葉と違うのは、考えたことをすべて言葉にしなくても気持ちを伝え合うことができることだと思います。違う言い方をすれば、日本の言葉には、何かを伝えようとするとき、何もかも全部言葉にしてしまわないで、相手にちょっと考えてもらうところを残しておく、そういう良さがあると思うのです。私が若いころのことですから、ずいぶん前のことですが、こんなことがありました。

　　昔は男の人は結婚をしてほしいと思うとき、「結婚してください」なんて言いませんでした。私の知り合いもそうでした。その人は、月のきれいな公園でこいびとと二人になったとき、長い時間いろいろ考えて、やっと「一緒に来てくれませんか」と言ったのだそうです。すると、　それを聞いたこいびとの答えは「どこへ行くの」でした。彼はこまってしまって、「いや、あのう」と言って、何も言えなくなり、もう二度と同じことを言わず、結局この二人は結婚しませんでした。

　　この話を聞いたとき、私は笑ってしまいましたが、今の人たちは、こんな話を聞くとだれもが「結婚してくださいと言えばいいじゃないか」と言うでしょうね。確かに、そういう言い方をすれば分かりやすいし、私の知り合いのようなかなしい思いをする人もいなくなるのでしょうが、それでも、みんながそんな言葉の使い方をするようになると、何か日本語の良さがなくなっていくようで、私は少し寂しいですね。

❶ 最近の言葉の使われ方は？（何でも全部言ってしまう）

❷ 日本語がほかの言葉と違うのは？（すべて言葉にしなくても気持ちを伝え合うことができること）

❸ 日本語の良さは？（何もかも言葉にしないで、相手に考えてもらうこと）

❹ 昔は結婚してほしいとき「結婚してください」と言った？（ はい ／ いいえ ）

❺ 知り合いはこいびとに何と言った？（一緒に来てくれませんか）

❻ こいびとはどう答えた？（どこへ）

❼ 結局この二人は？（結婚しなかった）

❽ 今の若い人はどう言う？（「結婚してください」と言えばよい）

❾ この人はどうして寂しがっている？
　（日本語の良さがなくなっていくようだから）

もう一度聞いてください。

☆質問します。正しい答えを選んでください。

「この先生は最近の言葉の使われ方をどう思っていますか」

a　何でも全部言ってしまう、言わなければならないと考えるのは正しい。

b　ちょくせつ伝えるのは分かりやすいが、結婚してほしいと言うときは、ほかの言葉を選んだ方がいい。

c　思っていることをちょくせつ言葉で伝えた方が分りやすいので良い。

ⓓ　言葉にしなくてもいいことまで言葉で伝えるのは日本語の良さがなくなるようで、寂しい。

C

上で取ったノートを見ながら、この話をまとめて友達に伝えてみましょう。

> 　最近の言葉の使われ方は何でも全部言ってしまう感じがする。日本語はすべて言葉にしなくても気持ちを伝え合うことができるし、相手にちょっと考えてもらうという良さもある。昔ある知り合いがこいびとと結婚したいと思い、「一緒に来てくれませんか」と言ったら、そのこいびとは「どこへ」と答えたそうだ。結局二人は結婚しなかったが、この話を聞くと、今はだれもが「結婚してくださいと言えばいいじゃないか」と言うだろう。確かにこのような言い方は分かりやすいが、何か日本語の良さがなくなっていくようで、寂しい。

A

| 解答 | ❶ (c) | ❷ (c) | ❸ (b) | ❹ (c) | ❺ (c) | ❻ (c) | ❼ (a) | ❽ (a) |

質問

❶ 先生と呼ばれた人は何をしていますか。
　　a. 音楽を作ること　　　　b. 絵をかくこと　　　　c. 本を書くこと

❷ 先生をたずねてきたのはどんな人たちですか。
　　a. 先生の友達　　　　　　b. 先生の学生たち
　　c. ざっしの記者たち

❸ 『おしゃべりな星たち』とは、何のことですか。
　　a. レコード　　　　　　　　b. 小説　　　　　　　　　c. 写真
❹ どんなへやですか。
　　a. 本がたくさんあるへや　　　　　　b. カレンダーと絵しかないへや
　　c. 何もないへや
❺ この人たちはほかでもこのようなへやを見ていますか。
　　a. よく見る　　　　　　　　b. 時々見る
　　c. 一度も見たことがない
❻ 先生が「そんな顔」と言うのはどんな顔だと思いますか。
　　a. かなしそうな顔　　　　b. うれしそうな顔　　　　c. こまった顔
❼ 先生が仕事ができないと言ったのはどんなへやですか。
　　a. 物が置いてあるへや　　　　　　b. 何も飾ってないへや
　　c. 何もないへや
❽ それはどうしてだと言いましたか。
　　a. 考えることができない　　　　　b. 写真をとることができない
　　c. 自由に歩くことができない

Ⓑ
B：先生、お仕事はすべてこちらでしてらっしゃるんですね。
A：そう。
B：あの『おしゃべりな星たち』もここでお書きになったんですね。
A：そう。毎晩、星たちとおしゃべりしながらね。
A：あっ、おゆがわいたようだね。コーヒーでも入れようか。おいしいコーヒーが
　あるから。
B：いえいえ、先生、けっこうですから。
C：あのう、おへやの写真とらせていただいてもかまいませんか。
A：どうぞ、どこでも自由にとっていいよ。ちょっと失礼。
　いい写真とれた？こまってるんじゃない、何もないから。ここに来る人は、
　みんな決まってそんな顔するよ、何もないからねえ。
C：いや、ええ、まあ、その...そうなんです。ざっしの仕事でいろいろな先生
　の所へうかがうことも多いんですが、本が山のようになっていたり、時々、つ
　くえがどこにあるか分からなかったり、これまでは、そんなおへやを写真に
　...ええっ。
B：絵や写真、カレンダーも置いてらっしゃらない。何か特別なお考えがあるんで

すか。
A：僕はね、<u>何かがあるとできないんだよ</u>。
B：<u>とおっしゃいますと</u>...。
A：何かがあると、<u>どうしてもそれに影響されてしまって</u>、自由に考えられないん
　だ。だから、<u>何も飾らない</u>。<u>何も置かない</u>。
B：<u>なるほどよく分かりました</u>。ほかの先生とは、ずいぶん違うんですね。じゃ、
　<u>先生のお考えが分かるような写真とらせていただきましょう</u>、ね、斉藤さん。
C：ええっ! <u>考えは写らないから</u>。写真は、何かないと...。

❶「そうです」「〜しなさい」「〜します」という自分の気持ちを相手に失礼にならな
　いように伝えようとするとき、あるいは、自分で自分に「これでいいだろう」と言
　うとき使われる「まあ」。
 1) A：田中くんには、やっぱりこの仕事は無理だね？
　　B：社長、そうおっしゃらないで。<u>まあ、もう少しやらせてみましょう</u>。
 2) A：明日の会議、用意できてる。
　　B：はい。ああっ。もう一日あればな ...<u>まあ、今度はこれでいいか</u>。
❷ 相手にもう少し説明してくださいというときに使う「とおっしゃいますと / と言
　いますと」。
　A： このさくらともしばらくお別れですよ。
　B： <u>と言いますと</u> ...。
　A： 来月国に帰ることになったんです。しばらくは日本には来られないでしょ
　　 うね。

第8課
Answer & Script


A　テレビの番組である女の人が話しています。この人はテレビや映画に出る有名な
　人たちに化粧する仕事をしています。ノートを取りながらこの話を聞いて、あと
　の質問に答えてください。

　私は、こんなお仕事をしていますから、よく若い方たちの前でお話をさせていただく機会がございます。そのときにいつもお話しすることは、今の方たちは、「飾る」ことで、本当の自分を見えなくしてらっしゃるのじゃないかということです。
　よく「言葉を飾る」と申しますね。何か特別なときとか、特別な方とお話しするとき、いつもはあまり使わないような言葉を使ってお話しようとするときがありますね。間違った言葉を使ってはいけない、敬語を使わなくてはいけない、そんなことで頭の中が一杯で、自分で自分が何を話しているのか分からなくなってしまう。あとになって考えてみて、何を話していたんだろうなんて思われること、ございませんか。言葉のことで頭が一杯で、自分が自分でなくなってしまっているということです。
　どんな方とお話しするときでも、相手の方に失礼になる言葉や、嫌がられるような話し方は、しないように気を付けなければなりませんが、そうでなければ、どんな言葉を使うかよりは、どんなお話をするかの方が大切だと思います。相手の方が、あとであの人はどんな人だったかなと思い出してくださるのは、言葉の使い方ではなく、何をお話ししたかだということです。お化粧や服装もそれと同じだと思うのです。相手におぼえていただくために、自分という人間がちゃんと相手の頭の中に残るように、お化粧をし、おしゃれをすることが大切だと思います。

❶ どんな機会がよくある？（若い人たちの前で話す機会）

❷ そのときどんな話をする？（「飾る」ことで、自分を見えなくしているという話）

❸「言葉を飾る」のはどんなとき？（特別なときとか、特別な人と話すとき）

❹「言葉を飾る」の意味は？（いつも使わないような言葉を使って話すこと）

❺「言葉を飾る」ときどんなことを考える？（間違った言葉を使ってはいけない、敬語を使わなければいけない）

❻ それで、どうなる？（自分で自分が何を話しているのか分からなくなる）

❼ 話すときは何に気を付ける？（失礼になる言葉や嫌がられるような話し方はしないこと）

❽ 話すとき大切なことは？（どんな話をするか）

❾ お化粧や服装で大切なことは？（相手の頭の中に自分が残るようにすること）


**Ⓑ** もう一度聞いてください。

☆質問します。正しい答えを選んでください。

「この女の人が一番言いたいことは何ですか」

a 「飾る」ことは、自分を見せないことだ。

b 「飾る」とは、言葉の使い方をよくすることだ。

ⓒ 自分を見えなくするような飾り方は正しくない。

d 相手が良く見えていることが大切だ。

**C** 上で取ったノートを見ながら、この話をまとめて友達に伝えてみましょう。

> この人は若い人たちの前で話す機会がよくある。そのときいつも今の人たちは「飾る」ことで、本当の自分を見えなくしているという話をする。
>
> 「言葉を飾る」とよく言うが、それは特別なときとか、特別な人と話すとき、いつもはあまり使わないような言葉を使って話すことだ。そんなときは、間違った言葉を使ってはいけない、敬語を使わなくてはいけないと考えて頭の中が一杯になり、自分で自分が何を話しているのか分からなくなってしまう。もちろん、失礼になる言葉や嫌がられるような話し方はしないように気を付けなければならないが、大切なことは、どんな話をするかである。
>
> お化粧や服装もそれと同じで、相手におぼえてもらうために、相手の頭の中に自分が残るようにすることが大切なのである。

**A**

**解答** ❶ (c)　❷ (a)　❸ (a)　❹ (c)　❺ (a)　❻ (c)　❼ (a)　❽ (b)

**質問**

❶ だれとだれの会話ですか。
　　a. 母と子　　　　　　b. 姉と妹　　　　　　c. 友達

❷ 紫はどんなときに着たくなる色ですか。
　　a. 疲れているとき　　　　　b. 元気なとき
　　c. こいびとができたとき

❸ ピンクは何を表す色ですか。
　　a. 優しさ　　　　　b. あい　　　　　c. 寂しさ

❹ 子供はどんな絵を描きましたか。
　　a. ピンクのゾウ　　　　　　b. 赤い木　　　　　　　c. 紫の動物
❺ 子供はいつその絵を描きましたか。
　　a. 小学校に入学する前　　　　　　b. 小学校に入学してから
　　c. 兄弟が生まれる前
❻ 子供の絵を見て、母親はどうしましたか。
　　a. 友達に相談した　　　　　　　　b. 親の所へ相談に行った
　　c. 医者の所へ行った
❼ 子供は絵でどんなことを言いたかったのですか。
　　a. 寂しい　　　　　　　　b. 疲れている　　　　　　c. 悲しい
❽ それはどうしてですか。
　　a. 疲れていたから　　　　　　　　b. 遊んでやらなかったから
　　c. 小学校に入りたかったから

**B**

A：よし子、そのセーター、きれいな色ねえ。よく合ってるわ。
B：そう、ありがとう。
C：でもね、紫を着るときって、寂しかったり、体や心のどこかが疲れているとき
　なんだって。
B：ふうん、そうなの。知らなかったわ。
C：元気になりたいっていうときに、紫を着たくなるんだって。
A：ねえねえ、ゆみ、私はどう。ピンクに赤。
C：ピンクは優しさ、赤はあい。ひろえ、こいびとでもできたんじゃない。
A：そうならいいけどね。
C：ひろえ、タバコやめなさいよ。
A：うん、分かってるんだけど。
B：ゆみ。どうしてそんなに色のこと、よく知ってるの。
C：うん、息子がちょっとね。
A：たかし君のこと。
C：そう。小学校に入る前のことなんだけど、たかしがかいた絵を見てびっくりし
　たの。
B：どんな絵?
C：人も動物も木もみんな紫なのよ。それで、病院の先生の所へ相談に行ったこと
　があるのよ。

Ｂ：ふうん、それで...。

Ｃ：<u>そのころ二人目ができたばかりだったし</u>、忙しくてたかしと一緒に遊んでやれなくてね。

Ｂ：じゃ、たかし君、寂しかったんでしょうね。

Ｃ：先生の話じゃ、<u>紫の絵は「寂しい、寂しい」って意味だったんですって。</u>

Ａ：なるほどね。<u>色っていうのは一つの言葉なんだ。</u>

❶ 伝聞の「〜そうです」の口語体「〜って」。

  Ａ：ねえねえ、<u>来週文法のしけんがあるんだって。</u>知ってた？

  Ｂ：ええっ、うそ!

❷ 友達との会話で、相手に話を続けるよう促す「ふうん、それで？」。

  Ａ：昨日友達とデパートへ行って、一階でくつを見てたらね、小林先生に会ったの。

  Ｂ：<u>ふうん、それで？</u>

  Ａ：一緒にきっさてんへ行って、お茶とケーキをごちそうになって...。

  Ｂ：ええっ、ほんと？いいなあ...。

## 第9課 Answer & Script

日本語のじゅぎょうで先生が「青い」という言葉の意味を説明しています。ノートを取りながらこの話を聞いて、あとの質問に答えてください。

　「青い」というのは、色を表す言葉の一つですね。海や空と一緒に使って、青い海、青い空と言いますが、これは皆さんがよく知っている使い方です。でも、青い顔とか青い月と言われたら、どう考えますか。「青」というのはどんな色のことですか。そう、チンさんのセーターは青いです。青いセーターです。ええ、ジョンさんのかばんもね。う〜ん、エフィさんのスカートはどうでしょう。青いと言うより、みどり...じゃないかな。ああ、でも「青い」と言ってもいいかもしれませんね。日本語の「青」は「みどり」を表すときにも使いますから。

　皆さんは、日本語の勉強を始めたばかりのころ、「道をわたっていいのはみどりのときだろうか青のときだろうか」と考えたことはありませんか。私も学生から聞かれて困ることがあります。日本語では「青い」という言葉の中に「みどり」と「青」の両方の色を感じているんですね。「青いりんご」も青くありません。みどりですね。ちょっとこれを見てください。これは「青」という漢字。これに、一年、二年の「年」という漢字を書いて、「青年」と読みます。これは、十五歳くらいから二十五歳くらいまでの若い人のことを意味します。青には「若い」「生まれたばかりの」という意味があるんです。同じ「青い」という言葉が、「まだちゃんと育っていない」、「大人になっていない」という意味で使われて、「これはまだ青くて、食べられない」などと言ったりもします。面白いでしょう。
　日本語の「青」と「みどり」の意味や、それを使った言葉を紹介してきましたが、次は、皆さんの国の色を使った言葉を紹介してみてください。どんな色でもかまいません。「色は文化を表す」という人もいますが、一緒に色と文化の関係について勉強したいと思います。

❶「青い」というのは？（色を表す言葉の一つ）
❷ 学生から聞かれて困ることは何？（道をわたっていいのはみどりのときか青のときか）
❸ 日本語の「青い」という言葉から感じるのは？（「みどり」と「青」の両方の色）
❹「青年」という例から分かることは？（「まだちゃんと育っていない」、「大人になっていない」）
❺ 色は何を表すと言われている？（文化）
❻ 次は何をする？（学生が自分の国の色を使った言葉を紹介する）
❼ それは、何のため？（色と文化の関係について勉強するため）


**B** もう一度聞いてください。
☆質問します。正しい答えを選んでください。
「日本語の『青い』という言葉は何を表しているのでしょうか」

ⓐ　「青」と「みどり」の両方の色

b　セーターやスカートの色

c　くだものややさいの色

d　「みどり」とは全然違う感じの色

 上で取ったノートを見ながら、この話をまとめて友達に伝えてみましょう。

> 　「青い」というのは色を表す言葉だ。しかし、この言葉は「みどり」を意味することもある。日本語の勉強を始めたばかりの学生から道をわたっていいのはみどりのときか青のときかと聞かれて困ることがあるが、日本語では「青い」という言葉の中に「みどり」と「青」の両方の色を感じているのだ。また、「青い」という言葉には、「まだちゃんと育っていない」、「大人になっていない」という意味もある。
> 　色は文化を表すという人もいる。教室ではこのあと学生が自分の国の色を使った言葉を紹介して、一緒に色と文化の関係について勉強する。

 **解答**　❶ (a)　❷ (b)　❸ (c)　❹ (a)　❺ (c)　❻ (a)　❼ (b)　❽ (a)

**質問**　❶ だれとだれの会話ですか。
　　　　　a. 母と息子　　　　　　b. 兄と妹　　　　　　c. 姉と弟
❷ 女の人は何を書いていますか。
　　a. 手紙　　　　　　b. はがき　　　　　　c. 招待状
❸ それを出せば、どうなりますか。
　　a. お金がもらえるかもしれない　　　b. 何かもらえるかもしれない
　　c. 外国旅行に行けるかもしれない
❹ 女の人は今の生活をどう思っていますか。
　　a. 満足している　　　　b. 満足していない　　　　c. 不満だ
❺ 女の人が一番欲しがっているのは何ですか。
　　a. お金　　　　　　b. 健康　　　　　　c. 時間
❻ 男の人が一番欲しがっているのは何ですか。
　　a. お金　　　　　　b. 健康　　　　　　c. 時間
❼ それはどうしてですか。
　　a. 旅行したいから　　　　　　b. 働かなくてもいいから
　　c. 生きがいになるから

❽ 女の人の生きがいは何ですか。
   a. 家庭　　　　　　　　b. 仕事　　　　c. 食べ物


**Ⓑ**

A： 何、それ。

B： アンケート。ハガキに答えを書いて出すだけで、スペイン旅行に行けるの。

A： スペイン旅行って、ちょっと見せて。何だ、三人だけじゃないか。

B： だけじゃなくて、三人も行けるのよ。

A： 無理、無理。

B： いいの。お母さんの楽しみなんだから。ええと、一番。『今の生活に満足していますか』。はい、まる。満足しています。

A： へえ、お母さん、いつもいろいろ言ってるのに、それで満足してるの。

B： そりゃあ、いろいろあるけど、お父さんはまじめだし、子供たちは健康だし。

A： 頭もいいし、よく言うことを聞くし。

B： そう、そう。次はっと、『お金と健康と時間と、どれが一番欲しいですか』。けいじ、テレビ見ないなら消しなさい。

A： 次の番組、見るんだよ。

B： 「お金と健康と時間」う～ん、やっぱり、時間かしら。自由な時間ね。

A： お金だよ、お金。お金があれば働かなくてもいいから、時間もたくさんある。そうすれば、好きなことが自由にできるし。

B： けいじの考えそうなことね。

A： みんなそう考えてるけど、言わないだけ。

B： 三番は、『生きがいは何ですか』。家庭、仕事、趣味。そうねえ、やっぱり家庭かな。

A： お母さん、そんなことより、何か食べる物ない、食べる物。

B： あ～あ。けいじには、食べることしか楽しみがないの。

A： そう。生きがいは、食べること。


**Ⓒ**

❶ 「何だ、～じゃない / じゃないか」と言って、「自分が思っていたことと違った」とか「残念だ、意味がない」という気持ちを表す。

1)　A： あら、だれか来たようね。おきゃくさんかしら？

　　B： ただいま。

　　A： 何だ、お父さんじゃない。早かったのね。

2)　　B：九州の友達から送ってきた。　開けてみて。

　　　A：何かおいしい物かな。何だ、本じゃない。

　　　B：何だはないだろう、せっかく送ってくれたのに。

❷　話を変えたいときに使う「そんなことより」。

　　　A：ねえ、れいぞうこに入れておいた私のチョコレート知らない？

　　　B：知らないよ、そんな物。そんなことより、ねえさん。たのんだCD買って
　　　　きてくれた?

A　結婚式で、娘が両親にお礼の手紙を読んでいます。ノートを取りながらこの話を
聞いて、あとの質問に答えてください。

　．．．お父さん、お母さん、今日まで二十四年間いろいろお世話になりました。私を一生懸命育ててくれて、本当にありがとうございました。

　お母さんは小さいときから毎日休まず、おべんとうを作ってくれましたね。大学に行くようになってからも、会社に入ってからも、体のためにいいからと言って毎日作ってくれました。「今日でおべんとうやさんも終わりね」と言いながら作ってくれたおべんとうに、私の好きな物が全部入っていました。私は、あのおべんとうのこといつまでも忘れません。心の中でいつもありがとうと思っていたのに、今日まで口で言えませんでした。お母さん、ありがとう。あしたから加奈は、和夫さんのためにおべんとうを作ります。子供ができたら、子供のために、子供の体のことを考えて、お母さんが教えてくれたようにおべんとうを作ります。お母さん本当にありがとう。

　お父さん。私が生まれたとき小さくて丈夫ではなかったことは、お母さんから前に聞いて知っていました。でも、様子を見るためにふつうの赤ちゃんより長く病院にいたこと、お父さんが仕事の帰りに毎日病院に来て、「加奈、がんばって生きろ、がんばれ」と思ってくれていたこと、きのう、お父さんの口から初めて聞きました。時々お父さんが、「生きがいは、加奈だよ」と、冗談のように言うことがありましたが、私はこのお父さんの子供に生まれてきて、本当に良かったと、心から思いました。私もお父さんのように子供を生きがいにして生きていくと言ったとき、まず自分が一生懸命生きること、元気に毎日生きる

こと、それを生きがいにしなさいと言ってくれましたね。体の強くない私のことを考えて、そう言ってくれたお父さんの言葉、忘れません。
　お父さん、お母さん。私は、今日から、山田の家を出て、和夫さんと新しい生活を始めます。二人で一生懸命生きて、幸せになります。お父さんも、お母さんも、いつまでも元気で、私たちが幸せになるのを見ていてください。二十四年間、本当にありがとうございました。

❶ この人は何歳?（二十四歳）

❷ お母さんは毎日何をしてくれた?（おべんとうを作ってくれた）

❸ それはどうして？（体のためにいいから）

❹ 今まで言えなかったことは?（ありがとうという言葉）

❺ この人は生まれたときどうだった?（小さくて丈夫ではなかった）

❻ それでどうなった?（ふつうの人より長く病院にいた）

❼ お父さんはそのとき何をした?（仕事の帰りに毎日病院に来て、がんばって生きろと思っていた）

❽ お父さんはどんな冗談を言う?（生きがいは、加奈だよ）

❾ この人はお父さんの言葉を聞いて、どう思った?（このお父さんの子供に生まれてきて、本当に良かった）

❿ この人は何を生きがいにしたいと思った？（子供）

⓫ お父さんは何を生きがいにしろと言った？（自分が一生懸命に毎日元気に生きること）

**B** もう一度聞いてください。
☆質問します。正しい答えを選んでください。
「お父さんは何を『生きがい』にしなさいと言いましたか」

a　自分の子供

ⓑ　自分が一生懸命に生きること

c　おっととの生活

d　幸せな生活

**C** 上で取ったノートを見ながら、この話をまとめて友達に伝えてみましょう。

　この人は結婚式で二十四年間育ててくれた両親にお礼を言っている。お母さんはこの人が小さいときから、体のためにいいからと言って、毎日休まずおべんとうを作ってくれた。この人は今日まで、ありがとうと言えなかった。
　この人は生まれたとき丈夫ではなかったので、ふつうより病院に長くいた。お父さんはそのとき、仕事の帰りに毎日病院に来て、「加奈、がんばって生きろ、がんばれ」と思ってくれていた。
　お父さんは「生きがいは加奈だよ」と冗談のように言うが、それは本当だ。この父の子で良かったと思った。「これからは子供を生きがいにして生きていく」と言ったとき、お父さんは、「まず自分が一生懸命に毎日元気に生きることを生きがいにしなさい」と言ってくれた。この人は両親に心からお礼を言って、おっとと二人で一生懸命に生きて幸せになると約束した。

**解答**　❶ (a)　❷ (a)　❸ (b)　❹ (b)　❺ (c)　❻ (c)　❼ (b)　❽ (c)

**質問**

❶ 何の話をしていますか。
　　a. さっきのじゅぎょうの話　　　　b. 都会の生活
　　c. アジア研究会の話

❷ 先生はどんな話をしましたか。
　　a. 個人の情報は自分で守らなければならない
　　b. 都会の人間関係は冷たい
　　c. 情報に対する考え方は国によって違う

❸ 大学生の一人が「気味が悪い」と思っているのはどんなことですか。
　　a. 個人の情報を自分で守らなければならないこと
　　b. 都会の人が全く他人のような顔で生活していること
　　c. いなかの人が毎朝家をたずね合うこと

❹ どうしてそれを「気味が悪い」と思うのですか。
　　a. この大学生は都会で育ったから
　　b. この大学生はいなかで育ったから
　　c. この大学生は外国で育ったから

❺ いなかの生活はどうだと言っていますか。
　　a. 個人の情報を守って生活している

b. アメリカやヨーロッパの生活と似ている

c. いつも他人に見られているようだ

❻ アジアの国とアメリカやヨーロッパでは、何が違うと言っていますか。

a. 個人が持っている情報の多さ　　　　　　b. 情報を守るための方法

c. 情報に対する考え方

❼ それはどのように違うのですか

a. アジアでは個人で情報を守る

b. アジアではグループの中で同じ情報を持つ

c. アジアでは個人の情報は必要ではない

❽ これからこの二人は何をしますか。

a. うちへ帰る　　　　　　　　　　　　　　b. アジア研究会へ行く

c. 次のじゅぎょうを受ける


**B**

A：さっきじゅぎょうで先生が「今は個人の情報は自分で守る時代だ」って言ってただろ？

B：ああ、あの話ね。何人家族で、銀行にいくらあるとか、父親がどこの大学出てて、仕事が何で、給料がいくらかとか、それを知られて、一体どう困るんだよ。

A：ええ？困るさ、それは、いろいろと．．．。でも、そうじゃなくて、僕が言おうとしたのは、都会の人が全く他人のような顔して生活してる方が気味が悪いってことさ。

B：都会の人間関係が冷たいってこと？

A：僕は大学になってから、こっちへ来ただろ、何だかいなかとは違うんだよ。

B：そうそう、うちの両親のいなかでも、げんかんにかぎもかけずに、毎朝家をたずね合って「おはよう」って相手が元気かどうか確かめ合うんだって。今でもそうらしいよ。いなかの生活だと情報を守るなんて、あんまり関係ないよな。

A：うん、それは無理だね。僕は、そんないつも他人に見られているような生活が嫌だったんだけど、都会は都会で、どこか冷たい感じがするなあ．．．。

B：そうやって、一生懸命何かから自分を守って生きてるのさ、都会の人間は。個人の情報もちゃんと管理してね。

A：でも、他人から守らなきゃならない大事な情報なんてそんなにあるのかな。

B：僕にはないよ。何でも聞いてくれ。

A：まじめに聞けよ。詳しくは分からないけど、日本でもそのほかのアジアの国でも、情報に対する考え方が違うんじゃないかな、アメリカやヨーロッパと。

B：また、難しい話を始めたね。どこが違うのさ？

A：つまりね、アジアでは、家族はもちろん、となり、近所、村の中で一緒に生活する仲間から特別に守らなければならない個人の情報なんてないんだよ、たぶん。

B：個人で情報を守るという考えはなくて、グループの一人一人が同じ情報を持つということか。

A：それほど簡単には言えないと思うけど、この間「アジア研究会」でさあ...。

B：ちょっと待った！　それはまたあとで。次のじゅぎょうが始まるよ。じゅぎょう、じゅぎょう。

❶ 相手が何について話しているかを確かめるときの「ああ、あの〜(ね)」。

A：　どの先生のじゅぎょうをとってるの。

B：　ええっと、文法は佐藤先生。ひげのある、背の高い...。

A：　ああ、あの先生ね。

❷ 質問ではなく、それとは反対の自分の考えを伝えるときの「(一体、)どう / どこ / だれ / 何 ...〜の(だよ)」。

A：　ねえ、お母さん。このかばんとあのかばんと二つ買ってもいい？

B：　どちらか一つでいいでしょ。大きさも同じだし...。

A：　でも、持って行く場所が違うのよ。一つは学校とか、で、一つは友達と出かけるときなんかに...。

B：　一体どこが違うの、同じよ。一つにしなさい。

第11課
Answer & Script

A　ラジオの番組で女の人が話しています。ノートを取りながらこの話を聞いて、あとの質問に答えてください。

> この間ね、ちょっといいことがあったんです。ひさしぶりに大学時代のクラス会を開こうということになって、友達の間で電話でれんらくし合っていた

の。そうしたら、ある友達の電話番号が変わってたのね。その人は結婚して住所も変わってしまってたんだけど、それを知らずに前の番号にかけてみると、とても親切な女の人が出て来てね。

「今度楽しい集まりがあるそうですね。クラスのお友達から何度もお電話がありましたよ。でもね、この番号はその方の番号じゃないのよ。今はどこかほかの所へ行かれたようですね」っていう返事でした。

ふつうは、「あ、間違い電話だ」と思ったら、「違いますよ」とか何とか言って、すぐに電話を切るでしょ。私だけじゃなくて、ほかの友達も何人かその女の人に同じような電話をかけてるって言うし. . . 。私なら「またか」と嫌になって、そんなに親切な話し方はしないと思うのよね。毎日忙しくて、疲れてるときだったから、「こんな人もいるんだなあ」とちょっとうれしくなりました。

そのあと、その友達の今の電話番号が分かって、みんなで集まることができてね、クラス会でそのときのことが話に出たの。知らないでその人の所に電話をかけたみんながね、あんな親切な人珍しい、あの人のお宅に一度電話をかけてお礼を言おう、ということになったんです。ちょっといい話だと思いません、皆さん。

最近は、電車やバスでも知らない人と話すことはないし、知らない番号から電話がかかっても出ない人が多いので、こんな親切な人がいるなんて、今でもまだちょっと信じられない気持ち。でも、知らない人とこんなあたたかい会話ができるっていいことですよね。

ではそろそろ次の音楽に行きますね。今日本で一番よく聞かれて...

❶ この人は何の会を開きたいと思った？（大学時代のクラス会）

❷ ある友達の電話番号は？（変わっていた）

❸ その友達に電話をかけたとき、何があった？（親切な女の人が出てきた）

❹ その人はクラス会について（知っていた／知らなかった）

❺ その人は、何と言った？（「この番号はその方の番号じゃない」）

❻ 間違い電話のときふつうはどうする？（すぐに電話を切る）

❼ この人ならどうすると言っている？（親切な話し方はしない）

❽ この人たちは結局どうなった？（みんなで集まることができた）

❾ そのときみんなで何をした？（親切な女の人に電話をしてお礼を言った）

❿ 最近はどうだと言っている？

    a)（電車やバスでも知らない人と話すことはない）

    b)（知らない人から電話がかかっても出ない人が多い）

⓫ 何がいいことだと言っている？（知らない人とあたたかい会話ができること）

**B** もう一度聞いてください。

☆質問します。正しい答えを選んでください。

「この話で女の人が一番伝えたかったことは何ですか」

a 大学のクラス会はれんらくを取り合うのが大変だったが、やって良かった。

b 友達の電話番号が変わってしまったので、大変困った。

c 親切な女の人にクラス会を開くのを手伝ってもらった。

(d) 知らない人から親切にされて、とてもうれしかった。

**C** 上で取ったノートを見ながら、この話をまとめて友達に伝えてみましょう。

> この女の人は大学時代のクラス会を開きたいと思い、電話でれんらくを取り合ったが、ある友達の電話番号が変わっていた。それを知らずに電話してみると、大変親切な女の人が電話に出た。その女の人は、「この番号はその方の番号じゃないのよ」と説明してくれた。間違い電話なら、ふつうはすぐに電話を切るのに親切に話してくれた。この女の人は、自分ならそんなに親切な話し方はしないだろうと思った。
>
> そのあと、みんなで集まることができたので、その女の人に電話をかけてお礼を言った。
>
> 最近は、電車やバスでも知らない人と話すことはないし、知らない番号から電話がかかっても出ない人が多い。知らない人とあたたかい会話ができるのはいいことだと言っている。

**A** 解答　❶ (b)　❷ (a)　❸ (a)　❹ (c)　❺ (c)　❻ (c)　❼ (b)　❽ (c)

質問　❶ 松本（まつもと）さんはどんな人ですか。

　　　a. 留学生　　　　　　b. 会社員　　　　　　c. 大学生

　　❷ 時間は何時ごろですか。

　　　a. 朝　　　　　　　　b. 昼　　　　　　　　c. 夕方

❸ 松本さんのグループはどんなことを行っていますか。

    a. 日本人と外国人とが一緒に楽しめること

    b. 日本人と外国人とが一緒に出る音楽会

    c. 日本人を外国人に紹介するパーティ

❹ このグループができたのはいつごろですか。

    a. 一年前　　　　　　　　b. 二年前　　　　　　　　c. 三年前

❺ このグループができたのはどうしてですか。

    a. 外国人に知り合いがいたから

    b. 留学生の手伝いをしていたから

    c. 友達と別れてしまうのが寂しかったから

❻ 松本さんはパーティへ行けばだれでもすぐに友達になれると考えていますか。

    a. すぐ友達になれる　　　　　　　　b. 遊べば友達になれる

    c. 遊ぶだけでは友達になれない

❼ 友達になるためにどんなことをしていますか。

    a. 外国人をパーティに招待する

    b. みんなで一緒に考えて何かをやる

    c. 卒業式に集まってさわぐ

❽ これからこのグループがやろうとしていることは何ですか。

    a. スキー旅行に行くこととグループの人を集めること

    b. すきやきパーティを開くこととグループの人が集まる場所をさがすこと

    c. 音楽会を開くこととこんなグループをほかにも作ること

**B**

A：皆さん、おはようございます。『けさも元気で』の時間です。

B：4月 15日金曜日。毎週金曜日は、グループの紹介です。

A：けさのおきゃく様は、大阪の『あい』というグループです。グループから松本さんに来ていただきました。松本さん、どうぞ。

A,B：おはようございます。

C：おはようございます。よろしくお願いします。

A：松本さん。この『あい』というグループですが、どんなことをしていらっしゃるんですか。

C：私たちのグループは、日本に住んでいる外国の人と友達になるためのグループです。

A：と言いますと...。

C：一緒にパーティを開いたり、スポーツや旅行をしたりしています。

B：楽しそうですね。いつごろ、どんなことから始められたのですか。

C：始めたのは今から三年前です。大学のときの遊び友達が集まって。

B：同じ会社に入ってですか。

C：いえいえ。卒業前に、このまま会社に入ってしまうのは寂しいということで、毎月一回休みの日に集まることにしたんです。

A：そこへ外国の人も来られるようになったんですね。

C：ええ、日本人の友達ができないっていうのを聞いたんで、それで呼ぶようになったんです。

B：最近はそのころと違って、外国の方を招待したパーティなんかもたくさんあるようですが...。

C：そうなんですけど、集まって飲んだり、食べたりだけでは、なかなか友達にはなれません。

A：そりゃ、そうですよね。

C：それで、うちのグループでは、来てもらった人に、次に何をするのか一緒に考えてもらうことにしているんです。

B：なるほどね。一緒に何かをすることが大切だということですね。で、これからはどんなことを。

C：ええ、二つあって、一つは留学生と日本人とで音楽会をすること、もう一つはこんなグループを日本中にたくさん作ることです。

A：そうですか。是非これからもがんばってください。グループ『あい』の松本さんでした。それでは、ここでお知らせです。


**C** ❶ 伝聞に基づいて「～しようと決めた」というときの「～ということで」。

　　A：　あのじしんを経験されたそうですが、大変だったようですね。

　　B：　ええ、しばらくは家の中でじっとしてたのですが、次のじしんが来るかもしれないから家にいてはあぶないということで、家族と一緒に近くの小学校へ行ったんです。

❷「～だけじゃあ...」「～だけじゃあね」「～だけでは～ません」などを使って、「難しい、無理だ」という気持ちを伝える。

　　A：またしゅくだいしてないの？じゅぎょうに出て来るだけじゃあ上手になりませんよ。

　　B：すみません、先生。

**A** オートバイが趣味だという人がおおぜいいます。ある女性がオートバイの旅の楽しさについて話をしています。ノートを取りながらこの話を聞いて、あとの質問に答えてください。

> ...休みはやっぱりオートバイですね。私はいつもオートバイに乗って旅に出るんです。一ぱくや二はくだけのちょっとした旅行もあるし、何日もかけて遠くへ出かけることもあります。もう、乗り始めて六年ぐらいかな。北は北海道から南はおきなわまで行っています。そして、たくさんの人と知り合いました。高校を出たばかりの男の子もいれば、四十代、五十代の男性もいます。もちろん、最近は、私のように女性でオートバイを趣味にしている人も増えて、いろいろな所で女性の仲間もできますね。私には、とてもうれしいことです。
>
> 知り合いになるきっかけはいろいろです。旅の途中できゅうけいしているときに話しかけてきた人や、オートバイが動かなくて困っているときに手伝ってくれた人、みんないい人たちばかりで、私は、大好きです。それぞれ年も仕事も違いますが、話をしているととても面白いし、今まで知らなかった世界のことを、たくさん勉強できます。オートバイの話を始めると、もう時間のことなど忘れて話してしまいます。そうして知り合った人たちとは、家へ帰ってからも、メールや写真を送ったりしてれんらくしてるんですが、皆、遠くに離れて住んでいるので、簡単には会えません。
>
> そんなオートバイ仲間と会う機会が年に一度あるんです。それは八月の北海道です。オートバイが趣味だと言う人なら一度は行ったことがあるのではないでしょうか。理由は、八月のきこうでしょうね。日本中あちらこちらからオートバイに乗った人たちが集まってきて、すずしい八月の北海道で楽しい一日を過ごします。
>
> 私ももちろん、旅の途中で知り合った人たちと会うために毎年そこへ出かけます。

❶ 休みになると、何をする？（オートバイに乗って旅に出かける）

❷ 乗り始めて何年？（六年）

❸ どんな所へ行った？（北は北海道から南はおきなわまで）

❹ どんな人と知り合った？　a)（高校を出たばかりの男の子）
　　　　　　　　　　　　　　b)（四十代、五十代の男性）
　　　　　　　　　　　　　　c)（オートバイを趣味にしている女性）

❺ どんなことがきっかけで知り合う？
　a)（旅の途中できゅうけいしているときに話しかけられて）
　b)（オートバイが動かなくて困っているときに手伝ってくれて）

❻ どうしてその人たちの話が面白い？（歳も仕事も違うから）

❼ 何を知ることができる？（今まで知らなかった世界のこと）

❽ オートバイの話を始めると、どうなる？（時間のことなど忘れる）

❾ 帰ってから何をする？（メールや写真でれんらくする）

❿ みんなが集まる機会はいつ、どこで？（八月に北海道で）


**Ⓑ** もう一度聞いてください。

☆質問します。正しい答えを選んでください。

「オートバイの旅が楽しいのはどうしてですか」

a　北は北海道から南は九州までの長い旅行ができるから。

ⓑ　年や仕事の違う人と知り合って、知らなかったことを知ることができるから。

c　オートバイの旅で知り合う人とはオートバイの話しかしないから。

d　遠く離れて住んでいる人にメールや写真を送ることができるから。


**Ⓒ** 上で取ったノートを見ながら、この話をまとめて友達に伝えてみましょう。

> 　この人は休みになると、オートバイに乗って旅に出かける。乗り始めて六年になる。北は北海道から南はおきなわまでいろいろな所へ行き、たくさんの人と知り合った。高校を出たばかりの男の子もいれば、四十代、五十代の男性もいるし、オートバイを趣味にしている女性もおおぜいいる。旅の途中できゅうけいしているときに話しかけてきたり、オートバイが動かなくて困っているときに手伝ってくれたことがきっかけで知り合った人たちはみんないい人ばかりだ。年も仕事も違うため、話も面白いし、今まで知らなかった世界のことを知ることもできる。オートバイの話を始めると、時間など忘れてしまう。帰ってからも、メールや写真を送ってれんらくしているが、皆、遠くに離れて住んでいるので、なかなか会えない。でも、年に一度八月の北海道で会うことができる。この人は毎年そこへ出かける。

**A**

| 解答 | ❶ (c) ❷ (b) ❸ (a) ❹ (c) ❺ (a) ❻ (c) ❼ (a) ❽ (b) |

**質問**

❶ 二人はどこで話をしていますか。
　　a. 会社　　　　　　　　b. 町の中　　　　　　　　c. 大学

❷ だれとだれが話していますか。
　　a. 母と娘　　　　　　　b. 友達と友達　　　　　　c. 姉と妹

❸ どんなことがありましたか。
　　a. ゆう子がトイレに電話を落とした
　　b. みきがトイレに電話を落とした
　　c. ゆう子とみきが電話を拾った

❹ 電話はどうなりましたか。
　　a. 洗ったのでよく聞こえる　　　　b. この会話からは分からない
　　c. 相手の言うことがよく聞こえない

❺ 電話がだめになると、何が一番困ると言っていますか。
　　a. アルバイト関係の情報がなくなる
　　b. メールができない
　　c. 友達の情報がなくなる

❻ これから二人は何をしますか。
　　a. 店に電話をかけて質問する　　　　b. 新しい電話を買いに行く
　　c. 電話を店に持って行く

❼ じゅぎょうはどうすると言っていますか。
　　a. 今日は休む　　　　　　　　　　b. 友達にたのむ
　　c. 今日はじゅぎょうはない

❽ ゆう子は、どうして電話がないと生活できないと言っているのですか。
　　a. アルバイトがなくなるから　　　　b. 落ち着かないから
　　c. 大切な電話ができないから

**B**

A：みき、大変、どうしよう！
B：どうしたの、ゆう子。
A：<u>トイレに電話落としてしまったの...。</u>
B：ええっ、トイレに。<u>そりゃ、大変。</u>
A：<u>拾って洗ってみたけど、何だかよく聞こえないのよ。</u>

B：だれかにかけてみた？
A：うん。みきは、じゅぎょう中だったから、よし子に。でも、音が小さくて、何
　言ってるのかよく分からない。
B：だめになったのかしら。
A：三百人ぐらい入ってんのよ。電話番号やメールの情報。
B：全部消えてしまったら、確かに困るね。
A：そうよ、友達関係はまだいいけど、アルバイトのもたくさんあるから。
B：買ったお店に持ってって、相談してみたら。直してもらえるかもしれないよ。
A：情報が消えてなければいいんだけど...。
B：そうね。まあ、何か方法があるはずよ。お店に行ってみよう。一緒に行ったげ
　る。
A：みき、じゅぎょうは？
B：気にしなくても、大丈夫。いつも出てるじゅぎょうだから。
A：直らなかったら、困るわ。明日から生活できない！
B：そんな...、電話ぐらいで何よ。
A：私、いつも近くにないと、落ち着かないの。みきはそんなことない。
B：そう言えば、私もそうかな。

❶「そんなことになったら困るな、ならないように」と願って言う「〜なければ
　　いいんだけど...」
　　　A：　お父さん、まだ？早く御飯食べようよ。
　　　B：　そうね、せっかく太郎のおたんじょう日なのにね。忘れてなければいい
　　　　　んだけど...。
❷　　会話で相手を安心させる「〜ぐらいで何(だ)よ」という言い方。
　　　A：　あ〜あ、また負けたよ。もうだめだ、生きていられない...。
　　　B：　サッカーのしあいぐらいで何だよ。
　　　A：　だって、あのゆみさんが見に来てたんだよ。

**A** テレビの買い物案内で、男の人が新しいロボットの説明をしています。ノートを取りながらその説明を聞いて、あとの質問に答えてください。

　さて、次にご紹介するのは、新しいアキちゃんです。今度のアキちゃんはこれまでのロボットとは全く違います。大きさや形は人間とだいたい同じ。手や足の動きも、ごらんください、　人間のようです。言葉もちゃんと話せます。このアキちゃん、ボタンを押せば、掃除、洗濯はもちろん、料理も、インスタントラーメンから日本料理、フランス料理、中国料理と何でも作れます。味はすべて本物のレストランの味。ボタン一つで、お好きな料理をお好きな時間に用意いたします。時間もかからないので、長くお待たせすることもありません。

　また、お出かけのときは、アキちゃんが運転します。ちゃんと運転しますから、交通事故など起こしません。安心して乗っていてください。それから、電話番号も正確に覚えることができます。電話をかけたいと思われたら、ここのボタンを使って番号を押してください。一度覚えたら、もう大丈夫。間違い電話をかける心配など全然ありません。

　そんなアキちゃんですが、人間と同じだといっても、機械は機械ですから、食べ物も飲み物もいりません。それでも、病気などしません。いつも健康です。もちろん、いらいらせず、怒らず、寂しいときには友達、困ったときには優しいそうだん相手になってくれます。アキちゃんは、ボタン一つで、友達、おくさん、そして、御主人。あなたの思うままです。今までのロボットとは、全然違います。これまでのアキちゃんよりずっと便利、ずっとお安くなった新しいアキちゃんを、是非一台、いや一人、とおっしゃる方は、今すぐ、ごらんの電話番号にお電話ください。こんなときも、アキちゃんがいればボタンを押すだけでアキちゃんが申し込みをしてくれます。

　テレビをごらんのあなた、今すぐ、アキちゃんをお友達にしてください。

❶ この品物は何？（ロボット）

❷ この品物は今までと（同じ／違う）

❸ 大きさや形、手や足の動きは？（人間とだいたい同じ）

❹ 言葉は？（ちゃんと話せる）

❺ ボタンを押せば何ができる？（掃除、洗濯、料理ができる）

❻ どんな料理が作れる？（インスタントラーメンから日本料理、フランス料理、中国料理と何でも作れる）

❼ そのほかにできることは？　a)（車の運転）

　　　　　　　　　　　　　　b)（電話番号を覚えること）

❽ 食べ物や飲み物は（いる／いらない）

❾ ほかにはどのように役に立つ？（寂しいときには友達、困ったときには優しい
そうだん相手になってくれる）

**B** もう一度聞いてください。
☆質問します。正しい答えを選んでください。
「アキちゃんは人間とどこが違いますか」

a　大きさ、形、手や足の動かし方

b　日本料理、フランス料理、中国料理が作れること

c　車の運転ができること

ⓓ　いらいらしたり、怒ったりしないこと

**C** 上で取ったノートを見ながら、この話をまとめて友達に伝えてみましょう。

> この品物はアキちゃんというロボットであり、今までと違う。アキちゃんは
> 大きさや形、そして、手や足の動きも人間と同じようだ。人間の言葉もちゃん
> と話せる。ボタンを押せば、掃除、洗濯はもちろん、料理もしてくれる。イン
> スタントラーメンから日本料理、フランス料理、中国料理まで、何でも作れる。
> そのほかに、車も運転できるし、電話番号も正確に覚えることができる。しか
> し、アキちゃんは機械だから、食べ物も飲み物もいらない。もちろん、いらい
> らしたり、怒ったりしないので、友達やそうだん相手としても役に立つ。

**第14課**
Answer & Script

**A**

| 解答 | ❶ (b) | ❷ (a) | ❸ (b) | ❹ (c) | ❺ (c) | ❻ (c) | ❼ (b) | ❽ (a) |
| --- | --- | --- | --- | --- | --- | --- | --- | --- |

質問　❶ だれとだれが話していますか。
　　　　a. 姉と妹　　　　　　b. 同じ会社の仲間　　　　　c. 同じ学校の友達
　　　❷ どんな話をしていますか。
　　　　a. 先輩の結婚の話　　　　　　b. 先生の結婚の話
　　　　c. 自分たちの結婚の話

❸ 結婚する人はいくつですか。
　　a. 三十七歳　　　　　　　b. 三十八歳　　　　　　　c. 三十九歳
❹ 結婚する人の相手はどんな人ですか。
　　a. 同じ会社の人　　　　　　　　b. インターネットの会社の人
　　c. 大手メーカーの人
❺ 結婚する人は相手とどのように知り合いましたか。
　　a. 友達の紹介で　　　　　　　　b. 結婚相手を紹介する会社によって
　　c. インターネットを使って
❻ このように知り合うことについて三人はどう思っていますか。
　　a. 会わなくてもいろいろな人と知り合えるので、便利だ
　　b. 会社の中で出会う機会があるので、必要ない
　　c. 相手のことが十分分からないので、怖い
❼ 森田先輩と同じことをしてみようという人がいますか。
　　a. 三人とも考えていない　　　　b. やってみようと言う人もいる
　　c. この会話からは分からない
❽ 三人で競争することになりましたか。
　　a. この会話からは分からない　　b. することになった
　　c. しないことになった


**B**

A: ねえねえ、今度森田先輩結婚するそうよ。

B: ええ、ほんとですか？いつなんですか？

A: 三月に会社をやめて、六月に式だって。

C: お相手は？この会社の人なんですか？

A: ううん、どこかの大手メーカーに勤めてる人らしいわよ。

B: へえ、森田先輩もとうとう「ご結婚」ですか。

A: そう。相手は二つ上だそうよ。

C: そうすると、相手は四十歳か。

A: 森田先輩ね、その相手と去年インターネットで知り合ったんだって。

B: コンピュータ結婚ですか。私も広告見たことあるけど、実際にあるんですね。

A: 今多いらしいわよ。そういうホームページがあるんだって。

C: でも、それって怖いですよね。相手がどんな人か分からないでしょ。

A: うん、私は、実際に会ってみないとと思うけどね。

C: そうですよね。相手がもし悪い人だったら、お金を取られたりとか、会う前に言ってたことが全部うそだったりとか...。

B：<u>私もやってみようかしら、インターネットで...</u>。
A：そうそう、まずあなたやってみてよ。<u>うまくいい人と出会えたら、私もやるから。</u>
C：<u>何言ってるんですか、先輩</u>。まず、先輩からやってみてくださいよ。
B：先輩、<u>いい人さがせるかどうか競争しませんか</u>。
A：あら、もう時間よ。さあ、仕事、仕事。

❶ 取り立てに使われる会話表現の「これ / それ / あれって」。
  A： ねえ、明日から朝十分早く来るようにしようよ。
  B： <u>それって、先輩の考えじゃないですよね</u>。社長に言えって言われたんですよね。
❷ 親しい間で「それは違うでしょう」と言うときの「何言ってるの / 何言ってるんですか」。男性は［何言ってんだ］の形。
  A： 先輩がいないと、楽だね。
  B： <u>何言ってるの、本当は困ってるくせに</u>。

**第14課 Answer & Script**

A　留学生のために開いたお茶の会で、茶道の先生が話しています。ノートを取りながら話を聞いて、あとの質問に答えてください。

> 　先生からお聞きすると、皆さんは日本文化のじゅぎょうで茶道のことを勉強されたそうですね。今日は、それを実際に見て、体験していただきます。
> 　今、皆さんのいらっしゃるこの狭いへやに、何人かの人が座ってお茶を飲む。茶道の勉強をされたときに、ただそれだけのことじゃないか、と思われた方もあるでしょう。立ったり座ったりするとき、お茶を入れたり飲んだりするときにも、一つ一つ決まったやり方がある。大変だなあ、と思われた方もきっとあるでしょう。確かにいろいろな約束を覚えてお茶を入れるのは簡単なことではありません。でも、それぞれの約束は、おきゃく様においしくお茶を飲んでいただくために、一番いいやり方として考えられた約束ですから、一つ一つに意味があるのです。

　今お話をした、おきゃく様においしくお茶を飲んでいただくというのは、茶道の中で私たちが一番大切にしている考え方です。茶道の精神、と言ってもいいでしょう。そう言うと、何かとても大変なことのように聞こえますが、難しいことではありません。おきゃく様と出会えたことがとてもうれしいという思いを表すために、おいしくお茶を入れ、喜んでいただく、ただそれだけを大切にするのだと考えていただいてけっこうです。

　外国から来られた皆さんと今日ここでお会いできたのも何かのご縁でしょう。このきせつの、この時間に、この場所で一緒にゆっくりお茶を飲む、そんな機会は人生でたった一度しかないことです。「よく来てくださいました。この出会いを本当に大切にしたいと思います」。私たちはそんな気持ちで、おきゃく様のためにおいしくお茶を入れます。皆さんにも私たちの思いを受け取っていただいて、どうぞおいしくお茶をめし上がってください。一度しかないこの機会が、どちらにとっても忘れられない出会いの時間になるはずです。そして、茶道の心を少し体験していただけるかと思います。

❶ 留学生たちは茶道について勉強したことが（ある ／ ない）

❷ 今日は何をする？（実際に見て体験する）

❸ 何をするときに、決まったやり方がある？
　　a）（立ったり座ったりするとき）
　　b）（お茶を入れたり飲んだりするとき）

❹ それは何のため？（おきゃく様においしくお茶を飲んでもらうため）

❺ それぞれの約束には意味が（ある ／ ない）

❻ 茶道で一番大切にされている考え方は？（おきゃく様においしくお茶を飲んでもらうこと）

❼ それはどんな気持ちを表すことになる？（おきゃく様と出会えたことがとてもうれしいという思いを表す）

❽ きゃくになった人はどうする？（お茶を入れた人の思いを受け取って、おいしくお茶を飲む）

❾ そうすればどうなる？（一度しかないこの機会がどちらにとっても忘れられない出会いになる）


Ⓑ　もう一度聞いてください。
☆質問します。正しい答えを選んでください。
「茶道では何を大切にするのですか」
a　立ったり座ったり、お茶を入れたり飲んだりするときの決まったやり方

b　お茶の入れ方についての一つ一つの意味

c　おきゃく様との出会いを喜び、大切にする気持ち

d　人生に一度しかない機会を忘れないようにすること

上で取ったノートを見ながら、この話をまとめて友達に伝えてみましょう。

> 　留学生がじゅぎょうで勉強した茶道を体験しに来た。茶道は、立ったり座ったり、お茶を入れたり飲んだりするときに一つ一つ決まった約束があって、大変だという人がいる。しかし、　それは、おきゃく様においしくお茶を飲んでもらうためで、一つ一つに意味がある。おきゃく様においしくお茶を飲んでもらうというのは、茶道の中で一番大切にされている考え方だ。それはおきゃく様と出会えたことがとてもうれしいという思いを表すことである。きゃくになった人にもお茶を入れた人の思いを受け取って、おいしくお茶を飲んでもらえれば、一度しかないこの機会が、どちらにとっても忘れられない出会いの時間になるはずだと言っている。

**解答**　❶ (b)　❷ (c)　❸ (a)　❹ (b)　❺ (b)　❻ (a)　❼ (a)　❽ (c)

**質問**　❶ 先生と呼ばれる人はどんな人ですか。
　　　　a. テレビの番組を作る人　　　　b. 海外経験の多い人
　　　　c. 大学について研究している人
　❷ 何について話していますか。
　　　　a. 外見を良く見せる方法　　　　b. 外国での生活のし方
　　　　c. 文化の違いを理解するのに大切なこと
　❸ 先生は何のために写真を見せましたか。
　　　　a. 外見の違いを比べる　　　　b. 外国の街角を紹介する
　　　　c. 自分の経験を見せる

❹ どんな写真でしたか。
    a. ヨーロッパの有名な所で撮った写真
    b. 外国の普通の場所で撮った写真
    c. 外見の珍しい人たちを撮った写真
❺ 先生は、アジアの人たちを理解するのはどうだと言っていますか。
    a. よく似ているので理解しやすい
    b. よく似ているのでかえって難しい
    c. あまり似ていないので難しい
❻ 女の人は、先生の話をどう理解しましたか。
    a. 初めは反対に理解した　　　　　b. 初めから正しく理解した
    c. この会話からは分からない
❼ 似ていると思うと何が怖いと言っていますか。
    a. 違いが見えなくなる　　　　　b. 違いがはっきり見えすぎる
    c. 自分が分からなくなる
❽ 先生は何が一番怖いと言っていますか。
    a. 相手を間違って理解すること　　　b. 相手を分かろうとしないこと
    c. 相手が分かったと思ってしまうこと


**B**

A：...で、次におうかがいしたいと思いますのは、先生の長い海外経験から考えて、文化の違いを理解するために必要なことは何かということです。先生、いかがでしょうか。

B：そうですね。まず、「外見は怖い」ということを忘れないことですね。

A：外見と言いますと、それはかみや目の色、服装ということでしょうか。

B：ええ、この写真を見てください。こちらはヨーロッパやアメリカで普通に出会う人たち。そして、これがアジアのある国の街角で撮った写真。写っている人たちを比べてみてください。

A：先生、そちらのお写真を、もう少しカメラの方に...はい、どうも。アジアの人たちは私たちと大変外見が似ています。

B：確かにこの写真の人たちを見ると、アジアの人たちは、私たちに近くて何か親しい感じがしますよね。

A：それで、先生がおっしゃる「外見が怖い」というのは...。

B：簡単に言いますと、最初に自分と似ていると感じるか、全く違うと感じるかで

56

その土地の人たちとの付き合い方が変わってくるということなんです。

A：つまりそれは、似ていると感じるということは、相手を理解しようという心の準備ができていると、そういうことなのでしょうか。

B：普通はそう考えるところですが、私はその反対だと思うんです。

A：とおっしゃいますと...。

B：自分と似てると感じてしまったら、本当は違う所も多いのに、その違いがよく見えなくなってしまって、かえって間違った理解をしてしまうことが多いんです。

A：お互いの間が近いと思ってしまうと、安心して、それで、間違って理解することが多い。それが、怖いのだと...。

B：そういうことなんですよ。これは、私も、何度も経験したことなんです。違う言い方をすると、お互いに分かり合おうとするときに、分かったつもりになるというのが一番怖いことだということなんです...。

❶ 「簡単に言いますと」という表現の意味は相手に注目させる機能を持っている点を指摘。

   A：日本での生活、どうでしたか。

   B：そうですね、簡単に言いますと ... 忙しすぎたということでしょうか。いつも時間に追われてるようでした。

❷ 相手の言ったことを他の言葉や例で説明してみて、自分の理解を確認する「それは〜ということでしょうか」、「ということですか」。

   A：私たちが子供のころは日本もこんなに豊かじゃなくて、両親も生活のために一生懸命働いていました。「子供は親の背中を見て育つ」と言われたものですよ。

   B：それは、わざわざ教えなくても子供は両親の一生懸命な生き方を見て、何かを学ぶということでしょうか。

   A：そうです。学校でする「勉強」ではなくてね...。

57

**A** 日本文化を研究している先生が「ウチとソトの関係」について意見を言っています。ノートを取りながらこの話を聞いて、あとの質問に答えてください。

　私は時々思うんですがね、日本人は、ウチとかソトとか言って、他人との付き合い方が違う、心が狭いなんてことが言われますが、あれ、本当に日本だけなんでしょうか。たとえばですね、テレビで外国の映画なんか見てると、よく出てくるでしょう、「よそ者」って言葉が。その国の言葉でも実際に「よそ」「もの」という二つの言葉を使うのかどうか、それは知りませんがね。

　「よそ」というのは「ほかの場所」という意味、ほかの町、つまり外の世界から来た人間を「よそ者」というわけでしょう。映画の中のよそ者は、新しい町や村で生活を始めようとすると、町中、村中からいじめられたりする、こんな話、皆さんも見られたことあるでしょう。ところが、新しく来た人をいじめる村や町の人たちってのが、決して悪い人ばかりじゃない。優しくて、いい父親や母親なんです、映画の中では。知っている人たちの間では、そう、今日お話をしています「ウチ、ソト」という言葉を使いますと、ウチ社会ではですね、なかなかみんな規律正しい人たちです。自分たちの生活は大切に守って、毎日楽しくやってる。そんな普段の生活の中で、自分だけソトから来た「よそ者」に親切にしたり、友達になったりするということは、大変なことなんですよ。秩序を乱したってことで、生活を一緒にしている村や町の人間から、今度は自分がいじめられることになる。

　普通のお父さんやお母さんが、自分の毎日の生活を変えたくないから、仲間からいじめられたくないから、ソトから来た人をなかなかウチに入れない。よく考えてみれば、こんなこと当たり前で、何も不思議なことはない。新しく来た人を、よそ者として扱って自分の世界に入れないっていう話は、映画やテレビだけの話じゃなく実際には、世界中、どこにでもあるんですよね。自分の毎日を考えてみてもらえば、そんなに珍しいことでも、日本だけのことでもないということ、皆さんにも分かっていただけるだろうと思います。

❶「ウチとソト」の話は（日本だけ ／ 日本だけではない）

❷ 外国の映画ではどんな言葉がよく使われる？（よそ者）

❸「よそ」というのはどんな意味？（ほかの場所）

❹「よそ者」はどうなる？（町中、村中からいじめられる）

❺ この人は生まれたときどうだった？（小さくて丈夫ではなかった）

❻ 町や村の人はどんな人？（決して悪い人ではなく、優しくていい父親や母親）

❼ その人たちは、ウチ社会ではどうしている？（規律正しく自分たちの生活を大切に守っている）

❽「よそ者」に親切にするとどうなる？（今度は自分がいじめられる）

❾ それはどうして？（秩序を乱したから）

❿ ソトから来た人を入れないという話は実際に（ ある / ない ）

**B** もう一度聞いてください。

☆質問します。正しい答えを選んでください。

「よそ者」をいじめるのはどんな人たちですか。

a　よそから来た人が嫌いな悪い人たち

ⓑ　町や村の中では優しくていい父親や母親

c　いつも町や村の秩序を乱す人たち

d　映画やテレビの中だけで実際にはいない

**C** 上で取ったノートを見ながら、この話をまとめて友達に伝えてみましょう。

> 　「ウチとソト」の話は日本だけのことではない。たとえば、外国の映画にもよそ者という言葉がよく出てくる。「よそ」というのはほかの場所という意味で、「よそ者」は外の世界から来た人間というわけだ。
>
> 　「よそ者」が新しい町や村で生活を始めようとすると、町中、村中からいじめられる。ところが、いじめる人たちは決して悪い人ばかりではなく、優しくていい父親や母親だ。ウチ社会では、規律正しい人たちで、自分たちの生活は大切に守って、毎日楽しくやってる。その中でもし「よそ者」に親切にしたり、友達になったりすると、秩序を乱したということで、今度は自分がいじめられる。
>
> 　ソトから来た人をなかなかウチに入れないという話は、実際には世界中どこにでもある。

**A** 解答　❶ (a)　❷ (b)　❸ (a)　❹ (b)　❺ (b)　❻ (b)　❼ (c)　❽ (c)

質問　❶ 何の話をしていますか。

a. 男と女とどちらに生まれたいか　　b. 男と女とどちらが大切か

c. 男と女とどちらが自由か

❷ 山田さんはどうして男と言いましたか。

a. お兄さんが好きだから　　　　　　b. 男の方が自由だから

c. お父さんも男だから

❸ 田中君はどちらを選びましたか。

a. 男　　　　　　　　　　b. 女　　　　　　　c. この会話からは分からない

❹ それはどうしてですか。

a. 家族の世話をしたいから　　　　　b. お母さんを見て大変だから

c. お母さんを手伝いたいから

❺ みんなはどうして笑いましたか。

a. 田中君がお母さんの話をしたから

b. 田中君がお酒の話をしたから

c. 田中君が外国の話をしたから

❻ 佐藤さんはどちらを選びましたか。

a. 男　　　　　　　　　　b. 女　　　　　　　c. この会話からは分からない

❼ 先生は、どちらがいいと思っていますか。

a. 男　　　　　　　　　　b. 女　　　　　　　c. この会話からは分からない

❽ 先生は、みんなに何をしてほしいと言いましたか。

a. 今のままがいいと思ってほしい

b. お父さん、お母さんを大切にしてほしい

c. 自分が大切だと思うことを頑張ってしてほしい


**B**

A：次の質問。今度生まれてくるとき、男がいいか、女がいいか？はい、山田さん。

B：男がいいです。お兄さんは何をやっても自由なのに、私はすぐにあれはだめ、
これはだめって。女の子のくせにって言われます。

A：そうか。じゃ、次の人。じゃあ、田中君。

C：うちのお母さん見てたら、毎日毎日大変だから。買い物に料理に洗濯に掃除
....。家族の世話に追われるだけなんて、面白くないと思う。だから今のま
まがいい。

A：でも、お父さんも大変だろ、毎日仕事で。朝早くから満員電車で通勤して、夜
はなかなか帰れないし。先生もそうだけど。

C：でも、外で仕事をしていたら、外国やいろんな所へ行けるし、いろんな人とも

知り合いになれるし。毎晩お酒も飲めるし。

D：先生！

A：はい、佐藤さん。佐藤さんは、どっちがいいと思うんだ。

D：私も今のままです。お父さんは、どんなに疲れていても、がんばって仕事に出て行きます。もうちょっとゆっくり休んで欲しいと思っても、日曜日も仕事に行きます。時々、かわいそうになります。だから、私はやっぱり女がいいです。

A：そうか、お父さん大変だね。

　[みんなの声で、「先生は、どっち」という声が聞こえる]

　さあ、どっちだろう。みんな、みんな。ちょっといいか。一つ考えて欲しいことがある。今から先生が言うこと、静かにして聞いてくれ。

　[「先生、ずるいよ」「先生、どっち」と、ざわざわしている]

　静かに。山田さんは、お兄さんを見て男がいいと言った。田中君は、お父さんを見て、男がいいと言う。でも、佐藤さんは、お父さんを見て、女がいいと言う。静かにして。お母さんが頑張ってくれないとみんな明日からとっても困るだろ。お父さんもそう。お父さんが頑張らなくなったら、みんな生きていけなくなるかもしれないぞ。お父さんも、お母さんも、今していることが大切だと思うから、頑張ってる。先生は、男がいいか女がいいかじゃなくて、自分が大切だと決めたことを、一生懸命頑張るってことが大事だと思う。では、次の質問。

❶　答えが分からないとき、分からないふりをするときの「さあ(ね)」。

1) A：あら、キムさんはまだですね。今日はお休み？

　B：さあ？朝ねぼうでもしたんじゃないでしょうか。

2) A：洋子、たかしと付き合ってるって知ってた。

　B：さあ、私は聞いてないけど。

❷　相手に許可を得たり、注目させて、意見を言うときに使う「ちょっといい」と「ちょっといいですか」。

1) A：すみません、先生。ちょっとよろしいでしょうか。

　B：ああ、チンさん。何ですか、どうぞ。

2) A：これで分かっていただけました、私の話。

　B：よく分かりました。でも、ちょっといいですか。

**A** サラリーマンについていろいろな本を書いている人が、ある会社でおおぜいの社員を前に話しています。ノートを取りながらそれを聞いて、あとの質問に答えてください。

> ご紹介をいただきました友田でございます。私は、御覧のように日本人です。ですから、日本人が決まってやる方法で、今日の話を始めさせていただきます。日本人はだいたい、「すみません」とあやまってから、話を始めることが多いんです。たとえば、「時間がなくてあまり用意できていませんが」とか、「私は、そんなに面白いお話はできませんが」とか言って、話し始めるんです。それで、私も今日は「すみません」から話を始めようと思うのです。
>
> では始めます。すみません。私は社会的にはサラリーマンの話を書いている作家ということになっているのですが、本当はサラリーマンをやった経験はほとんどないんです。ちょっとしたアルバイトをしたことはあるんですが、サラリーマン生活は知らないんですよ。その私が、ここでサラリーマンの皆さんにどんな話ができるんですか。できませんよ。ですから、最初、今日の話が来たとき、ちょっと忙しいのでと係の方に申し上げたんです。ところが、今日の話を持ってこられた方がまた大変熱心な、一生懸命な方で、何度もお電話をくださるもんですから、ついつい「分かりました」なんて言ってしまいました。
>
> しかし、そうは言ったものの、どんな話をしたらいいかと考えてしまいました。私はサラリーマンの話はたくさん書きましたが、みんなサラリーマンの暗い、かなしい話なんです。皆さんの毎日を外側から見ているとどうしてもそうなってしまうんですね。それは、私が本当にサラリーマンの生活を知らないからなんです。それで考えたんです。もう「サラリーマンと人生」なんて話はやめて、「明るいサラリーマン」ということで、今日はひとつ皆さんにサラリーマンの生活の楽しさを教えていただこうというわけです。この中には友田の話を聞いてこいと言われていらっしゃった方も多いと思います。でも、今日は我慢してじっと聞いているだけではなく、普段言えないことを何でも好きなだけ話していただいて、しばらく楽しくやりたいと思いますので、よろしくお付き合い願います。

❶ 日本人はどんな方法で話を始める？（すみませんとあやまってから始める）

❷ 友田さんはどうしてあやまった？（サラリーマンの経験がほとんどないから）

❸ サラリーマンについて話すことが（できる / できない）

❹ この仕事をたのまれたとき最初はどうした？（忙しいのでと係の人に言った）

❺ どうして話すことにした？（係の人が熱心で何度も電話をくれたから）

❻ この人が書いた話はどんな話？（サラリーマンの暗いかなしい話）

❼ それはどうして？（外側から見ているだけだから）

⑧ 今日はどんな話をするつもりだった？（サラリーマンと人生）

⑨ みんなに何を教えてもらう？（サラリーマン生活の楽しさ）

⑩ 話を聞いている人に何をしてもらう？（普段言えないことを好きなだけ話してもらう）

**B** もう一度聞いてください。

☆質問します。正しい答えを選んでください。

「サラリーマンの生活を外側から見ると、どのように見えると言っていますか」

a　サラリーマンの生活は楽しくて、明るい。

ⓑ　サラリーマンの生活は暗くて、かなしい。

c　サラリーマンは毎月給料がもらえるから、楽だ。

d　サラリーマンの人生は難しい。

**C** 上で取ったノートを見ながら、この話をまとめて友達に伝えてみましょう。

> 友田さんは<u>サラリーマンをした経験はほとんどない</u>と、あやまって話を始めた。サラリーマンをしている人にサラリーマンの話はできないので、最初は<u>忙しいので</u>と言ったが、<u>係りの人が熱心に電話をくれたので</u>、結局やることにした。
> 友田さんが書いた話はサラリーマンの暗いかなしい話ばかりだが、それは<u>外側から見ているだけ</u>で、<u>本当にサラリーマンの生活を知らないから</u>だと言っている。それで、今日は『サラリーマンと人生』という話はやめて、みんなに<u>サラリーマンの生活の楽しさを教えてもらう</u>ことにした。聞いているだけでなく、<u>普段言えないことを何でも好きなだけ話してほしい</u>と言っている。

**A** 　解答　　❶ (c)　❷ (b)　❸ (c)　❹ (b)　❺ (b)　❻ (a)　❼ (b)　❽ (b)

　質問　　❶ 三人は何の話をしていますか。

　　　a. 動物の話　　　　　　　b. スポーツの話　　　　　　c. 性格の話

❷ ウサギ型、カメ型というのは何ですか。

　　　a. 動物の分け方　　　　　b. 人間の分け方　　　　　　c. 走り方

❸ ウサギ型というのはどんなタイプですか。

　　　a. 最初から最後まで早い　　　　　b. 最初から最後まで遅い

　　　c. 最初は早いが最後まで続かない

❹ カメ型というのはどんなタイプですか。

　　　a. 早いが途中で休んでしまう　　　　b. 遅いが休まず走り続ける

　　　c. 最初は遅いがだんだん早くなる

❺ いつも休まず努力をするのは何型ですか。

　　　a. ウサギ型　　　　　　　b. カメ型　　　　　　　　c. B 型

❻ 男の人は自分の性格をどのように言っていますか。

　　　a. ウサギ型　　　　　　　b. カメ型　　　　　　　　c. O 型

❼ 男の人は A 型の女の人についてどのように言っていますか。

　　　a. いつもまじめに努力する人

　　　b. 落ち着いていて、意見をまとめるのが上手な人

　　　c. 何でも途中でやめたくなる人

❽ 女の人は男の人が B 型だとどうして分かりましたか。

　　　a. 典型的だから　　　　　b. 楽天的だから　　　　　　c. まじめだから

B：は〜い、お茶が入りましたよ。じゅん君はコーヒー、ゆかりは紅茶っと。

A：ねえねえ、まさ子もここに座って。まさ子は、ウサギ型？カメ型？

B：なあに、突然？何の話なの？

A：やだあ、そんな顔しないで。性格の話よ。

C：最初はウサギのように早く走るけど、あとは長く続かないタイプか、それと
　　も、カメのように遅くても休まず続けていくタイプかってこと。

A：そうそう。ウサギとカメのお話、知ってるでしょ？

C：ウサギは途中で寝てしまうんだけど、カメはその間も一生懸命走って、結局競
　　争に勝つっていうあの話。まさ子さんは自分がどっちのタイプだと思います？

B：あっ、ケーキ忘れてた。ちょっと、待ってて。

C：まさ子さんはカメ型だな、どう見ても。まじめだもん。

A：そうかなあ。ウサギのような所もあると思うけど。

B：ごめん、ごめん。はい、おいしいよ、ここのケーキ。で、さっきの話はどう
　　なったの。

A：じゅん君がね、まさ子はカメ型でしょうって？

B：カメ型。もっとかわいくてきれいな動物がいいけどな。じゅん君はどっち？

C：僕はウサギ型。典型的ですよ。早く走るけど続かないんだよなあ。何でも途中でもういいかなって思ってしまう方だから。＿＿＿＿＿＿

A：じゅん君、もしかするとB型でしょう。それに兄弟の一番下じゃない。

C：はい、その通りです。よく分かりますね、ゆかりさん。

A：だって、いつも楽天的だもん。

B：そういわれれば、そんな感じね。

C：ゆかりさんは、いつも落ち着いてるし、みんなの意見をまとめたりするのが上手だから、A型ですよね、きっと。それに一番上。

A：当たった。よく言われるのよ、みんなから。お姉さんタイプだって。

[チャイムの音と外から大きな声で「お母さん、ただいま」という声]

C：あっ、まさ子さん、カメさんの子供が帰ってきましたよ。

B：あの子は、O型のウサギ。お父さんと一緒。

 ❶ 子供や女性の会話で使われる「だって〜もん」。「〜ものですから」という形は第12課で既習。

  A：ただいま。あれ、もう晩御飯食べ始めてるの？

  B：だって、お父さん遅いんだもん。おなかがすいて...。

❷ 相手の言うことが正しいかもしれないなという気持ちを伝えようとするときの「そういわれれば」。

  A：あの人、きっと関西（かんさい）だよ。

  B：どうしてそう思うの。

  A：だって、言葉が。

  B：ああっ、そういわれれば、そうかな。

 企業からのそうだんを受けて、様々な問題を一緒に考えるある会社の社長の話です。ノートを取りながら聞いて、あとの質問に答えてください。

　ええ、それから、最近会社の社長や経営者たちからよく質問される問題があるんです。それは「なぜ社長は社長であるのか」っていう問題です。つまり、こういうことができるから社長なんだとか、反対に社長になる人はこういうことができなければいけないんだとか、社長になるための決まったタイプがあるかどうかということなんですね。皆さんにも分かっていただけると思うのですが、そういう質問は聞くのは簡単ですが、答えるのはなかなか難しいんです。また、日本とほかの国、たとえばですね、アメリカではずいぶん違うんです、この社長という仕事に対する考え方が。

　アメリカの社長は頭も良くて、判断が早くて、自分一人で何でも決められる人。自分の仕事のやり方を部下や同僚、そして、取り引きをしている相手にもはっきりと知らせて、反対の考えの人があれば、その人と十分に話し合って次から次に仕事をやっていく人。相手と競争しながら勝って、自分の仕事を続けていくタイプ、そういう人が多いし、そういうタイプの人でなければ、社長として受け入れられないんです。

　ところが、私は、今の会社の社長になって、もう二十年にもなるのですが、こういうタイプの社長は日本ではなかなか受け入れられませんね。日本の社長は、頭が悪くてもいいというわけではないんですが、日本の会社には、ちょうど父親のようにみんなの意見をまとめていくタイプの社長が合うようです。どんなに力があって仕事のできる人でも、協力する人がいないと社長としてやっていけない。「みんなで決めたんだから、一緒に頑張ろうじゃないか」というようなタイプの社長が日本型ということになるんでしょうか。最近は、アメリカ型の社長も出てきてはいるようですけれど、日本の経営者として、どちらのタイプがいいかは簡単には決められない問題ですね。

　ここまでで何かご質問があれば…

❶ よく経営者から質問されることは？（なぜ社長は社長であるのか）

❷ これは日本とアメリカとでは（同じ ／ 違う）

❸ アメリカでは社長はどんな人？

　　a)（頭が良くて、判断が早くて、自分一人で何でも決められる人）

　　b)（自分の仕事のやり方を相手にはっきりと知らせて、反対の人とは十分に話し合う人）

　　c)（相手と競争しながら勝って、自分の仕事を続けていく人）

❹ アメリカ型の社長は日本ではどう？（受け入れられない）

❺ 日本では社長はどんなタイプ？（父親のようにみんなの意見をまとめていくタイプ）

❻ それはどうして？（協力する人がいないと、社長としてやっていけないから）

❼ 最近の日本の傾向は？（アメリカ型の社長も出てきている）

❽ どちらの型がいいと言っている？（決められない）

**B** もう一度聞いてください。
☆質問します。正しい答えを選んでください。
「アメリカ型の社長が日本で受け入れられないのはどうしてですか」
a　日本では社長は何でも自分一人で決めなければならないから。
b　日本では自分の仕事のやり方をはっきり知らせてはいけないから。
ⓒ　日本では自分一人で仕事をするのではなく、協力し合わねばならないから。
d　日本では反対する人に勝つ必要はないから。

**C** 上で取ったノートを見ながら、この話をまとめて友達に伝えてみましょう。

> 　最近会社の社長や経営者たちからよく質問されることは「なぜ社長は社長であるのか」という問題だ。これは日本とアメリカとでずいぶん違う。アメリカの社長は、頭が良くて、判断が早くて、自分一人で何でも決められる人。自分の仕事のやり方を相手にもはっきりと知らせて、反対の人とは十分に話し合う人、相手と競争しながら勝って、自分の仕事を続けていくタイプ。ところが、こういうタイプは日本ではなかなか受け入れられない。日本型の社長は、父親のようにみんなの意見をまとめていくタイプ。それは、協力する人がいないと、社長としてやっていけないからだ。最近は、アメリカ型の社長も出てきているようだが、どちらのタイプが良いかはなかなか決められない。

**A**

解答　❶ (b)　❷ (c)　❸ (a)　❹ (b)　❺ (c)　❻ (b)　❼ (b)　❽ (a)

質問　❶ きせつはいつですか。
　　　a. 秋　　　　　b. 冬　　　　　c. 春
　　　❷ この家族は何人ですか。

　　　　a. 三人　　　　　　　　b. 四人　　　　　　　　c. 五人

❸ 父は今どこに行っていますか。

　　　　a. 仕事　　　　　　　　b. スキー　　　　　　　　c. 映画

❹ 娘は家に帰ってすぐ何をしましたか。

　　　　a. おふろに入った　　　b. こたつに入った　　　c. 御飯を作った

❺ 昔この家族はこたつで何をしましたか。

　　　　a. ゲームをした　　　　b. テレビを見た　　　　c. なべ料理をした

❻ どうして新しいこたつを買いましたか。

　　　　a. 家が新しくなったから　　　　b. みんなが大きくなったから

　　　　c. こたつが壊れたから

❼ 新しいこたつになってから、家族はどうなりましたか。

　　　　a. 集まって話をするようになった

　　　　b. 一緒に御飯を食べることが少なくなった

　　　　c. みんながこたつを離れなくなった

❽ 母は何を残念がっていますか。

　　　　a. 家族が集まらなくなったこと　　　　b. 親子が断絶したこと

　　　　c. みんなが大きくなったこと


**B**

A：ただいま。ああ、寒い、寒い。

B：まあ、ちょうど良かった。今、御飯食べようと思ってたとこよ。えつ子さん、元気だった。

A：秋に結婚するって。あら、今日はだれもいないの。

B：お父さんは出張だし、ゆうすけは昨日からスキーでしょう。それにゆみはお友達と映画を見に行くんだって。

A：ああ、あったかい。やっぱりこたつはいいわね。

B：けい子は昔からこたつが好きで、こたつを離れなかったものね。

A：だって、寒いの大嫌いなんだもん。

B：昔はこたつでよくなべを囲んだわね。子供たち、みんな大好きで競争して食べてたわ。

A：ほんと、ほんと。ゆうすけなんか、すっごくはやかったものね。

B：けい子だって、負けてなかったでしょう。

A：そうだった。［携帯電話の着メロ］あっ、ごめんなさい。もし、もし...。
　　お母さん、ごめん。えつ子から。

B：長い電話ね。<u>さっきまでおしゃべりしてたんじゃなかったの</u>。

A：まあ、いろいろあるでしょう。

B：みんなが大きくなって、<u>これじゃ狭いからって</u>...。

A：ああ、<u>まだこたつの話続いてるの</u>。

B：そう。<u>せっかく大きいこたつを買ったのに</u>。みんなが一緒に御飯を食べることも少なくなって。

A：<u>そんなこと言ったって、みんなもう子供じゃないんだし</u>。

B：それは分かるけど。<u>最近は集まって話をすることもないじゃない</u>。

A：<u>家族団らんもいいけどね、狭い所にいつもみんなでいたら</u>、疲れちゃうわよ。

B：あ〜あ、<u>とうとう、うちも親子の断絶かしらね</u>。

A：お母さん、食べよう。おなかすいた。

❶ 相手に、「言っていることは分かるけれど、無理だ」という気持ちを伝える「そんなこと言ったって」という言い方。

  A：ああ、スイカ食べたい。テレビを見てたら、急に食べたくなってきた。

  B：スイカ ?! そんなこと言ったって、冬にスイカなんてありませんよ。

❷ 「それも大切なことは分かるけど、今もっと大切なことや問題があるのでは」と視点を変えさせるときの「〜もいいけど(ね)」という言い方。

  A：ねえ、見て見て、今日ね、デパートでこのセーター買ったの。ちょっと派手かしら。

  B：そんなことないわよ。きれいな色。

  A：そうでしょ。この色が気に入ってね、ちょっと高いかなと思ったんだけど、買ったの。

  B：<u>お母さん、セーターもいいけど、変なにおいがしてるわよ</u>。おなべ、おなべ。

ラジオの番組で女性が面白い話をしています。メモを取りながらその話を聞いて、あとの質問に答えてください。

　続いて、皆様からのお手紙を紹介する時間です。今日は、手紙を出すのは初めてという高校生日高さとる君からのお手紙です。日高君、今も聞いてくれていますか。では、お手紙を読みます。「いつも楽しい音楽と面白い話、ありがとうございます。この番組についてちょっと前に僕の家で起こったこと、今日は、それを聞いてもらおうと思ってこの手紙を書いています。

　うちの父は出張が多く、母もバイオリンをやっていて音楽関係の仕事で家にいないことが多いのですが、先日これを聞いているところへ父が帰ってきたんです。勉強の疲れを取るために聞いていたのですが、勉強もしないで夜遅くまで起きていると思ったのでしょう。こんなもの聞いていたら勉強なんかできない。ラジオを消して勉強しろと言うので、けんかをしてしまったんです。次の日、母にも同じことでしかられて、大変でした。父が母に勉強もしないでラジオばかり聞いていると言ったらしいのです。いくらそうじゃないと言っても、二人が全然分かってくれないので、『じゃ一度一緒に聞いてみてよ』ということになりました。

　その夜三人一緒に聞いてみたんです。初めは『何だ、こんなもの』と言っていたのが、途中で面白いことになりました。というのも、二人が若いころ一緒に見た映画の音楽が流れてきたんです。母が友人とやっている毎月の音楽会の案内まであったので、二人とも大喜びをして、熱心に聞き始めました。そして、『これならそんなに悪くもない』って言い始めたんです。そのときから、家族が家にいるときは、一緒に聞くようになりました。これからもいい番組を続けてください。父と母に、七十年代の映画音楽をお願いします。」

　日高君、いいお話をありがとう。これからも、楽しい番組になるようみんなで頑張ります。日高君も、お父さんも、お母さんも、ずっと聞いてくださいね。

❶ これはだれからの手紙？（高校生の日高さとる君）

❷ 御両親はどんな生活をしている？　a) お父さん（出張が多い）

　　　　　　　　　　　　　　　　　b) お母さん（音楽関係の仕事で家にいない）

❸ 番組を聞いているとき、何があった？（お父さんが帰ってきた）

❹ お父さんに何と言われた？（ラジオを消して勉強しろ）

❺ そのあと、どうなった？（お父さんとけんかをした）

❻ 次の日お母さんからは？（同じことを言われて、しかられた）

❼ 何をすることにした？（一度一緒にラジオを聞くことにした）

❽ 初めは何と言った？（「何だ、こんなもの」と言っていた）

❾ 途中でどんなことがあった？（二人が若いころ一緒に見た映画の音楽が流れてきた）

❿ そのほかには何があった？（お母さんが友人とやっている毎月の音楽会の案内）

⓫ 結局御両親は何と言った？（「これならそんなに悪くもない」と言った）

⓬ このあと、この人たちは？（家族が家にいるときは一緒に聞くようになった）

 もう一度聞いてください。

☆質問します。正しい答えを選んでください。

「この家族はどんな家族ですか」

a　父が大変忙しいので、母とこの子供だけで過ごすことが多い。

b　母が大変忙しいので、父とこの子供だけで過ごすことが多い。

Ⓒ　父も母も忙しく、家族みんなで過ごす時間があまりない。

d　父と母と子供の三人でラジオなどを聞いて過ごすことが多い。


Ⓒ　上で取ったノートを見ながら、この話をまとめて友達に伝えてみましょう。

> 　ラジオの番組に高校生の日高さとる君から手紙が来た。それによると、日高君両親は忙しく、家にいないことが多いそうだ。先日日高君がラジオを聞いているとき、お父さんが帰ってきて、「ラジオを消して勉強しろ」と言うので、けんかをした。次の日、お母さんにも同じことを言われて、しかられた。
> 　両親が少しも分かってくれないので、三人で一緒に聞いてみることにした。初めは、「何だ、こんなもの」と言っていたが、途中で二人が若いころ一緒に見た映画の音楽が流れてきたり、　お母さんが友人とやっている毎月の音楽会の案内まであったので、結局、「これならそんなに悪くもない」ということになった。そのときから、家族が家にいるときは一緒に聞くようになったとのことだ。

第19課
Answer & Script

Ⓐ　解答　❶ (a)　❷ (a)　❸ (c)　❹ (b)　❺ (c)　❻ (b)　❼ (c)　❽ (b)

質問　❶ 場所はどこですか。
　　　　a. 日本以外の国　　　　　　　b. 日本
　　　　c. この会話からは分からない
　　　❷ 社長と呼ばれる人は、昔ここで何をしていましたか。
　　　　a. 仕事　　　　　　　　　　　b. 勉強
　　　　c. この会話からは分からない

❸ ここはどんな街ですか。
 a. 六年前から急に変わり始めた  b. 昔とはすっかり変わった
 c. 昔とあまり変わらない
❹ 二人は何をさがしていますか。
 a. 昔あったレストラン  b. 昔住んでいた所
 c. 昔仕事をしていた所
❺ 昔レストランにだれがいたと言っていますか。
 a. 親切なおばあちゃん  b. 親切なおじいちゃん
 c. 親切な女の人
❻ この街で一番変わったことは何ですか。
 a. 人が増えた  b. 車が増えた  c. 道路が増えた
❼ さがしていた物はありましたか。
 a. なかった  b. よく似た物があった
 c. 昔のままで残っていた
❽ 社長が「若い日の思い出」というのは何のことですか。
 a. 今いる街のこと  b. 建物のこと
 c. レストランにいた人のこと


**B**

A：あそこ、あそこ。あそこの角を曲がった所に古いアパートがあるはずだ。

B：よく覚えてらっしゃいますね。でも、社長がここにいらっしゃったのは、ずいぶん前のことじゃないんですか。

A：正確には、二十四年前だよ、私がここの事務所にいたのは。でも、あまり街の様子が変わってないから...。

B：この辺りは、私が来てからもあまり変わっていませんですね。

A：木下君は、こっちに来て何年になる？

B：ちょうど六年過ぎたところです。

A：もう、そんなになるのか。そろそろだれかと替わろうか。あっ、あった、あった。あのみどりの建物。あれが私が住んでいたアパートだよ。

B：ああ、あれが、そうですか。確か、今でもアパートとして使われているんじゃないでしょうか。

A：まさかとは思ったけど、まだあったんだね。懐かしいなあ。独身だったからね、あのころは。ええっと、そうそう、アパートの横にあるレストランで食事をして。あれ、レストランも昔のまま残ってるよ。見えるだろ、黄色のかんばんのある店。

B：はい、はい。あのレストランには、私たちも時々出かけます。<u>肉料理がおいし</u><u>くて、有名なんです。</u>

A：そうだったかな。覚えているのは、あそこに親切な女の人がいたこと。<u>もう、</u><u>すっかりおばあちゃんだろうな、私が、もうすぐ五十五だからね。</u>

B：社長、気を付けてください。

A：ああ。街は変わらないけれど、車だけは多くなったな。<u>私がいるころは、車も</u><u>少なかったし、もっと古い壊れそうな車が走ってたもんだけどな。</u>

B：そうですか。<u>車は増えるけれど道路は昔のままですから、一日中あちらこちら</u><u>渋滞で大変です。</u>

A：そうだろうね。昔、日本もそうだったよ。木下君なんか、その時代を知らない
だろうな。ええっと、あっ本当だ。まだ、アパートとして使ってるよ。<u>空き部</u><u>屋ありってかんばんが出てる。</u>

B：本当ですね。でも、ちょっと古いから、<u>ここに住もうと思う人は少ないでしょ</u><u>うね。</u>

A：そうだろうな。でも、<u>私には、本当に懐かしい若い日の思い出の建物だよ。</u>中
に入って、部屋見せてもらえるかな。ええっと、<u>三階のあの小さなまどのある</u><u>部屋。</u>

B：<u>だれも住んでなければ大丈夫だと思いますが</u>...ちょっと中に入って尋ねて
みますので、お待ちください。


**C**

❶ 相手の説明に驚いたり、相手の気持ちに合わせるときの「そんなに〜」という
言い方。

1) A：ねえ、今日田中君見なかったけど、どうかしたの。

B：おとといからかぜで、四十度の熱を出して寝てるよ。

A：<u>まあ、そんなにひどいの。</u>

2) A：昨日見た映画、良かったわ。もう一度見に行こうかな。

B：<u>へえ、そんなに良かったの。</u>

❷ 予想外の結果が出たときの「まさかとは思ったけど」。

A：最近田中君見ないけど、どうかしたの。

B：ああ、やめたよ、大学。前からやめたいって言ってただろ。

A：<u>まさかとは思ったけど、本当にそうだったの。</u>

**A** 飛行機事故で亡くなった人が書いた遺書について話しています。ノートを取りながらその話を聞いて、あとの質問に答えてください。

「マリコ、津慶、知代子、どうか仲良く頑張ってお母さんを助けてください。お父さんは本当に残念だ。きっと助かるまい。原因は分からない。今、五分経った。もう飛行機には乗りたくない。どうか神様、助けてください。...こんなことになるとは残念だ。さようなら。子供たちのことをよろしくたのむ。本当に今までは幸せな人生だったと感謝している」

　これは河口さんという人の遺書です。何年か前に大きい飛行機事故がありましたが、その事故で亡くなった河口さんが、落ちていく飛行機の中で書いたものです。この事故は五百人以上もの人が亡くなるというひどいものでした。河口さんのほかにも、きっと何人かの人たちが、同じように家族や友人に遺書を書いていたと思われますが、ちゃんと残っていたのは今読んだ河口さんの遺書だけでした。乗っていた人たちは、当たり前のことですが、だれも出張に出かける前には、自分が事故に遭って、死ぬなんて考えてもみなかったでしょう。昨日の夕飯が、あるいは、けさの忙しい朝食が家族との最後の食事になるとは、思ってもみなかったことでしょう。河口さんの遺書やほかの人たちが書いたであろう家族への手紙には、みんな河口さんと同じように「本当に残念だ...神様、助けてください」と、そんな気持ちが書かれていたことでしょう。

　私たちは、河口さんやこの事故で亡くなったそのほかの人たちのように、突然の死を目の前にしたとき、一体何を思い、考えるのでしょうか。自分の子供のときの思い出でしょうか。家族のことでしょうか。毎朝会社へ行く父親の顔、台所に立つ母親の優しい笑顔、けんかをしたときの兄や姉、弟や妹の怒った顔でしょうか。一瞬のうちに、それまで生きてきた人生のいろいろな光景が、家族と一緒に作ってきた一つ一つの思い出が、花火のように現れては消えていくのでしょう。

　河口さんの「本当に今までは幸せな人生だった」という短い言葉は、そんな光景を思い出しながらの心からの言葉だったのでしょう。

❶ 河口さんが亡くなったのは、いつ、どうして？（何年か前、飛行機事故で）

❷ 亡くなる前に、どこで、何をした？（落ちる飛行機の中で、遺書を書いた）

❸ 子供たちに何と言っている？（仲良く頑張って、お母さんを手伝ってほしい）

❹ 妻には何と言っている？　a)（子供たちのことをよろしくたのむ）

　　　　　　　　　　　　b)（今までは幸せな人生だったと感謝している）

❺ このほかにも遺書はあった？（ちゃんと残っていた遺書は、ほかにはなかった）

❻ 乗っていた人たちはどんな気持ちだった？

　a)（自分が事故に遭って死ぬとは考えてもみなかった）

b)（「本当に残念だ、神様助けてください」という気持ち）

c)（昨日の夕飯、またはけさの食事が家族との最後の食事になるとは思っても
みなかった）

❼ 突然の死を目の前にしたとき何を思う？ a)（自分の子供のときの思い出）

b)（家族のこと）

❽ 花火のように現れては消えるのは？

a)（人生のいろいろな光景）

b)（家族と一緒に作ってきた一つ一つの思い出）


**B** もう一度聞いてください。

☆質問します。正しい答えを選んでください。

「この遺書から河口さんのどんな気持ちが伝わりますか」

a　今までは幸せな人生だったので、何も気にかかることはないという気持ち

b　事故の原因が分からないので、ちゃんと調べてほしいという気持ち

c　子供たちは仲良く頑張って母親を助けるだろうから、大丈夫だという気持ち

d　こんなことになるとは思ってもいなかったので、家族にすまないという気持ち


**C** 上で取ったノートを見ながら、この話をまとめて友達に伝えてみましょう。

> 何年か前の大きい飛行機事故で亡くなった河口さんは、落ちていく飛行機の
> 中でこの遺書を書いた。河口さんは、子供たちに仲良く頑張ってお母さんを助
> けてほしいと書き、また、妻には子供たちのことをよろしくたのむ、これまで
> は幸せな人生だったと感謝している。ほかにも何人かの人が遺書を書いただろ
> うが、ちゃんと残っていたのは河口さんの遺書だけだった。みんな、自分が事
> 故に遭って死ぬとは考えてもみなかっただろうし、「本当に残念だ、神様、助け
> てください」という気持ちだっただろう。
> 　私たちが突然の死を目の前にしたとき思うのは、自分の子供のときの思い出
> だろうか。それとも、家族のことだろうか。それまで生きてきた人生のいろい
> ろな光景や家族と一緒に作ってきた一つ一つの思い出が花火のように現れては
> 消えていくのだろう。

**A**

**解答**　❶ (c)　❷ (a)　❸ (b)　❺ (a)　❻ (b)　❼ (c)　❽ (b)　❾ (b)

**質問**

❶ 男の人は何の仕事をしている人ですか。
　a. スーパー　　　　　　b. 空港　　　　　　c. 新聞

❷ 母親はどこへ行っていましたか。
　a. 買い物　　　　　　　b. 仕事　　　　　　c. 見送り

❸ 男の人は何をしに来ましたか。
　a. 父親のことを知らせに来た
　b. 父親のことを聞きに来た
　c. 父親の写真を撮りに来た

❹ 父親は何の事故に遭いましたか。
　a. 飛行機　　　　　　　b. 自動車　　　　　　c. 火事

❺ 男の子は父親が事故に遭ったのを知っていますか。
　a. 知っている　　　　　b. 知らない　　　　　c. よく覚えている

❻ 男の子と父親はいつもどんなことをしていましたか。
　a. 料理をしていた　　　b. 勉強をしていた　　c. 野球をしていた

❼ 父親はどんな人でしたか。
　a. 仕事熱心だが家庭ではあまり良い父親ではなかった
　b. 仕事も熱心だし、家庭でも良い父親だった
　c. 仕事は熱心ではないが、家庭では良い父親だった

❽ 母親は男の人に何と言いましたか。
　a. 事故のことをもっと聞きたい　　　　b. 話すことは何もない
　c. 言いたいことがいろいろある

**B**

A：はあい。

B：すみません。やまと新聞の...。あれ、僕一人。お母さんは。

A：あのね、今、スーパー行ってるよ。すぐ帰るって。

B：あっ、そう。ねえ、僕、お名前は。言えるかな。

A：むらやまかずたか。

B：おっ、偉いな。かずたか君か。かずたか君、かずたか君のお父さん、どんな人
　だった。

A：どんな人って。

B：優しい人、それとも怖い人。

A：優しい人。野球とかね、散歩とかね、いつも一緒に遊ぶんだ。

B：ふうん、そう。仕事だけじゃなく、家庭ではいいお父さんか。
　　おい、何してる。この子の顔、早く撮るんだよ。

A：ねえ、お父さんいつ帰ってくるの。

B：お母さん、お父さんのこと何も言わなかった。遠い所へ行っちゃったからね。
　　僕、ちょっとカメラの方見て。そう。

C：やめてください。

B：あっ、おくさんですか。やまと新聞です。買い物だとお子さんから聞いたもん
　　で、ちょっと、かずたか君に。

C：この子にはまだ何も話してないんです。

B：御主人、お宅ではいいお父さんだったそうですね。それに会社でも...。

C：どうぞお帰りください。今、何もお話しすることはありませんから。

B：そんなことおっしゃらないで。御主人に最後に会われたのは、やはり空港へ見
　　送りに行かれたときですか。

C：もうやめてください、お願いですから。

B：事故のことは、どこでお聞きになりました。

C：お願い、帰ってください。

 ❶ ずいぶん長いな、多いな、高いななどとちょっと驚いたり、感嘆したりしたと
　　きの「〜か」の使い方。
　　　－ もう十二時か...。明日早いから、寝よう。
　　　－ あれから二十年か...。早いもんだな。

❷ 強く命令するときの「〜するんだ」。「〜しろ」よりも強い点も指摘。
　　　A：このてぶくろをはめるんだ。薬が直接手に付かないようにな。
　　　B：分かりました。

**A** テレビの番組で有名な報道写真家沢田さんが話しています。ノートを取りながら沢田さんの話を聞いて、あとの質問に答えてください。

> A: 沢田さんは報道写真家として世界中のいろいろな所へお出かけになり、ずいぶん危険な経験もなさったとうかがいましたが、今日は報道写真の役割というか、使命というか、そういう点について、少しお話をお聞かせ願いたいと思います。
>
> B: それは、はっきりしているんです。今起こっていること、私が目の当たりにしていること、それを一人でも多くの人に正確に知ってもらうことです。目の前で今起こっていることを、写真にして知らせるのは私しかいない、私はいつもそう思って写しているんです。
>
> A: なるほど。次に、沢田さんには、少し、厳しい質問になるかもしれませんが、実は五十五歳の男性の方から是非うかがってほしいと、この番組におはがきをいただいているんです。
>
> B: ほう。
>
> A: ええっと、沢田さんのお仕事は立派だ。自分ももっと若かったら沢田さんのような仕事がしたかったという内容のあとの、この部分です。ちょっと読ませていただきます。『目の前で人が血を流していたり、苦しんでいるときに、平気で写真を撮っていられるものでしょうか。その人たちを助けようとは思わないのでしょうか。今ここで、ほかの人に撮れない写真を撮ろう。そうすれば、写真家として有名になれる。お金にもなる。少しは、そういう気持ちもあるのではないでしょうか』こういうご質問なんですけれど....。
>
> B: もちろん、カメラの前の人を見て平気でいるわけではありません。写真のことなど忘れて助けた経験も何度もあります。しかし、何と言うんですか、是非分かっていただきたいのですが、写真を撮るときは、「今、自分は歴史の瞬間を撮っているのだ。この一瞬を何とか残しておかなくては」っていうか、まあ、さっきの言葉、私はあまり好きじゃないんですが、使命という言葉を使わせていただくなら、そんな使命を感じながら写真を撮っています。
>
> A: はあ。
>
> B: それから、もう一つ、名前やお金のためではないかというご質問ですが、正直に言えば、そんな思いがないと言えばうそになります。ただ、写真を写す瞬間には、そんなことは、もちろん頭の中にはありませんね。

❶ 二人はどんなことを話している？（報道写真家の役割、または使命）

❷ それについて沢田さんの考えは？（今起こっていること、目の当たりにしていることを一人でも多くの人に正確に知ってもらうこと）

❸ 番組にはがきを出した人は？（五十五歳の男性）

❹ 最初の質問は？（目の前で人が血を流したり、苦しんだりしているときに平気
　で写真が撮れるのか）

❺ それに対する沢田さんの答えは？（平気である／ 平気ではない ）

❻ 沢田さんはどんな気持ちで写真を撮る？（「今、自分は歴史の瞬間を撮ってい
　るのだ。この一瞬を何とか残しておかなくては」という気持ち）

❼ 二番目の質問は？（名前やお金のために写真を撮るのか）

❽ 名前やお金のことを（ 考える ／考えない）

❾ 写真を写す瞬間に名前やお金のことを（考える／ 考えない ）


**B** もう一度聞いてください。

☆質問します。正しい答えを選んでください。

「沢田さんは戦争や事故など様子をどう考えて写真に撮っているのですか」

ⓐ　歴史の瞬間を何とか残しておきたいと考えて撮っている。

b　他の人が撮らないような写真を撮って、名前やお金を残したいと考えている。

c　写真よりも目の前で血を流したり、苦しんだりしている人を助ける方が大事だ
　と考えている。

d　目の前で血を流したり、苦しんだりしているひとを忘れるために何も考えない
　ようにしている。


**C** 上で取ったノートを見ながら、この話をまとめて友達に伝えてみましょう。

> 　報道写真家の使命について、沢田さんは今起こっていること、目の当たりに
> していることを一人でも多くの人に正確に知ってもらうことだと話している。
> 　番組に五十五歳に男性から質問が来ていた。まず、目の前で人が血を流した
> り、苦しんだりしているときに平気で写真が撮れるのかという質問に対して沢
> 田さんは、もちろん平気ではないが、今、自分は歴史の瞬間を撮っているのだ。
> この一瞬を何とか残しておかなくてはという気持ちで写真を撮ると答えた。ま
> た、名前やお金のために写真を撮るのかという質問に対しては、それは考えな
> いと言えばうそになるが、写真を撮る瞬間にはそんなことは頭の中にないと言っ
> ている。

**A**

| 解答 | ❶ (a) ❷ (a) ❸ (b) ❹ (a) ❺ (b) ❻ (c) ❼ (c) ❽ (c) |

質問　❶ どこで話をしていますか。
　　　　a. 川のそば　　　　　b. 工場のそば　　　　c. 小学校のそば
　　　❷ 娘はいくつですか。
　　　　a. 三十五　　　　　　b. 四十　　　　　　　c. 四十五
　　　❸ 娘が生まれたころの川はどうでしたか。
　　　　a. とてもきれいだった　　　　b. とても汚かった
　　　　c. とても冷たかった
　　　❹ 今はどうなりましたか。
　　　　a. きれいになった　　　b. 汚くなった　　　c. おいしくなった
　　　❺ 娘が生まれたのはどんな時代ですか。
　　　　a. 経済が悪くなっていった時代
　　　　b. 経済が良くなっていった時代
　　　　c. 経済にだれも関心を持たなかった時代
　　　❻ その時代に多くの人はどのように過ごしていましたか。
　　　　a. 環境問題をとても気にかけて暮らしていた
　　　　b. 環境を守るために様々な活動をしていた
　　　　c. 忙しくて環境のことを考える暇はなかった
　　　❼ 娘は何に驚いていますか。
　　　　a. 人間が環境を破壊したこと
　　　　b. 人間が環境問題に関心を持たないこと
　　　　c. 人間の努力が環境を少しずつ良くしたこと
　　　❽ 父は何が大事だと言っていますか。
　　　　a. 環境問題についてのニュースをよく聞くこと
　　　　b. 子供のために一生懸命働くこと
　　　　c. 環境を守るために小さい努力を続けること

**B**

Ａ：子供たちさっきから何してるんだ、あそこで。
Ｂ：魚を見てるのよ。私が小さいとき、魚なんていなかったのにね、この川には。
　　［子供たちに向かって］あまり遠くへ行かないで。気を付けて！
Ａ：緑（みどり）は今年いくつになるんだった？
Ｂ：三十五よ。嫌だ、どうしたの、お父さん、娘に歳なんか聞いて。

A：いや、四十年近くかかったんだなあと思ってね。この川に魚が戻るのに。緑が生まれる前のこの川はそりゃあ汚くてね。

B：そういえば、私も小学校へ行くとき、この川の横を通るのがとても嫌だったわ。いつも変なにおいがしてたもの。

A：しかし、お父さんが子供のころはこの川で泳いだり、魚釣りしたりしたもんだよ。ちょうど緑が生まれる前ぐらいからこの辺りに工場や家がどんどん建てられてね。すぐに川が汚れてしまった…。

B：ふうん、そうだったの。じゃあ、きれいな川が一度汚くなって、また魚が住めるようになったのね。

A：だれもがこのままじゃいけないと思ったんだろうね。川や海や空気がどんどん汚れていって、このままじゃ自然がなくなってしまうって、みんながそう感じたんだよ。あのころはひどかったからね。

B：経済の高度成長時代ね。お父さんが一生懸命働いてたころ…。

A：ああ。みんなそんなことなど考える暇もないほど忙しかったけど、やっぱりどこかで自分たちが暮らす環境のことを気にかけていたんだね。

B：それで、娘の名前を緑にしたってわけね。

A：そうだよ。周りに緑があると落ち着いて、どこか豊かな気持ちになるだろう。

B：それにしても、人間努力をすればいろいろなことができるものね。最近、川に魚が戻ってきた、町に緑が増えたっていうニュースをよく耳にするわ。

A：本当にそうだ。小さなことでもあきらめずに続けてやっていくことが大事なんだね。あの子たちのためにも豊かな自然を残しておいてやらなくちゃ。

B：あら、子供たちが呼んでるわ。何か珍しい魚でもいたのかしら。ちょっと行ってみましょう、お父さん。


**C** ❶ 「そういえば」（「〜といえば」は第12課で既習）。

A：田中先生、今日はジョンさん来てました？作文を返したいんですが、昨日の私のクラスはお休みだったものですから。

B：いいえ、来てませんでしたよ。そういえば、ジョンさんは最近休むことが多いですね。

A：ええ、どうしたんでしょう。

❷ 相手に確認する際の「それで〜ってわけですね」。

A：子供のころからおもちゃやラジオなんかを作ったり壊したりしてね。何か物を作るのが好きだったんですよ。

B：そうですか。それで、ロボットの研究を始めたってわけですね。

**A** ボランティアとして環境を守る活動をしている人から仲間への手紙の一部です。
ノートを取りながら聞いて、あとの質問に答えてください。

> ...この間少し時間が取れたので、一週間ばかりインドネシアの小さな島へ行ってきました。友人が計画してくれた旅行だったので、私は行くまで知らなかったのですが、この大変海のきれいな島へは、魚つりや海のスポーツなどが目的で、日本からもおおぜいの旅行者が来るのだそうです。その人たちをお世話するために日本人が経営する小さなホテルがあって、私たちもそこにとまりました。実は、そこを経営する山岡あい子さんから私たちの活動にも関係のある話を聞いたので、珍しく手紙を書くことにしました。
>
> 山岡さんの話では、「せっかくのきれいな海を、島の人たちは守ろうという意識がない」ということです。毎日の生活から出るゴミや、汚れた水を平気で捨てて海水を汚染しているし、お金になるからという理由で、これまでなかったような新しい道具を使って魚をとり、環境破壊を続けているそうです。山岡さんのように島の外から来た人たちが、一生懸命に自然を守ろうと呼びかけても、島の人たちはあまり関心を持たないらしいのです。「島の人たちは、日本の海のような汚れた海を見たことがないから、海が汚れるということがどういうことなのか、いくら説明しても理解することができない。少しぐらい物を捨てても大丈夫だと思っている」と、山岡さんは言うのです。
>
> 「汚れた海を見たことがない」なんて、私のように日本で育った人間には信じられないことですが、一週間ほど美しい海に囲まれて生活しているうちに、それも分かるなあと思えてきました。今目に見えないので心配ないと思って、私たち日本人も、どんどん海を汚して、いつの間にかどうにもできなくなってしまったのです。環境よりも、生活を豊かにすることの方が大切だからという考えは、当たり前のこととして私にも理解できます。でも、今、環境汚染の問題は、この島だけではなく地球の問題なのだということを、どうしたら分かってもらえるのだろうかと、自然に囲まれたその美しい島で、考えてしまいました。
>
> 地球の自然を守る活動を続ける私たちに対する、大きな、大きな宿題を与えられたように思って、この手紙を書きました。

❶ この人はどこへ行った？（インドネシアの小さな島）

❷ そこはどんな所だった？　a）（海のきれいな島）

　　　　　　　　　　　　　b）（日本からもおおぜいの旅行者が来る）

❸ どこにとまった？（日本人が経営する小さなホテル）

❹ なぜこの手紙を書いた？（山岡さんからこの人たちの活動に関係のある話を聞いたから）

⑤ 山岡さんは何と言った？（島の人たちは海を守ろうという意識がない）

⑥ 島の人たちはどんなことをしている？

    a）（ゴミや汚れた水を平気で捨てて海水を汚染している）

    b）（新しい道具を使って魚をとり、環境破壊を続けている）

⑦ 島の人たちは環境問題に関心が（ある ／ ない）

⑧ それはどうして？（汚れた海を見たことがなく、いくら説明しても理解できない）

⑨ この島の環境問題はどんな問題になる？（地球全体の問題）

⑩ この人の宿題とは？（小さな島の環境問題が地球全体の問題になることがどう
    したら分かってもらえるかということ）


**B** もう一度聞いてください。

☆質問します。正しい答えを選んでください。

「この人が与えられた宿題というのは何のことですか」

a　この人たちの活動に関係のある話を手紙に書くこと

b　山岡さんと一緒に島の人に自然を守ろうと呼びかけること

c　環境よりも先に島の生活を豊かにすること

d　身の回りの環境問題が地球全体の問題につながることを分かってもらうこと


**C** 上で取ったノートを見ながら、この話をまとめて友達に伝えてみましょう。

> 　この人はこの間インドネシアの小さな島へ行った。そこは、大変海のきれい
> な島で、日本からもおおぜいの旅行者が来る。日本人が経営する小さなホテル
> にとまって、山岡さんから自分たちの活動に関係のある話を聞いたので、この
> 手紙を書くことにした。山岡さんによると、島の人たちは、せっかくのきれい
> な海を守ろうという意識がないそうだ。毎日の生活から出るゴミや汚れた水を
> 平気で捨てて、海水を汚染しているし、これまでになかった新しい道具を使っ
> て魚をとり、環境破壊を続けているそうだ。
>
> 　島の人たちは、汚れた海を見たことがなく、海が汚れることが理解できない
> のだそうだ。しかし、小さな島の環境問題が地球全体の問題になるということ
> を分かってもらうにはどうすればいいのだろう。自分たちの活動に対して、大
> きな宿題を与えられたように思った。

**A**

解答　❶ (c)　❷ (b)　❸ (a)　❹ (b)　❺ (a)　❻ (c)　❻ (c)　❼ (b)

質問
❶ だれとだれが話していますか。
　　a. 上司と部下　　　　　　b. 親子　　　　　　c. 同僚
❷ 女の人はなぜインドへ行きたがっていますか。
　　a. 会社をやめたいから　　　　　b. 学生時代からの夢だから
　　c. お金がたくさんあるから
❸ インド旅行は初めてですか。
　　a. 初めてである　　　　　　b. 以前にも行ったことがある
　　c. 何度も行ったことがある
❹ 男の人は女の人の話をどう思っていますか。
　　a. ぜひやった方がいい　　　　b. できればやめた方がいい
　　c. どちらでもよい
❺ 女の人はどのぐらい旅行をするつもりですか。
　　a. お金のある間　　　b. 時間のある間　　　c. 食べ物のある間
❻ インドでは何をするつもりですか。
　　a. 仕事をする　　　　　　b. 帰ってからのことを考える
　　c. 自由に過ごす
❼ 女の人は帰ってから何をするつもりですか。
　　a. 結婚　　　　　　b. 仕事　　　　　　c. 分からない
❽ 男の人が一番心配しているのはどんなことですか。
　　a. 慣れた食べ物がないこと　　　b. 一人で旅行すること
　　c. 旅行にお金がかかること

**B**

A：会社やめるんだって。
B：ええ、今度ねインドへ旅行するの。
A：ええっ、インド旅行。一人で。
B：そうよ。学生時代からの夢だったの。お金もできたし。
A：でも、せっかく仕事にも慣れたのに、それをやめてまで行くことないじゃないか。それも女の子一人で。ほかにいくらでも方法はあるだろう。
B：加藤君、お父さんと同じこと言うのね、「女の子一人で」って。

A：だって心配だから。

　　［「すみません。ちょっと通してください」という声］

B：あっ、ごめんなさい。［加藤君の方へ］加藤君、旅行っていうのはね、一人で
　　行くから面白いのよ。現地の人たちと同じ物を食べて、その土地の人たちが利
　　用する所にとまるの。そうすれば、お金もあまりかからないしね。

A：でも、もし何か事故があったり、病気になったりしたらどうするの。言葉もあ
　　まり分からないんだろう。

B：そのときは、そのとき。でも、これまでもそんなことあったんだけど、困った
　　ときは必ずだれか親切な人が現れるのよ。それが、あとで忘れられない思い出
　　になったりするの。

A：その人が変な人だったら、どうすんの。

B：加藤君は、やっぱりお父さんだ。

A：心配してるって、言ってるだろう。で、どのくらい行くの。

B：さあ、二ヶ月か三ヶ月か、お金がなくなるまでね。好きな場所に好きなだけい
　　て、好きなことしようと思ってるの。

A：そんなのんきなこと言って、帰ってからどうするつもり。

B：そんなこと、帰ったときに考えればいいじゃない。

A：もう二十八だろ、親がなくよ。

B：電車来たよ。帰ったら、また、連絡するから。

A：何だよ、真剣に心配してるのに。メールぐらい送れよ。


**C**　❶ 親しい人との会話で、「そんなことするのは失礼だ。しないでほしい、やめて
　　ほしい」という気持ちを伝えるときの「〜(する)ことないじゃない(か)」。

　1)　　A：またその話。私は嫌だって言ったでしょう、もう。

　　　　　B：怒ることないじゃないか。せっかく親切に言ってるのに。

　2)　　A：あれっ。これ、ちょっとケーキには見えないね。パンだよ、これ。

　　　　　B：笑うことないじゃない。一生懸命本の通りに作ったんだから。

❷ 相手にやめた方がいいと示唆するときの「〜たらどうするの」。

　　　　　A：あぶないわよ、そんなに走ったら。ころんだらどうするの。

　　　　　B：大丈夫だよ。

世界中のいろいろな所を旅行している人が書いた文章を読んでいます。　ノートを取りながらこの話を聞いて、あとの質問に答えてください。

　　八月のフィリピンで、流されてしまうのではないかと思うような雨に何度か出会った。しばらく、前も見えないほどの雨が続く。かさなど役に立たないから、どこかに入ってやむのを待つしかない。あっという間に水があふれ、道のあちらこちらで小さな洪水になる。そんな雨が、夜寝ているときにふると、特に驚かされる。じしんのような音とともに突然ふり出す。強い雨が長く続くことはあまりないが、ふっている間のあの音は、言葉で何と言えばいいのか。何度か経験してそんな雨に慣れるまでは、思わず部屋を出てどこかへにげようかと思ったことさえある。

　　七月のネパールでも、同じように突然の雨に遭った。あわてて近くの木の下に入ったのだが、そのとき不思議な光景を見た。牛や犬も、次々に近くの木の下に集まっていくのだ。さっきまでにぎやかだった鳥たちも、今はどこかで休んでいるのだろうか、すっかり声がしなくなった。そういえば、うるさかった車のクラクションの音までしなくなった。すっかり静かになって聞こえるのは、雨の音だけ。人も鳥も動物も、じっと雨がやむのを待つ、静かな雨の光景だった。

　　静かな雨といえば、二月のインドネシアでは、音のない雨を経験した。米や野菜を実らせる豊かな土にふる雨は音を立てない。もっともっと水が必要だからと、土が水を飲み続ける様子、とでも言えばいいのだろうか。雨が音もなく、土の中に消えていく。もっとも、私がその雨を見ていたのはホテルの部屋の中からだったから、外に出てみれば、本当はとても大きな音がしていたのかもしれない。しかし、私の目に映るそのときの雨は、米や野菜に、優しくそっと水をやる音のない雨だった。

　　これまでいろいろな所を旅行していて、いろいろな雨に出会った。もちろん、自分の国にいても雨はふるし、じっと雨を見ることだってある。しかし、旅をしていて雨に出会ったときのように、どこかで雨がやむのを待ちながら、雨と人間、自然と人間の関係を考えたりすることなど、自分の国ではほとんどない。毎日の生活の中で、すっかり当たり前になってしまっていることを、違う環境でもう一度考えてみる。

　　私の旅は、そんな旅だ。

❶ 八月のフィリピンの雨は？（流されてしまうのではと思うような雨）
❷ そんな雨がふるとどうなる？（道のあちらこちらで小さな洪水になる）
❸ 夜の雨はどんな雨？（じしんのような音とともに突然ふり出す）
❹ 雨に慣れるまではどんな気持ち？（思わずへやを出てどこかへにげようかと思った）

❺ 七月のネパールで何があった？（突然の雨に遭った）
❻ どんな光景を見た？（人も鳥も動物も、じっと雨がやむのを待つ、静かな雨の光景）
❼ 二月のインドネシアの雨は？（音のない雨）
❽ その雨はこの人の目にどう映った？（米や野菜に優しく、そっと水をやる音のない雨）
❾ この人は自分の国で雨を見ることが（ある / ない）
❿ 自分の国では何をしない？（雨がやむのを待ちながら、雨と人間、自然と人間の関係について考えたりすること）
⓫ この人の旅とは？（毎日の生活の中で、すっかり当たり前になってしまっていることを、違う環境でもう一度考えてみるような旅）


**B** もう一度聞いてください。

☆質問します。正しい答えを選んでください。

「これを書いた人は、どうして旅をするのですか」

a　不思議な光景を見るため

b　生き物と自然が一緒に生きている光景を見るため

c　音のしない静かな雨を経験したくて

ⓓ 当たり前になってしまっていることをもう一度考えてみたくて


**C** 上で取ったノートを見ながら、この話をまとめて友達に伝えてみましょう。

> 　八月のフィリピンで流されてしまうのではと思うような雨に何度か出会った。あっという間に水があふれ、道のあちらこちらで小さな洪水になる。夜はじしんのような音とともに突然ふり出す。　慣れるまでは思わず部屋を出てどこかへにげようかと思ったことさえある。
> 　七月のネパールで同じような突然の雨に遭ったとき、不思議な光景を見た。近くの木の下に入って、人も鳥も動物も、じっと雨がやむのを待つ、静かな雨の光景だった。
> 　二月のインドネシアでは音のない雨を経験した。この人の目に映ったその雨は米や野菜に優しく、そっと水をやる音のない雨だった。自分の国でも雨を見ることはあるが、雨と人間、自然と人間の関係を考えたりすることなど、ほとんどない。この人の旅は、毎日の生活の中で、すっかり当たり前になってしまっていることを、違う環境でもう一度考えてみるような旅である。

**A**

| 解答 | ❶ (a) | ❷ (c) | ❸ (b) | ❹ (a) | ❺ (b) | ❻ (a) | ❼ (c) | ❽ (c) |

**質問**

❶ ここはどこですか。
　　a. 家　　　　　　　　　　　b. ふろや　　　　　　　　c. カラオケの店

❷ 母は何を心配していますか。
　　a. 父の歌が下手なこと　　　　　　b. 父のふろが長いこと
　　c. 父の声が大きいこと

❸ 娘は何を待っていますか。
　　a. 父が歌をやめること　　　　　　b. 父がふろから出ること
　　c. 母が御飯を作ること

❹ 父はふろに入ってよく歌を歌いますか。
　　a. よく歌う　　　　　　　　　　b. あまり歌わない
　　c. ほとんど歌わない

❺ 父が歌うのはどうしてだと言っていますか。
　　a. 歌を練習するため　　　　　　　b. ストレスを解消するため
　　c. 子供のころを思い出すため

❻ 今日は、父はどんな歌を歌っていますか。
　　a. 子供の歌　　　　　　b. クラシック　　　　　　c. 映画の歌

❼ 娘は今父が歌っている歌をどうやって覚えましたか。
　　a. 学校で習って　　　　　　　　b. テレビを見て
　　c. 母に教えてもらって

❽ 娘は何が不思議だと言っていますか。
　　a. 今でも忘れずこの歌を覚えていること
　　b. 父が歌を歌っていること
　　c. 母も自分も子供のころを思い出すこと

**B**

C：♪♪ ... 赤とんぼ、おわれて見たのはいつの日か ...
A：友子、お父さんにね、おとなりのたかし君の勉強のじゃまだから、もう
　少し小さな声でって言ってちょうだい。
B：もう、おふろに入るとカラオケなんだから。私、さっきから待ってるんだけど。
A：いいじゃない。ああして、お父さん会社であった嫌なこととか忘れてるんでしょ。

B：おふろで歌って、ストレス解消か。でも、珍しいわね、お父さんがあんな歌、歌うなんて。

A：そういえば、そうね。なんか子供のころを思い出すわね。♪♪山の畑のくわの実を....。

B：お母さん、子供のときに学校で習ったの、その歌。

A：学校で習ったんだったかしら。もう、忘れてしまったわ。どうして。

B：だって言葉が難しいでしょう。

A：そんなふうに考えてみたことなかったけど、確かにそうね。友子はどこで覚えたの。

B：学校じゃなかったわ。お母さんが教えてくれたんじゃなかったかしら。私が小さいとき。

A：そうだったかもしれないわね。友子が大切にしてた歌の本があったでしょう。きれいな絵がたくさん描いてあった。あの中にあったわね。友子、これ運んで、テーブルに並べてくれない。

B：はい。うわ、おいしそう。ねえ、お母さん。

A：なあに。

B：今歌っても、難しい言葉が一杯あるのに、どうして子供のときに覚えられたんだろう。

A：お母さんの教え方が良かったのよ。

B：そうかな。それにしても不思議だわ。

A：何が。

B：お母さんと私、年が全然違うのに、この歌を聞くと二人とも子供のころを思い出す。

C：お母さん、友子におふろに入るように言いなさい。

B：あら、カラオケ大会終わったようね。じゃ、私もおふろでストレス解消しましょうか。

A：小さな声でお願いしますよ。


**C**

❶ 女性が使う依頼の「〜てちょうだい」。

    A：この牛肉二百グラム。うすく切ってちょうだい。

    B：はい、二百グラムね。

❷「困るなあ、気を付けてほしい、やめてほしいなあ」という気持ちを伝える「〜んだから」。

　Ａ：ねえ、学校の帰りにゆうびんきょくへ行ってきてくれた？
　Ｂ：あ、切手を買ってくるんだったよね。忘れてた...。
　Ａ：<u>この子ったら、たのんだことをすぐに忘れるんだから...。</u>

歌を作る仕事をしている人が、テレビの番組で話しています。　この人の歌についての話を聞いて、ノートを取り、あとの質問に答えてください。

　　...ま、僕にも生活がありますから、いろいろな仕事をやるわけですが、そう、忙しいときには映画、テレビ、ラジオ用に一週間に十ぐらいは書きますね。そんなときに作った歌には、　あの、必ずいつも決まった言葉が入っているんです。明るい感じの物だったら、こう、海・空・恋・星と、このどれかを使っている。いや、これは何も楽をしてるわけじゃないんです。　たぶん聞く側がですね、あの、そんな言葉を求めているんだと思うんですよ。聞く側に喜んでもらえるというか、あの、そうなんですよ。でも、そんな曲はたいてい長くははやりませんね。次から次へと消えていく、この、何ですか、シャボン玉ですよ。消えては作り、作っては消え、と...まあ、何ですね、これも仕事ですから仕方ないですけど。時々ふと、寂しくなることもありますね。これでいいのかって。
　　二十歳のときに日本音楽大会でゆうしょうして以来ずっと、歌を作る仕事を続けてきたわけですけど、実は、何かこう、心の底から満足のできる仕事がしてみたいとずっと思ってましてね。お金なんかいらないから。一曲でいい、みんなに愛され、歌い続けられるような、そんな歌を作ってみたいってね。で、あれこれ試してみるんですけど、満足できない。そう、時々悩みますね。人生経験が足りなくて、まだまだ自分のみがき方が十分じゃなくて、本当に人の心が分かっていないんじゃないんだろうか、とか。...何一つ残せないまま年を取って、ただの歌書き、歌作りで終わってしまうんじゃないか、とか、ね。
　　あっ、でも、最近ちょっと変わったんです、考え方が。ついこの間、娘が結婚しましてね、　そうなると、そのうち孫が生まれてくるわけでしょ。それで、...私の仕事は、このぉ、なんて言うのかな、みんなに愛されなくても、みん

❶ 忙しいときはいくつぐらい歌を作る？（一週間に十ぐらい）

❷ 明るい感じの歌にはどんな言葉を使う？（海、空、恋、星）

❸ それはどうして？（聞く側がそんな言葉を求めているから）

❹ そんな曲はどうなる？（長くははやらない）

❺ 二十歳のとき何があった？（日本音楽大会でゆうしょうした）

❻ これまでどんなことを思っていた？（心の底から満足のできる仕事がしてみたい）

❼ どんな歌を作りたかった？（みんなに愛され、歌い続けられるような歌）

❽ そんな歌を作ることが　（できた ／ できない ）

❾ それはなぜだと思った？（人生経験が足りず、自分のみがき方が十分でなく、本当に人の心が分かっていないから）

❿ 最近、仕事に対する考えが　（ 変わった ／ 変わらない ）

⓫ それはなぜ？（娘が結婚したから）

⓬ 今はどんな歌が作りたい？（たった一人にでもいいから、子供から孫へ思い出とともに伝えられ、歌い続けられるような歌）


**B** もう一度聞いてください。

☆質問します。正しい答えを選んでください。

「今この人は、どんな歌を作ろうとしていますか」

a　生活のために、聞く人に喜ばれる歌

b　みんなに愛され、歌い続けられる歌

c　音楽大会で優勝できる歌

ⓓ　たった一人にでもいいから大切にされる歌

 上で取ったノートを見ながら、この話をまとめて友達に伝えてみましょう。

　この人は、忙しいときには一週間に十ぐらい歌を作る。明るい感じの歌ならたいてい海、空、恋、星などの言葉が使われる。楽をしているからではなく、聞く側が求めているからだ。しかし、そんな曲はあまり長くははやらない。

　この人は二十歳のとき、日本音楽大会でゆうしょうした。それからずっと心の底から満足のできる仕事がしてみたいと思っていた。一曲でいいから、みんなに愛され、歌い続けられるような歌を作りたいと考えているが、結局満足できない。それは人生経験が足りず、自分のみがき方が十分でなく、本当に人の心が分かっていないからではないかと悩んだこともある。

　しかし、最近そんな考えが変わった。娘が結婚したからだ。今はたった一人にでもいいから、子供から孫へ思い出とともに伝えられ、歌い続けられるような歌を作りたいと考えている。

 解答　❶ (c)　❷ (a)　❸ (b)　❹ (c)　❺ (c)　❻ (a)　❼ (c)　❽ (a)

質問　❶ だれとだれが話していますか。
　　　　a. 親子　　　　　　　　b. 兄弟　　　　　　　　c. 知り合い同士
❷ 山田(やまだ)さんは最近どんなことがありましたか。
　　　　a. 男の子が生まれた　　　　　　b. 父親が病気になった
　　　　c. 母親が病気になった
❸ 中川(なかがわ)さんの家族はだれが病気なのですか。
　　　　a. 子供　　　　　　　　b. 父親　　　　　　　　c. 母親
❹ 手術について医者から何と言われましたか。
　　　　a. 必ず治る　　　　　　　　b. 治る可能性が高い
　　　　c. 植物人間になるかもしれない
❹ 手術について中川さんはどう考えていますか。
　　　　a. 是非手術を受けさせたい　　　　b. できれば受けさせたい

　　　c. できれば受けさせたくない
　⑥ それはどうしてですか。
　　　a. 植物人間は生きている状態だと言えないから
　　　b. 母親が反対しているから　　　　c. 医者が反対しているから
　⑦ 中川さんの母親は手術の可能性について知っていますか。
　　　a. 医者から聞いた　　　　　　　b. 息子から聞いた
　　　c. 何も聞いていない
　⑧ 中川さんは何について「それでいい」と思っているのですか。
　　　a. 人が自然に生まれて死ぬこと
　　　b. 器械を付けられて意識なく寝ること
　　　c. 植物人間になること


**B**

A：山田、聞いたよ。男の子だってね。おめでとう。

B：ありがとうございます。こんなにうれしいものだとは思わなかったんですよ。なかなかかわいくて...。

A：そりゃ、そうだろう。初めての子だもんな。山田もとうとうお父さんか...。

B：おかげさまで。ところで、中川さん、お父さん、どうなんですか。この間、手術するとかしないとか...。

A：うん、医者の話じゃ、手術しても植物人間になる可能性が高いって言うもんだから...。

B：そうなんですか、それは大変ですね。

A：うん。体のあちらこちらに器械を付けられて意識もなく眠ってるだけ。それじゃ手術してもな。

B：そうですね。

A：そんな姿を見るのがつらいんだよ。たおれるまでは、だれよりも元気だったからな。

B：そうだったんですか。

A：手も足も動かせず、自分で飲むことも食べることもできないんじゃ、生きてるって言えないように思うんだ。

B：でも、お母さんにしたら、手術をして少しでも長生きしてもらいたいと思ってらっしゃるんじゃないですか？

A：そのことなんだけど、まだ母には医者からの話をしてないんだ。

B：そうですか...。お母さんの気持ちが分かるだけに、なかなか言い出せない
　　ですよね。

A：正直に言うと、自分としては手術はさせたくないんだ。

B：手術して、それでも今より良くならないんなら、手術する意味ないですよね。

A：そうなんだ。母にもそう話してみようとは思ってるんだけどな。

B：お母さんだってつらいですよね、そんな話聞かされたら。

A：ああ。でも、山田の所に新しい命が生まれて、一方で、八十年生き続けた命が
　　終わろうとしている。山田の子供の話を聞いて、それでいいじゃないのかなっ
　　て、そんなふうにも思ってるんだ。

B：いや、それは...。

A：あっ、じゃあ、ここで。

B：そうか、病院へ行かれるんでしたね。それじゃ、失礼します。お父さんお大事に。


**C**

❶ 他の人の考えや気持ちをその人の立場になって考えてみる「～にしたら」。

　A：ゆき子、お父さん気にしてたわよ。あなたが全然口をきいてくれないって。

　B：だって、ひどいのはお父さんの方よ。あんな言い方しなくてもいいのに。

　A：お父さんにしたら、ゆき子のことが心配だったのよ。あんな時間に帰っ
　　　てくるのがいけないんでしょ。ちゃんとお父さんにあやまりなさい。

❷ 「～も他の人と同じように～だ」と言うときの「～だって」。

1)　A：ゆき子、お父さん怒ってたわ。あなたがあやまらないって。

　　B：私だって。ひどいのはお父さんの方よ。あんな言い方しなくてもいいのに。

2)　A：課長があんなに怒ったの初めて見たわ。

　　B：課長だって、あんな声出したくはなかったと思うよ。

　　A：まあね。一緒に仕事してて、頭にくること多いものね、山田さん。

**A** 一人のお医者さんが最近の医療問題について尋ねられ、答えているところです。ノートを取りながらこの話を聞いて、あとの質問に答えてください。

　　まあ、医者としては、これまでお話していたようなことを考えているのですが、同時に一人の人間としての意見を申し上げますと、最近私は、どう言えばいいのでしょうか、「長さ」と「中身」の問題とでも言いましょうか、そういうことを真剣に考えております。私も長く医者をしておりますので、これまでもたくさん見てまいりました、患者さんばかりか、御家族までが大変な苦労をされたというケースをですね。今の医療技術は、確かに、大変進歩しております。しかし、それでも手術をすれば必ず良くなる、治るというわけではないということ、皆様もよくごぞんじの通りです。体も動かせないで、いわゆる植物状態で、長く寝たままでいる。これは、お世話をされる御家族の方たちにとって、経済的にはもちろん大変なことですし、患者さんのお世話を続けられている間に、家族の方まで病気になる場合、たとえば御主人を長くお世話されているうちに、自分まで体の調子を悪くされる奥さんだって、少なくはないのです。その結果、最後には、家庭まで破壊されてしまうような場合が、いくらでもあるんです。

　　私が「長さ」と「中身」と申し上げましたのは、こういう理由からなのです。「一日でも長く」との思い、これは人間としては当たり前のことなんですけれども、治療して意味があるのは、患者さん御本人、そして、家族の方たちの生活の中身がそれまでと同じか、あるいは良くなる場合だけではないのだろうか、と、まあ、私はこう考えるわけです。患者さんも苦しみ続ける。家族もひどい状況になってしまう。これでは、いくら医療技術が新しくなったとしても、どんな新しい器具を使っても、実際には何をしているのか、本当に意味のある治療になっていないのではないか。私は、そう考えるのです。医者として本当に良くしなければならないのは、患者さんや家族の方たちの生活の「中身」じゃないかと考えるんです。

　　それで私の場合は、手術をしたり、最新の医療器具を使うときには、御家族に、正直に私個人の、一人の人間としての考えを、必ず申し上げることにしています。患者さん、並びに、そのお世話をされる方の生活の中身がどうなるか、よくお考えくださいとお話申し上げるわけです。

❶ どんな問題について話している？（「長さ」と「中身」）

❷ どんなケースをたくさん見た？（患者ばかりか、家族までが大変な苦労をした
　ケース）

❸ 手術をすれば　（治る／治るとは言えない）

❹ 患者が植物状態になるとどんな問題が起きる？
   a)（経済的に大変だ）
   b)（家族まで病気になる）
❺ その結果、どうなる？（家庭まで破壊される）
❻ 治療して意味があるのは？（患者本人、そして、家族の生活の中身がそれまでと同じか、良くなる場合）
❼ 手術をしたり、最新の医療器具を使うときは何をする？（正直に個人の、一人の人間としての考えを、必ず伝える）
❽ 何を考えてほしいと言っている？（患者とそのお世話をする人の生活の中身がどうなるか）


**B** もう一度聞いてください。

☆質問します。正しい答えを選んでください。

「『長さ』と『中身』の問題というのは何のことですか」

a　入院の長さと病院の医療の中身の問題

b　手術に必要な時間と技術の問題

ⓒ 患者の命の長さと患者や家族の生活の中身の問題

d　家族が患者の世話をする時間と世話のし方の問題


**C** 上で取ったノートを見ながら、この話をまとめて友達に伝えてみましょう。

> 　ある医者が「長さ」と「中身」という問題について話している。これまで家族が大変な苦労をしたケースをたくさん見てきた。手術をしても治るとは言えない場合、経済的にも大変だし、家族まで病気になることも少なくない。その結果、家庭まで破壊されてしまうこともある。
> 　この医者は、治療して意味があるのは、患者本人、そして、家族の生活の中身がそれまでと同じか、あるいは、良くなる場合だけではないかと考えている。それで、手術をしたり、最新の医療技術を使うときには、患者の家族に正直に個人の、一人の人間としての考えを、必ず伝えることにしている。そして、患者とそのお世話をする人の生活の中身がどうなるかということをよく考えてほしいと言っている。

**解答**　❶ (a)　❷ (b)　❸ (b)　❹ (b)　❺ (c)　❻ (a)　❼ (c)　❽ (c)

**質問**

❶ アリさんが日本で勉強するようになったのはどうしてですか。
　　a. 兄に影響を受けて　　　　　　b. 日本企業に影響を受けて
　　c. 国で仕事をするため

❷ アリさんは何に関心を持っていますか。
　　a. バブル経済の崩壊　　　b. まんがとカラオケ　　　c. 日本の伝統文化

❸ アリさんの国と日本とはどんな関係ですか。
　　a. 経済的な交流が特に進んでいる
　　b. 経済的な交流ばかりか文化や人の交流も進んでいる
　　c. 経済的な交流よりも文化や人の交流の方が進んでいる

❹ アリさんの国の若い人たちは、何から日本の情報を手に入れるのですか。
　　a. まんがやカラオケ　　　　　　b. インターネットやマスコミ
　　c. 新聞や雑誌

❺ アリさんが面白いことというのはどんなことですか。
　　a. 日本とアリさんの国との貿易の機会が増えた
　　b. 日本からアリさんの国へ流される情報が増えた
　　c. 日本からアリさんの国に留学する人が増えた

❻ それを聞いて女の人はどう思いましたか。
　　a. 理解できると思った　　　　　b. 理解できないと思った
　　c. この会話からは分からない

❼ 何が日本の現代文化だと言っていますか。
　　a. 茶道や華道　　　　　　　　　b. インターネットやマスメディア
　　c. まんがやカラオケ

❽ アリさんが研究したいことは何ですか。
　　a. 日本経済のアジアへの影響　　　b. 日本の音楽やデザイン
　　c. アジアの若者文化


**Ｂ**

A：それでは、ご紹介しましたアリさんに入っていただきましょう。アリさん、
　　どうぞ。アリさん、よろしくお願いします

B：こちらこそ、よろしくお願いします。

A：早速ですが、アリさんはどうして日本で勉強されるようになったんですか。

Ｂ：兄の影響です。兄が十年前に日本で経済の勉強をして、今国で日本企業に勤め
　ているんです。

Ａ：そうですか。でも、アリさんが日本に来られたのは、ちょうどバブル経済の崩
　壊した不況の時代でしたね。

Ｂ：そうなんですが、私は、経済ではなく日本のまんがやカラオケに関心があって
　それを研究したいと思って日本に来たんです。

Ａ：まんがやカラオケ、ですか？

Ｂ：私の国では、昔から日本との経済的な結び付きが強くて、戦後長い時間をかけ
　て、様々な文化的交流が進められてきました。

Ａ：そうなんですか。

Ｂ：それで、いわゆる日本の伝統文化、茶道や華道に関心を持つ人も多いし、柔道
　もさかんで、けいさつかんなんか必ず一度は練習しているほどです。

Ａ：それは知りませんでした。

Ｂ：でも今は、私のように現代の日本文化に関心を持つ人もとても多くなりました。

Ａ：まんがやカラオケが「日本の現代文化」なんですね。

Ｂ：そうです。

Ａ：それは、インターネットや最近のマスメディアの発展とも関係があるんでしょうね。

Ｂ：そうだと思います。私の国の若い人たちは、日本にいる私でも知らないような
　ことをよく知っていますよ。

Ａ：それは面白い話ですね。

Ｂ：もっと面白いことは、インターネットやマスコミの情報が増えたおかげで、日
　本から私の国へ留学する人の数が増えているんです。

Ａ：それは、私にも分かります。私も、インターネットやテレビの番組を通して、
　いろいろな国に関心を持つようになりましたから。ところで、話は戻ります
　が、アリさんがカラオケやまんがの研究をされるのはどうしてですか。

Ｂ：日本のまんがやカラオケ、それから、音楽やデザインなどがどうして私の国や
　ほかのアジアの国ではやるのか、その点を詳しく調べてみたいと思ったのです。

Ａ：アジアの若者文化の研究、と言ってもいいのでしょうか。

Ｂ：そうです。アジアの若い人たちの間での情報の流れ方、受け取り方がこれから
　の日本、いや、アジア全体に大きく影響すると考えているのです。

**C**

❶ あいさつやテーマの説明をせず、まず最初に自分の説明したいことを言ったり、自分が聞きたいことを相手に尋ねたりするときに使う「早速ですが」。

　A：早速ですが、娘さんの成人式の着物はどうなさいますか。

　B：と言われても、それはまだ先のことですから...。

❷ 話題を元に戻す「話は戻りますが」という言い方。

　A：最近、物を大切にしない人が増えてますよね。

　B：そうですねぇ。困りますよね。

　A：話は戻りますが、さっきお話になっていたその古いかばんのことですが...

**A** 定年退職後の生活を考える会で男性が話しています。ノートを取りながらその話を聞いて、あとの質問に答えてください。

> 　私は昔仕事で三年間外国に住んだことがあります。そこには、金持ちと貧しい人の生活に大変大きな違いがありました。お金がある人たちは日本では考えられないほど大きな家に住んで何台も車を持ち、何人もの人を使って家の中の仕事をさせていました。使われている人たちはみんな、信じられないくらい安い給料で働いていました。しかし、それでも仕事のある人はまだいい方で、信号で止まっている車の間を歩いて水や新聞を売る人もいたし、道を行く人からお金をもらっている人など、ちゃんと仕事につけない人もおおぜいいたのです。
>
> 　同じ人間のはずなのに、豊かに暮らし人生を楽しむ人と、食べる物も十分になくて生きるために 毎日毎日つらい思いをしなければならない人がいる。そんな状況を目にして生活していたせいなのでしょうか、あるいは、そんなことを知りながら、その国で商売をして、そこのお金持ちと同じように生きている自分の姿が本物の自分だとは思えなかったからなのでしょうか、余裕のある、恵まれた環境を与えられて生活していたのにもかかわらず、私はなぜか心の底から毎日の生活を楽しむ気持ちにはなれませんでした。
>
> 　それから、日本に帰ってきて気が付いたのですが、一人暮らしの老人や両親のいない子供など、よく見ると、身の回りにも困っている人たちがたくさんい

ます。目に見える生活の形は、私が仕事をしていた国とは違うかもしれません。ですが、毎日毎日つらい思いをして生きている人の数は、日本も変わらないようです。

　経済成長ばかりに目を向けていた時代が終わり、今はもう、経済的な発展だけを優先させて社会を動かす時代ではありません。目の前にある、教育、環境、医療、高齢化など様々な問題を社会全員の問題として共有しつつ、助け合って生きていけるような社会にしなければいけない。そして、そのために自分がやるべきこと、やれることは何なのか。定年退職を目の前にして、私がここに参加させていただくようになったのは、それを見出すきっかけになるのではないだろうかと考えたからです。

❶ この人はどんな経験がある？（昔仕事で三年間外国に住んだことがある）

❷ そこはどんな所だった？（金持ちと貧しい人の生活に大変大きな違いがあった）

❸ その国の金持ちは？（大きな家に住んで何台も車を持ち、何人もの人を使って家の中の仕事をさせていた）

❹ 使われている人の給料は？（信じられないくらい安い給料）

❺ ほかにはどんな生活をする人がいた？
　　a)（信号で止まっている車の間を歩いて水や新聞を売る人）
　　b)（道を行く人からお金をもらっている人）

❻ この人は、どんな生活をしていた?（余裕のある恵まれた環境を与えられた生活）

❼ そのときのこの人の気持ちは？（心の底から毎日の生活を楽しむ気持ちにはなれなかった）

❽ 日本の社会には問題が　（ある／ない）

❾ 日本にはどんな人がいる？　a)（一人暮らしの老人）
　　　　　　　　　　　　　　b)（両親のいない子供）

❿ 今まではどんな時代？（経済成長ばかりに目を向けていた時代）

⓫ どんな社会にしたい？（様々な問題を共有して、助け合って生きていけるような社会）

⓬ なぜここに参加した？（定年退職後に、自分にできることをさがすため）

**B** もう一度聞いてください。

☆質問します。正しい答えを選んでください。

「この人はこれからの日本の社会はどうあるべきだと考えていますか」

a　豊かな人と貧しい人の生活の違いをなくさなければならない。

b　経済成長にばかり目を向ける時代は、終わらせなければいけない。

c　経済的な発展を優先させて社会を動かすべきだ。

ⓓ　みんなが助け合って生きていけるような社会にするべきだ。

**C** 上で取ったノートを見ながら、この話をまとめて友達に伝えてみましょう。

> 　この人は昔仕事で三年間外国に住んだ経験がある。その国では、金持ちと貧しい人の生活に大変大きな違いがあった。金持ちは大きい家に住み、車を何台も持ち、何人もの人を使って家の中の仕事をさせていた。使われていた人たちの給料が信じられないほど安いので、驚いた。しかし、信号で止まっている車の間を歩いて水や新聞を売る人や道を行く人からお金をもらっている人などもおおぜいいた。この人は余裕のある恵まれた環境を与えられて生活していたが、なぜかそのとき心の底から毎日の生活を楽しむ気持ちにはなれなかった。
>
> 　日本に帰って、一人暮らしの老人や両親のいない子供など困っている人たちがたくさんいることに気が付いた。これからは社会の様々な問題を共有して、助け合って生きていけるような社会にしなければいけない。定年退職を目の前にして、少しずつでもいいから自分に何かできることはないだろうかと考えて、ここに参加した。